Die Ländermedienanstalt

Studien zum deutschen und europäischen Medienrecht

herausgegeben von Dieter Dörr

mit Unterstützung der Dr. Feldbausch Stiftung

Bd. 11

PETER LANG
Frankfurt am Main · Berlin · Bern · Bruxelles · New York · Oxford · Wien

Stefan Sporn

Die Ländermedienanstalt

Zur Zukunft der Aufsicht über den privaten Rundfunk in Deutschland und Europa

PETER LANG
Europäischer Verlag der Wissenschaften

Die Deutsche Bibliothek - CIP-Einheitsaufnahme

Sporn, Stefan:

Die Ländermedienanstalt : zur Zukunft der Aufsicht über den privaten Rundfunk in Deutschland und Europa / Stefan Sporn. - Frankfurt am Main ; Berlin ; Bern ; Bruxelles ; New York ; Oxford ; Wien : Lang, 2001
(Studien zum deutschen und europäischen Medienrecht ; Bd. 11)
Zugl.: Mainz, Univ., Diss., 2000
ISBN 3-631-37796-7

D 77
ISSN 1438-4981
ISBN 3-631-37796-7

www.peterlang.de

Vorwort des Herausgebers

Mit der vorliegenden Abhandlung wendet sich Stefan Sporn einer Thematik zu, die zur Zeit im Bereich der rundfunkpolitischen Diskussion zu zahlreichen Kontroversen führt. Es wird angesichts der sich dramatisch verändernden Medienangebote an der Schwelle zum „Informationszeitalter" heftig darum gestritten, wie in Zukunft die bei den Landesmedienanstalten liegende Aufsicht über private Rundfunkveranstalter organisiert werden kann. Von vielen Seiten wird eine radikale Neuordnung dieser Aufsicht gefordert.

Diese Problematik hat nicht nur eine erhebliche politische Brisanz, sie ist auch rechtlich von großer Bedeutung. Einmal ist die Aufsicht über den privaten Rundfunk ein Ergebnis des Förderalismus, da die Länder für den Rundfunk und auch für die neuen Mediendienste zuständig sind. Zum anderen halten sich Rundfunkwellen aber nicht an Ländergrenzen. Mit dem Siegeszug der Satellitentechnik hat die Grenzüberschreitung eine neue Dimension erreicht. Schließlich lassen sich die Rundfunk- und Mediendienste einerseits immer schwerer von den Individualangeboten, etwa den Telediensten andererseits abgrenzen. Bei den Diskussionen um die Neugestaltung der Rundfunkaufsicht spielen die Systeme in anderen Staaten stets eine große Rolle. Daher ist es zu begrüßen, dass Sporn auch auf die Aufsichtsmodelle in Frankreich, Großbritannien, Italien sowie den Vereinigten Staaten eingeht, die als Vorbilder für eine Neuorganisation in Deutschland in Betracht kommen können. Auch die europarechtliche Dimension der Medienaufsicht wird vom Verfasser angesprochen. Insgesamt hat die Arbeit eine politisch bedeutsame und juristisch anspruchsvolle Thematik zum Gegenstand und bringt wichtige neue Erkenntnisse im Bereich der Rechtswissenschaft mit sich. Sie wird bei der Diskussion um die Zukunft der Rundfunkaufsicht in Deutschland ganz sicher große Beachtung finden, zumal sie die erste juristisch fundierte Analyse der unterschiedlichen Modelle darstellt, die im Hinblick auf eine Reform der Rundfunkaufsicht gegenwärtig diskutiert werden.

Mainz, im Februar 2001 — Dieter Dörr

Vorwort

Die Grundidee zu dieser Arbeit entstammt bereits frühen Studientagen. Meine Tätigkeit im öffentlichen wie privaten Rundfunk, journalistische Arbeiten über die deutsche Rundfunkaufsicht und schließlich eine Stage des Referendariats in einer Landesmedienanstalt gaben mir die Möglichkeit, die Problematik der Aufsicht über den privaten Rundfunk in Deutschland näher kennenzulernen. Diese Arbeit ist nun das Ergebnis einer noch intensiveren Beschäftigung mit dem Thema und soll einen Beitrag zu den Diskussionen auf nationaler wie auch europäischer Ebene leisten. Sie lag im Sommersemester 2000 dem Fachbereich Rechtswissenschaften der Johannes-Gutenberg Universität Mainz als Dissertation vor.

Diese Arbeit hätte ohne die Hilfe und Unterstützung anderer nicht entstehen können. Ich danke daher allen, die mich unterstützt haben. Der Axel-Springer-Stiftung gebührt Dank dafür, daß sie das Fortschreiten dieser Arbeit durch ein Stipendium finanziell abgesichert hat.

Ausdrücklich möchte ich mich bei folgenden Persönlichkeiten bedanken: Bei meinem geschätzten Doktorvater, Professor Dr. Dieter Dörr, für die Begeisterung am Thema, die persönliche Anteilnahme, fachliche Betreuung und berufliche Förderung. Herrn Professor Dr. Udo Fink danke ich für die Erstellung des Zweitgutachtens. Dr. Peter Charissé schulde ich Dank dafür, daß sich durch seine Hilfe für mich die entscheidende Tür zur Universität Mainz geöffnet hat. Weiterhin danke ich meinen Freunden Michael Rademacher und Erik Hansalek für ihre Unterstützung; letzterem auch für die kritische Durchsicht des Manuskriptes. Ich schulde Dank ganz besonders meinen Eltern, die mich bei meinem Projekt „Promotion“ immer unterstützt haben, insbesondere meinem Vater, der mir als kritischer Gesprächspartner und Korrektor zur Seite stand. Schließlich danke ich meiner Freundin Claudia Eberhardt. Sie war meine schärfste Korrektorin, aber ohne sie wäre die Zeit des Schreibens nicht zur aufregendsten und schönsten meiner Studienzeit geworden. Ihr und meinen Eltern sei diese Arbeit gewidmet.

Mainz, im März 2001 — Stefan Sporn

Inhaltsverzeichnis

1. Kapitel: Bisherige Organisation der Aufsicht über den privaten Rundfunk

3. KAPITEL: REFORMBEDÜRFTIGKEIT DER BISHERIGEN RUNDFUNKREGULIERUNG

4. KAPITEL: ORGANISATION EINER ZUKÜNFTIGEN AUFSICHT ÜBER DEN PRIVATEN RUNDFUNK

5. KAPITEL: ZUR ZUKUNFT VON NATIONALER AUFSICHT ÜBER DEN PRIVATEN RUNDFUNK IN EUROPA

ABKÜRZUNGSVERZEICHNIS

A. A./a. A.	andere Ansicht
aaO.	am angegebenen Orte
Abs.	Absatz
AfP	Archiv für Presserecht
AGCOM	Autoritá per le Garanzie nelle Comunicazioni
ALM	Arbeitsgemeinschaft der Landesmedienanstalten
Amtsbl.	Amtsblatt
AöR	Archiv für öffentliches Recht
ARD	Arbeitsgemeinschaft der öffentlich-rechtlichen Rundfunkanstalten der Bundesrepublik Deutschland
Art.	Artikel
BayGVBl.	Bayerisches Gesetz- und Verordnungsblatt
BayMG	Bayerisches Mediengesetz
BayVBl.	Bayerische Verwaltungsblätter
BBC	British Broadcasting Corporation
Bd.	Band
BGBl.	Bundesgesetzblatt
BLM	Bayerische Landeszentrale für Neue Medien
BremLMG	Bremisches Landesmediengesetz
BR-Drs.	Bundesrats-Drucksache
BSC	British Standard Commission
BT-Drs.	Bundestagsdrucksache
BVerfG	Bundesverfassungsgericht
BVerfGE	amtliche Entscheidungen des Bundesverfassungs-Gerichts
bzw.	beziehungsweise
CEPT	Konferenz der Europäischen Post- und Telekommunikationsverwaltungen
CR	Computer und Recht
CSA	Conseil supérieur de l´ audivisuel
(T-) DAB	(Terrestric-) Digital Audio Broadcasting
ders.	derselbe
d. h.	das heißt
dies.	dieselbe
DLM	Direktorenkonferenz der Landesmedienanstalten
DÖV	Die Öffentliche Verwaltung
Drs.	Drucksache
(T-) DVB	(Terrestric-) Digital Video Broadcasting
DVBl.	Deutsches Verwaltungsblatt
DZWir	Deutsche Zeitschrift für Wirtschaftsrecht
EG	Europäische Gemeinschaft

EG-Amtsbl.	Amtsblatt der Europäischen Gemeinschaft
EGMR	Europäischer Gerichtshof für Menschenrechte
EGV	Vertrag zur Gründung der Europäischen Gemeinschaft
EIM	Europäisches Medieninstitut
epd/kifu	Evangelischer Pressedienst, Kirche und Rundfunk
EMR	Institut für Europäisches Medienrecht e.V.
EMRK	Europäische Konvention zum Schutz der Menschenrechte und Grundfreiheiten
EPRA	European Platform of Regulatory Authorities
etc.	et cetera
EU	Europäische Union
EuGH	Europäischer Gerichtshof
EUV	Vertrag über die Europäische Union
EuGRZ	Europäische Grundrechte-Zeitschrift
EuR	Europarecht
EuZW	Europäische Zeitschrift für Wirtschaftsrecht
f	folgende
FAZ	Frankfurter Allgemeine Zeitung
FCC	Federal Communications Commission
ff	fortfolgende
Fn.	Fußnote
FR	Frankfurter Rundschau
GG	Grundgesetz
GRUR	Gewerblicher Rechtsschutz und Urheberrecht
GVBl.	Gesetz- und Verordnungsblatt
HPRG	Hessisches Privatrundfunkgesetz
HAM	Hamburgische Anstalt für neue Medien
HAZ	Hannoversche Allgemeine Zeitung
Hg.	Herausgeber
hM/HM	herrschende Meinung
HambMG	Hamburger Mediengesetz
HR	Hessischer Rundfunk
i. E.	im Ergebnis
insb.	insbesondere
iVm.	in Verbindung mit
ITC	Independent Television Commission
IuKDG	Informations- und Kommunikationsdienste-Gesetz
JZ	Juristenzeitung
KDLM	Konferenz der Direktoren der Landesmedien-anstalten
KEF	Kommission zur Ermittlung des Finanzbedarfs

KEK	Kommission zur Ermittlung der Konzentration
LfK	Landesanstalt für Kommunikation Baden-Württemberg
LfR	Landesanstalt für Rundfunk Nordrhein-Westfalen
LMA	Landesmedienanstalt (-en)
LMedG HH	Landesmediengesetz Hamburg
LMS	Landesmedienanstalt Saarland
LPR	Landeszentrale für private Rundfunkveranstalter in Rheinland-Pfalz
LRA	Landesrundfunkausschuß für Sachsen-Anhalt
LRG Nds.	Landesrundfunkgesetz Niedersachsen
LRG NW	Landesrundfunkgesetz Nordrhein-Westfalen
LRG Rh.-Pf.	Landesrundfunkgesetz Rheinland Pfalz
LRG Saarl.	Landesrundfunkgesetz Saarland
LRG Schl.-H.	Landesrundfunkgesetz Schleswig-Holstein
LRZ	Landesrundfunkzentrale Mecklenburg-Vorpommern
MABB	Medienanstalt Berlin-Brandenburg
M&K	Medien Kommunikationswissenschaft
MMR	MultiMedia und Recht
MP	Media Perspektiven
mwN.	mit weiteren Nachweisen
NJW	Neue Juristische Wochenschrift
NLM	Niedersächsische Landesanstalt für privaten Rundfunk
Nr.	Nummer
NW	Nordrhein-Westfalen
NWVBl.	Nordrhein-Westfälische Verwaltungsblätter
OFTEL	Office of Telecommunications
OWiG	Ordnungswidrigkeitengesetz
PRG LSA	Privatrundfunkgesetz Land Sachsen-Anhalt
RA	Radio Authority
Rdnr.	Randnummer
RegTP	Regulierungsbehörde für Telekommunikation und Post
RFinStV	Rundfunkfinanzierungsstaatsvertrag
RStV	Rundfunkstaatsvertrag
RGMV	Rundfunkgesetz für das Land Mecklenburg-Vorpommern
(st.) Rspr.	(ständige) Rechtsprechung
RuF	Rundfunk und Fernsehen
S.	Seite

SLM	Sächsische Landesanstalt für den privaten Rundfunk und neue Medien
SPRG	Sächsisches Privatrundfunkgesetz
StV BB	Staatsvertrag Berlin-Brandenburg
SWR	Südwestrundfunk
TDG	Teledienstegesetz
TKG	Telekommunikationsgesetz
TKLM	Technische Kommission der Landesmedienanstalten
TRG	Thüringer Rundfunkgesetz
u.	und
u. a.	unter anderem
ULR	Unabhängige Landesanstalt für das Rundfunkwesen Schleswig-Holstein
v.	von/vom
vgl.	vergleiche
Vorbem.	Vorbemerkung
VPRT	Verband Privater Rundfunk und Telekommunikation
WDR	Westdeutscher Rundfunk
WuW	Wirtschaft und Wettbewerb
z. B.	zum Beispiel
ZDF	Zweites Deutsches Fernsehen
ZUM	Zeitschrift für Urheber und Medienrecht
ZVS	Zentralstelle für die Vergabe von Studienplätzen

Einführung

Mit der Zulassung privater Hörfunk- und Fernsehprogramme 1984 wurden in Deutschland von den für Rundfunk zuständigen Bundesländern besondere Aufsichtsinstitutionen für den privaten Rundfunk geschaffen: Die Landesmedienanstalten[1]. Auf der Grundlage von 15 Landesmediengesetzen und einem Staatsvertrag zwischen den Ländern Berlin und Brandenburg haben diese Körperschaften des öffentlichen Rechts als externe Aufsicht[2] die Aufgabe, die Rundfunkordnung des Art. 5 Abs. 1 S. 2 Grundgesetz (GG) auf dem privaten Sektor zu sichern. Das bedeutet in der Praxis im wesentlichen, daß sie die Rundfunkveranstalter zulassen und überwachen. Die Landesmedienanstalten wurden dadurch zum zentralen Ordnungselement der sogenannten Privatfunkordnung[3].

Dennoch war die Einrichtung und ist ihre Arbeit und ihre Organisation Gegenstand ständiger Kritik[4], die wellenartig mal lauter und mal leiser ist, aber bisher nicht zu einschneidenden Veränderungen bei der Aufsicht über den privaten Rundfunk geführt hat. In jüngerer Zeit wächst der Unmut über die Organisation der Landesmedienanstalten wieder. Die politische und mittlerweile auch juristische Diskussion[5] über eine Neuordnung der Privatfunkaufsicht hat erheblich an Intensität zugenommen. Dies hat verschiedene Gründe.

---

[1] Die Bezeichnungen variieren im einzelnen: Unabhängige Landesanstalt für das Rundfunkwesen Schleswig-Holstein (ULR), Hamburgische Anstalt für neue Medien (HAM), Niedersächsische Landesanstalt für privaten Rundfunk (NLM), Bremische Landesmedienanstalt, Landesrundfunkzentrale Mecklenburg-Vorpommern (LRZ), Medienanstalt Berlin-Brandenburg (MABB), Landesrundfunkausschuß für Sachsen-Anhalt (LRA), Hessische Landesanstalt für privaten Rundfunk, Landesanstalt für Rundfunk Nordrhein-Westfalen (LfR), Landeszentrale für private Rundfunkveranstalter in Rheinland-Pfalz (LPR), Landesmedienanstalt Saarland (LMS), Landesmedienanstalt Thüringen, Sächsische Landesanstalt für den privaten Rundfunk und neue Medien (SLM), Bayerische Landeszentrale für Neue Medien (BLM), Landesanstalt für Kommunikation Baden-Württemberg (LfK). Im folgenden soll einheitlich der Oberbegriff der „Landesmedienanstalt" verwendet werden.

[2] Im Gegensatz zur internen Aufsicht bei den öffentlich-rechtlichen Rundfunkanstalten mit ihren Rundfunk- und Verwaltungsräten.

[3] *Wagner*, Die Landesmedienanstalten, 1990, S. 20.

[4] Siehe zur Kritik bei der Einführung *Wagner*, Die Landesmedienanstalten, S. 20 f.

[5] Bis Anfang 1999 wurde nahezu ausschließlich auf politischer Ebene diskutiert. Siehe aus der Diskussion u. a. „Biedenkopf fordert neue Medienpolitik", FR v. 10.09.1998; „Ein Rat für alles", SZ v. 14.10.1998; „Wenn sich Kontrolleure gegenseitig blockieren", Die Welt v. 06.10.1998; „Mehr Bürokratie, weniger Transparenz", Neue Zürcher Zeitung v.

Fußnote wird fortgesetzt

Zum einen bestehen die Probleme fort, die von Beginn an die Arbeit der Anstalten erschwert haben und die aus der föderalen Struktur der Aufsicht resultieren. Dazu gehört vor allem das regulatorische Problem, daß Rundfunkwellen sich nicht an Ländergrenzen halten[6], genauso wenig wie Veranstalterstrukturen. Der Geltungsbereich der Ordnungskompetenz und die Wirkungsräume des Ordnungsgegenstandes sind also nicht kongruent[7].

Zum anderen hat sich seit Einführung der Landesmedienanstalten die regulatorische Ausgangssituation rasant verändert, der klassische Rundfunk unterliegt erheblichen Umwälzungen. Gemeint sind nicht nur die Vervielfachung des Gesamtangebots an privaten Programmen und die Entwicklung der privaten Rundfunks zu einem profitablen und mächtigen Wirtschaftszweig. Hinzu kommen entscheidende Veränderungen, die mit dem technischen Fortschritt zu tun haben: Digitalisierung, Konvergenz, das Internet und neue mediale elektronische Angebote – das sind nur vier der wichtigsten Schlagworte. Die Prämissen für Rundfunkregulierung werden deswegen zunehmend hinterfragt.

Diese Arbeit nimmt die Veränderungen beim Rundfunk, die Kritik an und die Diskussion über die Landesmedienanstalten zum Anlaß, über die zukünftige Organisation von Aufsicht über den privaten Rundfunk in Deutschland nach-

---

21.08.1998; Chaos im Kabel?", Focus v. 20.07.1998; „Es ist schon alles geprüft, aber nicht von allen", SZ v. 29.06.1998. Zu beobachten ist, daß die Diskussion zunehmend eine konkrete Modelldiskussion für eine Neuordnung der Privatfunkaufsicht geworden ist. Die Vorschläge reichen vom grundsätzlichen Beibehalten der bisherigen Struktur (so wiederholt der Ministerpräsident von Bayern, *Stoiber*, vgl. „Länder gegen Zusammenlegung der einzelnen Medienanstalten", Associated Press, Meldung APD4805 v. 14.10.1998, und die Landesmedienanstalten, vgl. Positionspapier der ALM „Medienregulierung im Wandel – Zum Rang und zur Rolle der Landesmedienanstalten" v. 23.03.1999, Abschnitt 2.3.2) über die Schaffung eines „Kommunikationsrates" zur Vernetzung von Landesmedienanstalten und Regulierungsbehörde (so wohl der Ministerpräsident von Nordrhein-Westfalen, *Clement*, vgl. journalist 10/98, S. 6) bis zur Einrichtung einer ländergemeinsamen „Aufsichtskommission" (so der damalige Vorsitzende der Enquetekommission „Zukunft der Medien" des Bundestages, *Mosdorf* (vgl. dpa Meldung v. 10.03.1997, Nr. zph 112 und wiederholt der sächsische Ministerpräsident *Biedenkopf*, siehe „Biedenkopf: Medienanstalten zusammenlegen", FAZ v. 10.09.1998) oder gar einer Bundesmedienanstalt im Sinne einer Bund-/Ländereinrichtung (so der frühere Bundesverteidigungsminister *Scholz*, Zukunft von Rundfunk und Fernsehen: Freiheit der Nachfrage oder reglementiertes Angebot?, in: AfP 95, 357 [360]). Erst mit dem Gutachten von *Scherer/Hölscher*, Gestaltungsspielräume für eine Reform der Organisation der Telekommunikations- und Medienaufsicht unter dem Grundgesetz, Rechtsgutachten im Auftrag der Bertelsmann-Stiftung, 1999, erschien eine Untersuchung, die – soweit ersichtlich – erstmals auch ein juristisches Fundament für die Diskussion schuf.

[6] BVerfGE 12, 205 [251].

[7] *Geppert*, Europäischer Rundfunkraum und nationale Rundfunkaufsicht, 1993, S. 124 ff.

zudenken. Hierfür ist nach einer Klärung der Begriffe „Rundfunk", „Rundfunkaufsicht und „-kontrolle" zunächst die bestehende Organisation darzustellen. Dies soll im Vergleich mit den Systemen in den drei medienpolitisch einflußreichsten europäischen Staaten Frankreich, Großbritannien und Italien sowie mit den Vereinigten Staaten geschehen, da deren Modelle negatives wie positives Vorbild für eine Neuorganisation in Deutschland sein können. Es schließt sich die grundlegende Frage an, ob es überhaupt eine verfassungsrechtliche Notwendigkeit für eine Aufsicht gibt. Darauf folgen Überlegungen nach Art und Umfang für eine Reform der bisherigen Rundfunkregulierung. Der zentrale Teil der Untersuchung widmet sich ausführlich den konstruktiven Möglichkeiten einer Neuorganisation der Landesmedienanstalten, wobei der Titel der Arbeit („Die Ländermedienanstalt") das im Ergebnis bevorzugte Modell bereits vorwegnimmt.

Überlegungen zu einer Neuordnung der Aufsicht über den privaten Rundfunk auf nationaler Ebene dürfen allerdings angesichts eines zumindest wirtschaftlich weiter zusammenwachsenden Europas und einer die nationalen Rechtsordnungen immer mehr beeinflussenden Gesetzgebung der Europäischen Union nicht die europäische Dimension von Medienaufsicht außer acht lassen. Im letzten Kapitel soll daher in knapper Form nach der Zukunft von nationaler Aufsicht über den Rundfunk in Europa gefragt werden. Die Arbeit schließt mit einer Zusammenfassung in Thesenform.

1. KAPITEL: BISHERIGE ORGANISATION DER AUFSICHT ÜBER DEN PRIVATEN RUNDFUNK

I. Begriff des Rundfunks

Die überwiegende und wichtigste Aufgabe der Landesmedienanstalten ist die Rundfunkkontrolle bzw. -aufsicht. Der Begriff des Rundfunks ist ein viel diskutierter Gegenstand in der rechtswissenschaftlichen Literatur[8]. Zu unterscheiden ist prinzipiell zwischen dem weiten verfassungsrechtlichen Rundfunkbegriff[9] und dem engen des Rundfunkstaatsvertrages. Art. 5 Abs. 1 S. 2 GG definiert „Rundfunk" nicht, in der Auslegung des Bundesverfassungsgerichtes ist der Begriff dynamisch zu interpretieren[10], letztlich nicht abschließend zu definieren[11] und damit für neue technische Entwicklungen offen[12]. Im Rahmen dieser Arbeit ist später auf ihn noch einzugehen[13]. Im folgenden soll der Begriff des Rundfunkstaatsvertrages zugrunde gelegt werden, da anhand dieser Begriffsdefinition immer noch die zentralen Aufgaben der Landesmedienanstalten bestimmt werden. Nach § 2 I Rundfunkstaatsvertrag (RStV)[14] ist Rundfunk „die für die Allgemeinheit bestimmte Veranstaltung und Verbreitung von Darbietungen aller Art in Wort, in Ton und in Bild unter Benutzung elektromagnetischer Schwingungen ohne Verbindungsleitung oder längs oder mittels eines Leiters". Davon werden alle klassischen Hörfunk- und Fernsehsendungen im Sinne von journalistisch aufbereiteten und geplant ablaufenden Programmen für die Allgemeinheit erfaßt. Nicht unter den rundfunkstaatsver-

---

[8] Ausführlich *Gersdorf*, Der verfassungsrechtliche Rundfunkbegriff im Lichte der Digitalisierung der Telekommunikation, 1995, S. 73 ff; ebenso die Beiträge in *Dittmann/Fechner/Sander*, Der Rundfunkbegriff im Wandel der Medien, 1997; siehe auch *Jarass*, Rundfunkbegriffe im Zeitalter des Internet, in: AfP 98, 133 [133 ff]; *Pieper/Wiechmann*, Der Rundfunkbegriff, in: ZUM 95, 82 [83 ff].

[9] Siehe dazu *Herzog*, in: *Maunz/Dürig/Herzog/Scholz*, Grundgesetz, Bd. I, Stand: 35. Ergänzungslieferung; Art. 5 I, II, Rdnr. 195 f.

[10] BVerfGE 73, 118 [154].

[11] BVerfGE 74, 297 [350].

[12] Vgl. dazu *Hartstein/Ring/Kreile/Dörr/Stettner*, Rundfunkstaatsvertrag, Kommentar, Bd. I, C-0, B 5, § 2, Rdnr. 4; *Beucher/Leyendecker/v. Rosenberg*, Mediengesetze, 1999, § 2 RStV, Rdnr. 1 ff.

[13] Vgl. dazu unten unter 3. Kapitel, III.3.c), S. 81.

[14] Rundfunkstaatsvertrag v. 31.08.1991 in der Fassung des 4. Rundfunkänderungsstaatsvertrages v. 01.04.2000, siehe u. a. GVBl. NRW v. 3.3.2000, S. 106 ff.

traglichen Begriff fallen Mediendienste und Teledienste, obwohl sie möglicherweise vom grundgesetzlichen Begriff miterfaßt werden könnten.

II. Die Begriffe der Rundfunkaufsicht und der Rundfunkkontrolle

Für die Begriffe „Rundfunkkontrolle" und „Rundfunkaufsicht" gibt es dagegen keine Legaldefinition. In den Landesmediengesetzen finden sich beide Bezeichnungen[15], wobei sie in der Regel synonym verwendet werden[16]. Erkennbar ist jedoch, daß zunehmend auf den Begriff der „Kontrolle" zugunsten von „Aufsicht" in den Gesetzen verzichtet wird. Dies geschieht offenbar, um einen Wandel in der Funktion der Landesmedienanstalten anzudeuten. Denn inhaltlich lassen sich „Kontrolle" und „Aufsicht" grundsätzlich unterscheiden. Der Begriff der „Kontrolle" ist von seiner Wortbedeutung umfassender als der der „Aufsicht", da Kontrolle sowohl die Zulassung zu den Rundfunkübertragungswegen als auch die darauffolgende Überwachung bezeichnet. Als ein Synonym für Überwachung ist Aufsicht begrifflich nur ein Teil der Rundfunkkontrolle. „Aufsicht" ist daher für die Beschreibung von beispielsweise Zulassungsentscheidungen eher ungeeignet[17]. Um zu vermeiden, daß es zu Verständnisproblemen in dieser Arbeit kommt, weil die Begriffe in den Gesetzen und im mittlerweile wohl im allgemeinen Sprachgebrauch unterschiedlich verstanden werden, wird daher im folgenden ausschließlich der Begriff der Aufsicht – in einem die Kontrolle umfassenden Sinne – verwendet.

III. Aufsicht über den privaten Rundfunk in Deutschland

Aufsicht über den privaten Rundfunk ist in Deutschland ebenso wie in allen anderen EU-Staaten – wie beispielhaft zu zeigen sein wird – keine in einem umfassenden Sinne ausschließlich speziellen Behörden oder Institutionen zugewiesene Aufgabe. Vielmehr geschieht „Aufsicht" einerseits durch organi-

---

[15] Vgl. z. B. § 35 I Nr. 3 BremLMG; § 60 I HambMG; § 54 Nr. 2 LRG Nds. („Aufsicht"); § 66 Nr. 5 u. 7 LRG Rh.-Pf. („Überwachung"); § 28 I Nr. 3 SPRG („Aufsicht" u. „Kontrolle").

[16] Vgl. § 28 I Nr. 3 SPRG („Aufsicht" u. „Kontrolle").

[17] Ebenso u. ausführlich *Wagner*, Die Landesmedienanstalten, 1990, S. 24; vgl. auch *Geppert*, Europäischer Rundfunkraum und nationale Rundfunkaufsicht, 1994, S. 72 ff.

sierte Selbstkontrolle der Rundfunkveranstalter[18] und andererseits staatlich auf vielfältige Weise direkt und indirekt. Rundfunkaufsicht und Medienregulierung im weiten Sinne erfolgen durch die Legislative, die Judikative sowie durch verschiedene Formen der Exekutive. Gegenstand dieser Arbeit sollen die Probleme der exekutiven Aufsicht über den Rundfunk sein. Zunächst sind dazu die Institutionen darzustellen, die originär mit der Aufsicht betraut sind, bevor im Anschluß auf die Stellen einzugehen ist, die auch, aber nicht ausschließlich mit Rundfunkaufsicht zu tun haben.

1. Die Landesmedienanstalten

Die Aufsicht über die privaten Rundfunkveranstalter ist nach den seit 1984 erlassenen Landesmediengesetzen im wesentlichen bei den Landesmedienanstalten konzentriert.

a) Organisation und Aufbau

Es handelt sich um rechtsfähige Anstalten des öffentlichen Rechts[19] mit dem Recht zur Selbstverwaltung, das die Satzungsautonomie mitumfaßt. Die organisatorische Ausgliederung aus dem staatlichen Verwaltungsaufbau ist notwendig zur Wahrung der Staatsfreiheit[20]. In der Grundstruktur gleichen sich die Organisationsmodelle. Die Landesmedienanstalten haben in der Regel

---

[18] Siehe ausführlich *Bröhmer/Ukrow*, Die Selbstkontrolle im Medienbereich in Europa, 1999, u. *Ukrow*, Selbstkontrollen im Medienbereich und Europäisches Gemeinschaftsrecht, 1999, beide Untersuchungen im Auftrag des Beauftragten der Bundesregierung für Angelegenheiten der Kultur und der Medien, veröffentlicht beim Institut für Europäisches Medienrecht (EMR) unter: www.emr-sb.de.

[19] Vgl. § 52 LRG Schl.-H.; § 5 LMedG HH;§ 53 LRG Nds.; § 35 BremLMG; § 2 RGMV; § 48 HPRG; § 7 StV BB; § 29 PRG LSA; § 44 TRG; § 51 LRG NW; § 2 LRG Rh.-Pf.; § 74 LRG Saarl.; § 27 SPRG; Art. 10 BayMG; § 29 I LMedG BW.

[20] Die Frage der angeblich zu geringen Staatsferne der Landesmedienanstalten sowie ihre mangelnde Partei- und Gruppenferne sind ein ständiger Steit- und Diskussionsgegenstand, vgl. dazu auch *Geppert*, Europäischer Rundfunkraum und nationale Rundfunkaufsicht, S. 103 f mwN. Zur Staats- und Gruppenferne ausführlich *Stender-Vorwachs*, „Staatsferne" und „Gruppenferne" in einem außenpluralistisch organisierten privaten Rundfunksystem, 1988.

zwei Organe[21], ein Grundsatzgremium bzw. Hauptorgan und ein Exekutivorgan. Für das Hauptorgan gibt es zwei Modelle: Das Versammlungsmodell und das Ratsmodell[22]. Das Hauptorgan[23] ist aus gesetzlich festgelegten Vertretern „gesellschaftlich relevanter Gruppen“ zusammengesetzt. Dazu gehören Vertreter von Regierung, Parlament, Verbänden, gesellschaftlichen Gruppen und Vereinen. Dem Gesetzgeber steht ein weiter Einschätzungsspielraum für die Frage der „gesellschaftlichen Relevanz“ zu, so daß die Zusammensetzungen in den Ländern unterschiedlich ist. Das Hauptorgan ist für die wesentlichen Entscheidungen zuständig.

Das Exekutivorgan ist meist monokratisch mit einem Direktor der Landesmedienanstalt besetzt[24], in einigen Ländern allerdings kollegial mit dem Direktor und weiteren Personen[25]. Dieses Exekutivorgan hat die Aufgabe, mit Hilfe seines administrativen Unterbaus von hauptamtlichen Mitarbeitern die Be-

---

21 Die Landesmedienanstalten in Schleswig-Holstein, Sachsen und Bayern haben drei Organe. Die ULR hat zusätzlich einen Vorstand, dessen Befugnisse denen eines Verwaltungsrates entsprechen, vgl. § 48 LRG Schl.-H.; bei der SLM besteht neben dem Direktor eine Versammlung und ein Medienrat, vgl. § 27 III SPRG; die BLM verfügt über einen Verwaltungsrat, der für die wirtschaftlichen Angelegenheiten zuständig ist, vgl. Art. 14 BayMG.

22 Das Ratsmodell findet sich in Reinform nur bei der MABB in Berlin (§ 10 I StV BB). Für die SLM in Dresden hat der Gesetzgeber beide Modelle verwirklicht: Das Versammlungsmodell für die Versammlung (vgl. § 29 SPRG) und das Ratsmodell für den Medienrat (vgl. § 31 SPRG; siehe zum Streit um die vollständige Ablösung der Versammlung durch das Ratsmodell in Sachsen *Hoffmann-Riem*, Rundfunkfreiheit zwischen Staatsfreiheit und Staatseinfluß, 1995, S. 44 ff). In Baden-Württemberg ist der Medienrat zwar nach dem Versammlungsmodell gebildet, tatsächlich liegen die wichtigen Kompetenzen beim fünfköpfigen und damit dem Ratsmodell entsprechenden Vorstand. Alle anderen Länder haben sich für das Versammlungsmodell entschieden. Ausführlich zu beiden Modellen *Bumke*, Die öffentliche Aufgabe der Landesmedienanstalten, 1995, S. 291 ff; siehe auch *Hesse*, Rundfunkrecht, 2. Auflage, 1999, S. 219 f, Rdnr. 27 ff.

23 Für das Hauptorgan hat sich bisher auch kein einheitlicher Begriff in den Landesmediengesetzen durchgesetzt. In Schleswig-Holstein, Niedersachsen, Hessen, Thüringen und Sachsen gilt die Bezeichnung „Versammlung“, in Hamburg „Vorstand“, in Nordrhein-Westfalen „Rundfunkkommission“, in Bremen, Mecklenburg-Vorpommern, Sachsen-Anhalt „Landesrundfunkausschuß“ und in Baden-Württemberg, Saarland und Bayern „Medienrat“.

24 Die Bezeichnungen in den Gesetzen für dieses Amt sind unterschiedlich. Überwiegend heißt es „Direktor“ (vgl. u a. § 13 I, II StV BB; § 61 I LRG Nds.). Baden-Württemberg bezeichnet es als „Vorsitzenden“ (§ 34 I, II LMedG BW), Bayern als „Präsidenten“ (Art. 15 BayMG) und Sachsen-Anhalt sowie Saarland als „Vorstand“ (§ 39 PRG LSA bzw. § 74 IV LRG Saarl.).

schlüsse des Hauptgremiums vorzubereiten und auszuführen sowie die laufenden Geschäfte zu erledigen[26]. Die laufende Verwaltung wird vereinzelt auch von einem Geschäftsführer betreut. Die Finanzierung der Landesmedienanstalten erfolgt als Folge ihrer rechtlichen Selbständigkeit ganz überwiegend aus einem Anteil in Höhe von zwei Prozent der Rundfunkgebühren[27]. Geringe Einnahmen werden zusätzlich aus Verwaltungsgebühren für Amtshandlungen erzielt. Die Landesmedienanstalten unterliegen selbst nur einer Rechtsaufsicht durch eine oberste Landesbehörde[28]. Eine Fachaufsicht ist wegen der gebotenen Staatsfreiheit ausgeschlossen.

Die Landesmedienanstalten sind bei dem soeben dargestellten Organisationsaufbau grundsätzlich selbst nicht Träger des Rundfunks. Hiervon und damit in der Konsequenz auch in zahlreichen anderen Punkten weicht jedoch die bayerische Konstruktion ab[29]. Da Art. 111 a Abs. 2 S. 1 der bayerischen Verfassung vorschreibt, daß Rundfunk in öffentlich-rechtlicher Trägerschaft zu betreiben ist, muß die Bayerische Landeszentrale für Neue Medien als Anstalt des öffentlichen Rechts selbst Trägerin des Rundfunks sein[30]. Nur unter die-

---

[25] In Baden-Württemberg besteht das Exekutivorgan aus dem Vorsitzendem, einem Stellvertreter und drei weiteren Mitgliedern, vgl. § 34 I LMedG BW. Im Saarland besteht der „Vorstand" aus dem Direktor und zwei weiteren Mitgliedern, vgl. § 77 I LRG Saarl.

[26] Vgl. z. B. § 61 II, III LRG Nds.

[27] Vgl. § 40 I RStV iVm. § 4 Rundfunkfinanzierungsstaatsvertrag (RFinStV) und den Landesmediengesetzen, vgl. § 65 LRG Schl.-H.; § 67 LMedG HH; § 64 LRG Nds.; § 41 Brem. LMedG; § 57 I RGMV; § 15 StV BB; § 57 HPRG; § 65 LRG NW; § 53 TRG; § 35 I SPRG; § 70 LRG Rh.-Pf.; § 81 LRG Saarl.; § 47 I LMedG BW; Art. 21 BayMG. Einige Gesetze bestimmen, daß nicht der volle Betrag aus den zwei Prozent der Landesmedienanstalt zugutekommt, sondern nur ein Teil davon, vgl. § 64 I LRG Nds.; siehe zur Finanzierung der Landesmedienanstalten *Wöste*, Nur knapp die Hälfte für Lizenzierung und Kontrolle, in MP 90, 281 [281 ff]; *Hoffmann-Riem*, Finanzierung und Finanzkontrolle der Landesmedienanstalten, 2. Auflage, 1994; *Herrmann*, Rundfunkrecht, S. 424 ff, Rdnr. 95 ff; *Ring*, Gefährdung der Rundfunkfreiheit, in: *Badura/Scholz*, Wege und Verfahren des Verfassungslebens, Festschrift für Peter Lerche, 1993, S. 713 f; *Hartstein/Ring/Kreile/Dörr/Stettner*, Rundfunkstaatsvertrag, Bd. II, C-0.3, § 40, Rdnr. 1 ff.

[28] So heißt es beispielsweise in § 65 LRG Nds., daß die Rechtsaufsicht „der zuständigen obersten Landesbehörde" unterliegt, was in Niedersachsen die Staatskanzlei ist. Vgl. zur Rechtsaufsicht ausführlich *Martin*, Staatsaufsicht über die Landesmedienanstalten, in: ZUM 93, 515 [515 ff]; *Knothe/Wanckel*, Rechtsaufsicht und Staatsfreiheit des Rundfunks – ein Widerspruch?, in: DÖV 95, 365 [368 ff]; *Bumke*, Die öffentliche Aufgabe der Landesmedienanstalten, S. 245 ff und 324 f.

[29] Vgl. zu ihr ausführlich *Hesse*, Rundfunkrecht, S. 260 ff, Rdnr. 114 ff; *Balda*, Die duale Rundfunkordnung und der öffentlich-rechtliche Sonderweg des Freistaates Bayern, 1997; *Brümmer*, Modellfragen der neuen Rundfunkrechtsentwicklung, 1995.

[30] Vgl. Art. 2 I BayMG.

sem „Dach" der BLM können private Veranstalter Sendungen anbieten[31]. Das Bayerische Mediengesetz gewährt der BLM darüber hinaus grundsätzlich auch weiterreichende Rechte als sie die übrigen Landesmedienanstalten haben. Tatsächlich jedoch unterscheidet sich die Aufsichtspraxis der Aufsichtsanstalten nicht wesentlich voneinander. Auf das bayerische Aufsichtsmodell soll daher auch nicht weiter eingegangen werden.

b) Aufgaben

Landesmedienanstalten haben nach den Landesmediengesetzen und dem Rundfunkstaatsvertrag eine Vielzahl von Aufgaben zu erfüllen. Diese lassen sich wie folgt systematisieren:

aa) Marktzutrittsregulierung

Die Landesmedienanstalten haben verschiedene Kompetenzen zur Marktzutrittsregulierung. Zunächst braucht jeder, der in Deutschland privaten Rundfunk veranstalten will, eine rundfunkrechtliche Erlaubnis (Lizenzmodell)[32]. Diese Lizenz wird bei Vorliegen der in den Landesmediengesetzen normierten persönlichen und sachlichen Zulassungsvoraussetzungen[33] von der zuständigen Landesmedienanstalt erteilt[34]. Hinter den Zulassungsvoraussetzungen verbirgt sich die Prüfung und Feststellung der publizistischen, organisatorischen und wirtschaftlichen Leistungsfähigkeit der Bewerber[35]. Hinzu kommt die Überprüfung der unternehmensrechtlichen Beteiligungsstrukur vor allem im Hinblick auf eine unzulässige Konzentration. Diese erfolgt seit dem 3. Rundfunkänderungsstaatsvertrag[36] für bundesweite Fernsehveranstalter allerdings nicht mehr direkt durch die Landesmedienanstalten. Die jeweils für

---

[31] Vgl. dazu ausführlicher *Schuler-Harms*, Rundfunkaufsicht im Bundesstaat, S. 32; siehe auch *Geppert*, Europäischer Rundfunkraum und nationale Rundfunkaufsicht, S. 104 f mwN.

[32] Vgl. § 20 I RStV iVm. mit den Bestimmungen der Landesmediengesetze (z. B. § 5 I LRG Nds.).

[33] Ausführlich zu den Voraussetzungen *Bumke*, Die öffentliche Aufgabe der Landesmedienanstalten, S. 351 ff.

[34] Vgl. z. B. § 5 I LRG Nds.

[35] *Bumke*, Die öffentliche Aufgabe der Landesmedienanstalten, S. 352.

[36] Vgl. u. a. BayGVBl. 96, S. 480.

die Aufsicht zuständige Anstalt muß sich dafür der Kommission zur Ermittlung der Konzentration (KEK) als „Organ" bedienen, das allerdings völlig unabhängig und weisungsfrei arbeitet[37]. Die Zulassung ist immer zeitlich befristet[38].

Mit der rundfunkrechtlichen Zulassung ist jedoch nicht zwingend verbunden, daß einem lizenzierten Veranstalter (überall) auch Übertragungswege bzw. -kapazitäten zugeteilt werden. Die Zuteilung von terrestrischen Frequenzen und Kabelplätzen an den einzelnen Rundfunkveranstalter obliegt bisher noch ganz überwiegend den Landesmedienanstalten[39]. Die Frequenzen bzw. Frequenzketten und die Kabelkanäle werden nach einer Ausschreibung in gesonderten Vergabe- bzw. Belegungsentscheidungen zugewiesen, die allerdings bisher – zumindest beim analogen Rundfunk – in der Regel mit der rundfunkrechtlichen Lizenzierung zusammenfallen[40]. Das hat zur Folge, daß bei der „Veranstaltung" einer Rundfunksendung im Sinne einer erstmaligen Zulassung eines Bewerbers dieser auch Übertragungskapazitäten erhält. Problematisch wird es erst bei der Weiterverbreitung von Rundfunksendungen, die bereits in einem anderen Bundesland lizenziert sind. Die Landesmediengesetze sehen hier im allgemeinen vor, daß unter den Antragstellern derjenige den Vorrang hat, der die umfassendere (Meinungs-) Vielfalt im Programm bzw. für das entsprechende Gesamtangebot aller über das jeweilige Medium (Kabel oder Terrestrik) übertragenen Programme erwarten läßt. Dazu geben die Gesetze eine Vielzahl von Kriterien vor[41]. Der Grund für den hohen Aufwand bei der Zugangsregulierung ist die Maßgabe des Bundesverfassungsgerichts in der soge-

---

37 Zur KEK ausführlich unten unter 1. Kapitel, III.2. b) aa), S. 18 f.

38 Die längste mögliche Dauer ist in den Landesmediengesetzen unterschiedlich geregelt, so bestimmt z. B. § 29 IV StV BB sieben Jahre, während es in § 11 I LRG Nds. elf Jahre sind.

39 Seit dem 4. Rundfunkänderungsstaatsvertrag dürfen Kabelnetzbetreiber über die Belegung von einem Drittel der digitalen Kapazitäten nach bestimmten Vorgaben selbst bestimmen, siehe § 52 IV Nr. 1 RStV.

40 Siehe dazu auch *Clausen-Muradian*, Zur Anwendung des Rechts der Ordnungswidrigkeiten als Instrument der Rundfunkaufsicht, in: ZUM 97, 800 [803].

41 Über die Vergabekriterien und ihre Rechtmäßigkeit im einzelnen ist in der Vergangenheit viel diskutiert worden. Aus der Fülle der Literatur siehe *Beucher/Rosenberg*, Kapazitätsknappheit und Programmvielfalt, in: ZUM 96, 643 [648 ff]; *Castendyk*, Die Rangfolge im Kabel, in: ZUM 93, 464 [470 ff]; *Holtzbrinck*, Definitions- und Rangfolgeprobleme bei der Einspeisung von Rundfunkprogrammen in Kabelanlagen, 1990; *Dörr/Charissé*, Die Rangfolge im Kabel und die Dienstleistungsfreiheit, in: AfP 99, 18; speziell für den digitalen terrestrischen Rundfunk *Sporn*, Vielfalt im digitalen Rundfunk, 1999, S. 22 ff.

nannten Niedersachsen-Entscheidung, daß im privaten Rundfunk ein Grundstandard gleichgewichtiger Vielfalt einzuhalten ist[42].

bb) Rundfunkaufsicht

Die Kompetenz zur Marktzutrittsregulierung wird ergänzt durch die Aufsicht über den Rundfunk im Sinne einer laufenden Kontrolle. Die Aufsicht über die privaten Veranstalter erfolgt anhand der Vorschriften des Rundfunkstaatsvertrages, der Landesmediengesetze sowie der auf dieser Grundlage erlassenen Richtlinien und auf den den Sendegenehmigungen beigefügten Anlagen. Es handelt sich dabei um eine reine Rechtsaufsicht[43]. Durch ständige Aufsicht soll die Einhaltung der rundfunkrechtlichen Vorgaben[44] zum Jugend- und Persönlichkeitsschutz, der Werbezeiten und -inhalte sowie der Programmgrundsätze gewährleistet werden. Dazu gehört außerdem besonders die Überwachung der Programmangebotsvielfalt und der für sie erforderliche wirtschaftliche Wettbewerb. Die Landesmedienanstalten wachen also auch nach der Lizenzierung grundsätzlich darüber, daß es nicht zu einer unzulässigen Veranstalterkonzentration kommt (sogenannte Wettbewerbsregulierung). Die Landesmediengesetze erfassen allerdings nur den Bereich des Hörfunks und des nicht bundesweit verbreiteten Fernsehens, da die Konzentrationsprobleme des bundesweiten Fernsehens durch den Rundfunkstaatsvertrag geregelt werden und von der KEK zu klären sind, auch wenn diese als „Organ" der zuständigen Anstalt tätig wird.[45] Für Teilbereiche ihrer Aufsichtsaufgaben wie auch für weitere ihnen übertragene Regelungsgebiete dürfen und müssen die Landesmedienanstalten Richtlinien erlassen[46].

---

[42] BVerfGE 73, 118 [159 f].

[43] Das ergibt sich aus den Formulierungen der Landesmediengesetze, wonach über die Einhaltung der „gesetzlichen Bestimmungen" gewacht wird, vgl. z. B.§ 30 II LMedG BW.

[44] Vgl. ausführlich *Hesse*, Rundfunkrecht, S. 228, Rdnr. 49 ff.

[45] Siehe §§ 25 – 32 RStV; ausführlich zu den Konzentrationsregeln *Clausen-Muradian*, Konzentrationstendenzen und Wettbewerb im Bereich des privaten kommerziellen Rundfunks und die Rechtsprobleme staatlicher Rundfunkaufsicht, 1997.

[46] Vgl. § 33 u. § 46 mit Verweis auf die §§ 3, 7, 8, 44, 45 RStV.

cc) Sonstige Aufgaben

Neben den beiden dargestellten Aufgabenkomplexen erfüllen die Landesmedienanstalten ein Reihe weiterer Aufgaben im gestalterischen und organisatorischen Bereich. Je nach den zum Teil unterschiedlichen Vorgaben der Landesmediengesetze beteiligen sich die Landesmedienanstalten am technischen Ausbau und an der Fortentwicklung des privaten Rundfunks (sogenannte Infrastrukturförderung). Sie fördern die Aus- und Fortbildung im Rundfunkbereich, betreiben Medienforschung, unterstützen Projekte der Medienerziehung und Medienpädagogik und haben ganz überwiegend Offene Kanäle und teilweise auch sogenannten lokalen Nicht-Kommerziellen Hörfunk eingerichtet[47].

dd) Keine telekommunikationsrechtlichen Befugnisse

Die Landesmedienanstalten sind ausschließlich für den Rundfunk zuständig. Sie haben keine telekommunikationsrechtlichen Befugnisse. Der Grund dafür liegt in der Kompetenzverteilung des Grundgesetzes, wonach gemäß Art. 73 Nr. 7, 87 Abs. 1 GG dem Bund die Gesetzgebungs- und Verwaltungskompetenz für das Sachgebiet Telekommunikationswesen zusteht. Für die auf diesem Gebiet anfallenden Regelungsaufgaben ist eine eigene Behörde, die Regulierungsbehörde für Telekommunikation und Post (RegTP), eingerichtet worden[48], die am 1.1.1998 ihre Arbeit aufgenommen hat. In der Praxis bedeutet dies, daß die Landesmedienanstalten keine Entscheidungen über die Nutzungsart von Frequenzen (Rundfunk oder Telekommunikation) treffen können. Erst nach der Festlegung der Nutzungsart durch die RegTP auf der Grundlage des Telekommunikationsgesetzes (TKG) können die Landesmedienanstalten Vergabeentscheidungen an den Rundfunk nach Maßgabe der Landesmediengesetze treffen. Da frequenzpolitische Entscheidungen der RegTP in der Regel zwingende Auswirkungen auf die Rundfunkpolitik und Rundfunkversorgung der Länder haben, sind diese zur Wahrung der grundgesetzli-

[47] So z. B. in Niedersachsen, wo insgesamt sechs nichtkommerzielle Lokalsender auf der Grundlage der §§ 37 ff LRG Nds. senden.

[48] Siehe ausführlich *Ulmen/Gump*, Die neue Regulierungsbehörde für Telekommunikation und Post, in: CR 97, S. 396 [396 ff]; *Gramlich*, Ohne Regulierung keine Wettbewerb, in: CR 98, 463 [463 ff]; *ders.*, Die Regulierungsbehörde für Telekommunikation und Post im Jahre 1998, in: CR 99, 489 [489 ff].

chen Kompetenzverteilung bereits in die entsprechenden Entscheidungsverfahren miteinzubeziehen[49].

c) *Aufsichtsmittel*

Die Landesmedienanstalten haben verschiedene Kompetenzen zur Durchsetzung ihrer Aufgaben. Ihnen stehen zunächst eine Reihe von informellen Aufsichtsmitteln zu. Dazu gehört die Programmbeobachtung, die durch Stichproben oder aufgrund einer konkreten Beschwerde erfolgt, und die Pflicht der Programmanbieter, ihr Programm aufzuzeichnen, für einen gewissen Zeitraum aufzubewahren und auf Anforderung der zuständigen Landesmedienanstalt vorzulegen[50]. Diese haben das Recht auf Auskunft und Vorlage von Unterlagen, um die Informationsbeschaffung zu erleichtern[51]. Dazu kommen als formelle Sanktionen zunächst die verwaltungsrechtliche Beanstandung und die Unterlassungsanordnung. Diese Mittel wurden in der Vergangenheit häufig eingesetzt. Schwerere Folgen haben die Anordnung des Verbotes einzelner Sendungen oder Programmteile oder die Anordnung des Ruhens der Sendeerlaubnis für eine bestimmte Frist. Die ultima ratio der Sanktionen ist der Widerruf der Lizenz, was aber in der Aufsichtspraxis der Landesmedienanstalten bisher nur ganz selten vorgekommen ist[52]. Neben diesen Aufsichtsmitteln können Veranstalter auch kumulativ mit Bußgeldern nach dem Ordnungswidrigkeitenrecht belegt werden. Dazu gehört die Anordnung des Verfalls von unrechtmäßig erwirtschafteten Einnahmen bei Werbeverstößen[53].

---

[49] Ausführlich dazu *Sporn*, Vielfalt im digitalen Rundfunk, S. 36 ff.

[50] Ausführlich *Clausen-Muradian* ZUM 97, 800 [801].

[51] Siehe beispielsweise § 13 I LRG Nds.

[52] Ein Fall ist der Widerruf der Zulassung des Offenen Kanals Cloppenburg durch die Niedersächsische Landesmedienanstalt, siehe Pressemitteilung der NLM v. 18.03.1999.

[53] Siehe z. B. AG Hannover ZUM 97, 838; OLG Celle ZUM 97, 834; ausführlich *Clausen-Muradian* ZUM 97, 800 [803, insbes. 805 ff].

2. Länderübergreifende Zusammenarbeit und zentrale Aufsicht

Da Rundfunk keine Ländergrenzen kennt, aber die Ordnungskompetenzen der Landesmedienanstalten an diesen halt machen, ergab sich für die deutsche Rundfunkaufsicht schnell die Notwendigkeit, grenzüberschreitend zusammen zu arbeiten. Dazu werden die Landesmedienanstalten auch durch die Präambel und weitere Vorschriften des Rundfunkstaatsvertrages verpflichtet[54]. Als Folge hat sich eine mittlerweile umfangreiche Zusammenarbeit entwickelt, die sich neben schriftlichen Kooperationsvereinbarungen[55] auch organisatorisch durch zahlreiche Gremien mit unterschiedlichen Kompetenzen und auf unterschiedlicher Rechtsgrundlage institutionalisiert hat. Darüber hinaus haben die Bundesländer mit dem 3. Rundfunkstaatsvertrag entschieden, daß die grundsätzlich föderale Rundfunkaufsicht durch zwei zentrale Institutionen ergänzt wird.

a) Länderübergreifende Zusammenarbeit

aa) Die Arbeitsgemeinschaft der Landesmedienanstalten

Das zentrale Gremium für Fragen von grundsätzlicher länderübergreifender Bedeutung bei der Zulassung, Aufsicht sowie beim Aufbau und der Fortentwicklung des privaten Rundfunks ist die Arbeitsgemeinschaft der Landesmedienanstalten (ALM), in der alle 15 Aufsichtsbehörden zusammengeschlossen sind[56]. Sie ist als eine Art Dach für weitere Gremien wie die Direktorenkonferenz, die Gremienvorsitzendenkonferenz und die Gesamtkonferenz anzusehen. Eine ausdrückliche Rechtsgrundlage für die ALM findet sich weder im Rundfunkstaatsvertrag noch in den Landesmediengesetzen. Ihre Einrichtung rechtfertigt sich durch die zahlreichen Vorschriften des Rundfunkstaatsvertrages, in

---

[54] In der Präambel heißt es in Abs. 7: „Den Landesmedienanstalten obliegt es, unter dem Gesichtspunkt der Gleichbehandlung privater Veranstalter und der besseren Durchsetzbarkeit von Entscheidungen verstärkt zusammenzuarbeiten." Siehe außerdem die §§ 33 u. 38 II RStV.

[55] Vgl. dazu ausführlich *Schuler-Harms*, Rundfunkaufsicht im Bundesstaat, S. 190 ff.

[56] Vgl. ausführlich zur ALM *Schuler-Harms*, Rundfunkaufsicht im Bundesstaat, insbesondere ab S. 188.

denen die Landesmedienanstalten sich bei Entscheidungen abzustimmen[57] bzw. Einvernehmen zu erzielen[58] haben. Die Grundsätze der Zusammenarbeit innerhalb der ALM haben die Landesmedienanstalten in einem Vertrag geregelt[59], in dem sie auch die Aufgaben der ALM näher bestimmt haben. Dazu gehören unter anderem die gemeinsame Interessenvertretung auf nationaler und internationaler Ebene[60], der Informations- und Meinungsaustausch mit Rundfunkveranstaltern[61], das Finden gemeinsamer Lösungen für Probleme in den Bereichen Programm, Recht, Technik, Forschung und Finanzierung[62] und schließlich die mediale Forschung zu Problemen von grundsätzlicher Bedeutung[63]. Die ALM hat zur Erledigung ihrer Aufgaben sogenannte Gemeinsame Stellen[64], Arbeitskreise[65], Arbeitsgruppen[66] sowie Beauftragte[67] eingerichtet. Um die Zusammenarbeit der Landesmedienanstalten in bestimmten Problembereichen zu vereinheitlichen und auf eine gemeinsame Grundlage zu stellen, hat die ALM Richtlinien erlassen[68]. Wirklich eigenständige, ihr originär zugewiesene Kompetenzen mit entsprechender endgültiger Entscheidungsbefugnis hat die ALM jedoch nicht. Was immer innerhalb der ALM beschlossen

---

57 So z. B. gem. § 38 I, II RStV bei der Überprüfung der Einhaltung der Bestimmung des Rundfunkstaatsvertrages vor und nach Zulassung bundesweit verbreiteten Fernsehens.

58 So z. B. gem. § 20 II S. 2 RStV für die Beurteilung, ob ein Mediendienst dem Rundfunk zuzuordnen ist.

59 Vgl. „Grundsätze für die Zusammenarbeit der Arbeitsgemeinschaft der Landesmedienanstalten in der Bundesrepublik Deutschland (ALM)" nach dem Beschluß der Gesamtkonferenz v. 25.04.1995, veröffentlicht unter www.alm.de.

60 Vgl. § 2 I a der Grundsätze.

61 Vgl. § 2 I b der Grundsätze.

62 Vgl. § 2 I c der Grundsätze.

63 Vgl. § 2 I e der Grundsätze.

64 Gemeinsame Stellen wurden eingerichtet für „Werbung", „Jugendschutz und Programm", die für ihre Arbeit eigene Verfahrensordnungen bekommen haben (vgl. Verfahrensordnung der Gemeinsamen Stelle Werbung u. der Gemeinsamen Stelle Jugendschutz und Programm, beide v. 13.12.1994, veröffentlicht unter www.alm.de) sowie in Form der Technischen Kommission der Landesmedienanstalten (TKLM).

65 Es wurden die Arbeitskreise „Recht", „Europa", „Verwaltung" und „Offene Kanäle" eingerichtet.

66 Das sind die Arbeitsgruppen DVB, Rundfunkstaatsvertrag und Kanalbelegung.

67 Das sind die Beauftragen für die Bereiche Forschung, Hörfunk und die Koordinierungsstelle KDLM.

68 Vgl. die Gemeinsame Richtlinie zur Durchführung der Trennung von Werbung und Programm und für das Sponsoring im Fernsehen sowie mit selbem Titel für den Hörfunk, beide v. 21.02.2000, die Jugendschutzrichtlinie v. 16.12.1997 und die Gemeinsame Richtlinie für das Textbildangebot v. 26.01.1993, veröffentlicht unter www.alm.de.

wird, bedarf gegebenenfalls der Umsetzung durch die zuständige Landesmedienanstalt.

bb) Die Direktorenkonferenz

Unter dem Dach der ALM erledigt als weiteres Gremium die Direktorenkonferenz der Landesmedienanstalten (DLM) bestimmte Aufgaben, die den Landesmedienanstalten obliegen. Die DLM ist trotz ihrer heutigen Stellung in der organisierten grenzüberschreitenden Zusammenarbeit der Landesmedienanstalten das älteste und wichtigste Gremium. Sie wurde bereits vor Inkrafttreten des 1. Rundfunkstaatsvertrages als Organ geschaffen[69]. Die DLM kann mangels Regelung im Rundfunkstaatsvertrag oder in den Landesmediengesetzen ähnlich wie die ALM ihre Rechtfertigung nur aus ihrer Aufgabe als Organisation der Kooperation und Koordination ableiten[70]. Die Landesmedienanstalten werden von ihren Exekutivorganen in der DLM vertreten. Die Direktorenkonferenz erledigt auf der Grundlage sich selbst gegebener Verfahrensgrundsätze insbesondere Aufgaben aus den Bereichen Zulassung von bundesweiten Rundfunkveranstaltern, Jugendschutz und Werbung. Auch hier gilt bereits oben zu den Kompetenzen der ALM Gesagtes: Die DLM kann letztlich nur „Entscheidungsvorschläge" ausarbeiten, weil mangels eigener Durchsetzungskompetenzen für die Durchführung nur die jeweils zuständige Landesmedienanstalt verantwortlich ist.

cc) Die Gremienvorsitzendenkonferenz

Parallel zur DLM haben sich auch die Vorsitzenden der beschlußfassenden Gremien der Landesmedienanstalten zu einem gemeinsamen Organ, der Gremienvorsitzendenkonferenz, zusammengeschlossen. Die Aufgabe der Konferenz besteht allein darin, Angelegenheiten zu beraten, die in der Medienpolitik und für die Zusammenarbeit der Landesmedienanstalten von Bedeutung sind. Es fehlen ihr grundsätzliche Beschlußkompetenzen. Die Konferenz hat damit in keiner Weise eine vergleichbare Bedeutung oder einen entsprechenden Einfluß wie die DLM.

---

[69] Siehe dazu *Bumke*, Die öffentliche Aufgabe der Landesmedienanstalten, S. 328 f u. dort Fn. 255.

dd) Die Gesamtkonferenz

Schließlich hat sich im Rahmen der ALM auch die sogenannte Gesamtkonferenz gebildet, die sich aus der DLM und der Gremienvorsitzendenkonferenz zusammensetzt. Zu ihrer Aufgabe gehört die Beschlußfassung über grundsätzliche medienpolitische Angelegenheiten der dualen Rundfunkordnung wie Fragen der Programmentwicklung des privaten Rundfunks. Sie tritt nur zusammen, wenn vier Landesmedienanstalten dies verlangen[71], wobei auch hier die Beschlüsse keine unmittelbaren Rechtsfolgen haben.

b) Zentrale Aufsicht

Neben den soeben dargestellten Gremien der grenzüberschreitenden Zusammenarbeit, deren Einrichtung und organisatorische Ausgestaltung alle auf Eigeninitiative der Landesmedienanstalten zurückzuführen sind, haben die Länder mit dem 3. Rundfunkänderungsstaatsvertrag erstmals zwei Organe neu geschaffen und ihnen eine ausdrückliche gesetzliche Grundlage gegeben: Die Kommission zur Ermittlung der Konzentration im Medienbereich (KEK)[72] und die Konferenz der Direktoren der Landesmedienanstalten (KDLM)[73]. Nachdem ursprünglich jede einzelne Landesmedienanstalt die Aufgabe der rundfunkrechtlichen Konzentrationskontrolle innehatte, soll nun diese beiden Organen die Schlüsselrolle bei der Konzentrationskontrolle nach der Abkehr vom „Beteiligungsmodell"[74] hin zum „Zuschauermarktanteilsmodell"[75] und

---

70 Zutreffend und ausführlich zu der Frage nach der Notwendigkeit einer ausdrücklichen Rechtsgrundlage *Bumke*, Die öffentliche Aufgabe der Landesmedienanstalten, S. 329.

71 Siehe § 8 S. 2 der Grundsätze für die Zusammenarbeit der ALM (Beschluß v. 25.04.1995).

72 § 35 II Nr. 1 RStV.

73 § 35 II Nr. 2 RStV.

74 Vgl. dazu *Clausen-Muradian*, Konzentrationstendenzen und Wettbewerb, S. 111 ff und zur Kritik an diesem Modell die S. 147 ff.

75 Vgl. dazu ausführlich *Hess*, Medienkonzentrationsrecht nach dem neuen Rundfunkstaatsvertrag, Teil 1, in: AfP 97, 680 u. Teil 2, in: AfP 97, 777; *Kreile*, Die Reform des Rundfunkstaatsvertrages – Neue Wege bei der Vielfaltssicherung im Privaten Rundfunk, in: NJW 97, 1329 [1330 ff]; *Kuch*, Das Zuschaueranteilsmodell – Grundlage der Sicherung der Meinungsvielfalt im Fernsehen, in: ZUM 97, 12 [13 ff]; *Stock*, Konzentrationskontrolle in Deutschland nach der Neufassung des Rundfunkstaatsvertrages (1996), in:

Fußnote wird fortgesetzt

damit bei der Sicherung von Meinungsvielfalt im privaten bundesweiten Fernsehen zukommen.

aa) Die Kommission zur Ermittlung der Konzentration

Die KEK setzt sich aus sechs Sachverständigen des Rundfunks- und Wirtschaftsrechts zusammen[76], die von den Ministerpräsidenten der Länder für die Dauer von fünf Jahren berufen werden[77], aber bei der Erfüllung ihrer Aufgaben an keine Weisungen gebunden sind. Die KEK ist zuständig für die Ermittlung der den rundfunkveranstaltenden Unternehmen zuzurechnenden Zuschaueranteile, für die „abschließende Beurteilung von Fragestellungen der Sicherung von Meinungsvielfalt im Zusammenhang mit der bundesweiten Veranstaltung von Fernsehprogrammen", „für Fragen bei der Entscheidung über eine Zulassung oder Änderung einer Zulassung" sowie „bei der Bestätigung von Veränderungen von Beteiligungsverhältnissen"[78]. Auch wenn dieser Aufgabenkatalog im Verhältnis zu den Gremien ALM, DLM etc. eine herausgehobene und eigenständige organisatorische Stellung der KEK innerhalb des deutschen Rundfunkkontrollgefüges vermuten läßt[79], so ist das jedoch nur begrenzt der Fall. Das ergibt sich aus der Konzeption ihres Verhältnisses zu den Landesmedienanstalten und den Verfahrensvorschriften des Rundfunkstaatsvertrages. Die Landesmedienanstalten haben einerseits das notwendige Personal für die KEK zur Verfügung zu stellen und sie aus ihren Gebühreneinnah-

---

Stock/Röper/Holznagel, Medienmarkt und Meinungsmacht. Zur Neuregelung der Konzentrationskontrolle in Deutschland und Großbritannien, 1996, S. 22 ff; siehe auch zu einem vielbeachteten Einzelfall *Martinek*, Die Zurechnung von Zuschaueranteilen nach §§ 25 ff. des Rundfunkstaatsvertrages 1996 anläßlich der Lizenzanträge der Premiere Medien GmbH & Co. KG auf Zulassung zur bundesweiten Veranstaltung von digitalen Pay-TV-Programmangeboten, 1999.

[76] Zur aktuellen personellen Zusammensetzung siehe www.kek-online.de.

[77] Kritisch zu diesem Verfahren wegen des Grundsatzes der Staatsferne *Dörr*, Die KEK – ein taugliches Instrument zur Bekämpfung der Medienkonzentration?, in: MP 98, 54 [56]; *ders.*, Maßnahmen der Vielfaltssicherung gelungen?, in: MP 96, 621 [624]; siehe auch *Neft*, KEK und KDLM – unorthodoxe Organkonfigurationen zur Sicherung der Meinungsvielfalt im Fernsehen, in: ZUM 99, 97 [98]; *Stock*, Meinungsvielfalt und Meinungsmacht, in: JZ 97, 583 [593 f]; *Vesting*, Prozedurales Rundfunkrecht, 1997, S. 332.

[78] § 36 I RStV; zu den Verfahren der KEK im Jahr 1999 siehe den Bericht in AfP 2000, 61 [61 ff].

[79] Entsprechendes war ursprünglich geplant worden, vgl. *Neft* ZUM 99, 97 [98] mwN.; siehe auch die Kritik bei *Vesting*, Prozedurales Rundfunkrecht, S. 331 f.

men gemäß § 10 Rundfunkfinanzierungsstaatsvertrag zu finanzieren[80]. Gemäß § 35 Abs. 1 und 2 RStV dient die KEK andererseits der jeweils zuständigen Landesmedienanstalt nur als Organ zur Erfüllung ihrer Aufgaben bei der Sicherung der Meinungsvielfalt, sozusagen als verlängertes Werkzeug. Der Antrag eines Rundfunkveranstalters, der die Meinungsvielfalt betreffen könnte, findet nur über die für ihn zuständige Landesmedienanstalt den Weg zur KEK. Das bedeutet, die KEK wird prinzipiell nicht aus eigenem Ermessen tätig[81]. Allerdings ist festzustellen, daß das Gremium eigenständig mindestens alle drei Jahre über die Medienentwicklung zu berichten und zu den erforderlichen Änderungen der medienkonzentrationsrechtlichen Bestimmungen Stellung zu nehmen hat.[82] Insbesondere für die Erfüllung der durch die Landesmedienanstalten angetragenen Aufgaben wurden der KEK gemäß § 36 Abs. 1 RStV eigene Verfahrensrechte und Ermittlungsbefugnisse eingeräumt. Auch ist die jeweils zuständige Landesmedienanstalt an eine Entscheidung der KEK gegenüber bundesweiten Fernsehveranstaltern grundsätzlich gebunden und hat diese auch nach außen zu vertreten. Der Landesmedienanstalt bleibt allerdings die Möglichkeit, die Entscheidung vor das zweite zentrale Organ zu bringen, das neben der KEK durch den 3. Rundfunkänderungsstaatsvertrag eingerichtet wurde: Die Konferenz der Direktoren der Landesmedienanstalten.

bb) Die Konferenz der Direktoren der Landesmedienanstalten

Die KDLM setzt sich aus den Exekutivorganen aller Landesmedienanstalten zusammen. Diese sind hinsichtlich ihrer Aufgaben in der KDLM weisungsfrei gemäß § 35 Abs. 5 RStV, wodurch „eine Art freischwebende, bundesweit konzertierte wechselseitige Organleihe ins Werk gesetzt“[83] wird. Auch die KDLM ist nur Organ der Landesmedienanstalten und dient vor allem für den aufgezeigten Fall, daß eine Landesmedienanstalt vom Beschluß der KEK abweichen will. Die KDLM hat in einem solchen Fall innerhalb von drei Monaten zu entscheiden. Ein vom KEK-Beschluß abweichende Entscheidung muß von mindestens drei Vierteln ihrer Mitglieder erfolgen. Ist das der Fall, dann

---

[80] § 35 VII RFinStV.

[81] Zu den Tätigkeiten der KEK bis 1998 siehe *Dörr* MP 98, 54 [57 f].

[82] Siehe „Medienkonzentrationsbericht: Fortschreitende Medienkonzentration im Zeichen der Konvergenz“ v. 28.11.2000, im Internet unter: www.kek-online.de.

[83] *Stock*, in: *Stock/Röper/Holznagel*, Medienmarkt und Meinungsmacht, S. 63, Fn. 132.

tritt der Beschluß der KDLM an die Stelle der Entscheidung der KEK[84]. Die KDLM ist auf diese Weise eine Art Revisionsinstanz[85]. Gleichzeitig wird durch sie sichergestellt, daß die Landesmedienanstalten – wenn auch nur in ihrer großen Mehrheit und in einem Zentralorgan zusammengefaßt – als föderale Institutionen zumindest theoretisch das letzte Wort gegenüber der Zentralinstanz KEK haben.

3. Sonstige mit Aufsicht befaßte Institutionen

Über die Rundfunkaufsicht im engeren Sinne hinaus sind vor allem noch zwei weitere Institutionen zu erwähnen, die einen erheblichen Einfluß auf die Veranstalter von privaten Programmen haben. Das ist zum einen die bereits erwähnte Regulierungsbehörde für Telekommunikation und Post, deren Aufgabengebiet im Verhältnis zu den Landesmedienanstalten bereits oben kurz beschrieben wurde[86]. Zum anderen handelt es sich um das Bundeskartellamt, das die Frage der wettbewerbsrechtlichen Zulässigkeit von Fusionen im Rundfunk zu prüfen hat. Dieses ist in seiner Bedeutung nicht zu unterschätzen, wie entsprechende Verfahren zeigen – so beispielsweise im Fall der gewünschten Aufstockung der Anteile der Bertelsmann AG und der KirchGruppe an dem Pay-TV-Sender Premiere. Mit dem Bundeskartellamt ergeben sich für die Rundfunkaufsicht Zuständigkeitsverflechtungen und vor allem in der Vergangenheit Zuständigkeitsstreitigkeiten, wenn es gleichzeitig den publizistischen und ökonomischen Wettbewerb zu sichern und die Konzentration von Veranstalterstrukturen zu bekämpfen gilt[87].

---

[84] Zum Verfahren vgl. § 37 II RStV.

[85] Gegensätzliche Entscheidungen und Streit zwischen KEK und KDLM haben sich schon kurz nach der Einrichtung der beiden Gremien ergeben, so z. B. bei der Problematik um die Zulassung des Discovery-Channels (vgl. Pressemitteilung 02/98 der KDLM u. den Bericht des Präsidenten der BLM v. 11.11.1998), bei der Genehmigung von Premiere digital sowie ProSieben (vgl. dazu „KEK: Premiere digital und Pro Sieben genehmigt“, FAZ v. 05.02.1999); siehe zum Ganzen ausführlich *Hepach*, Die Kommission zur Ermittlung der Konzentration im Medienbereich: Verselbständigungstendenzen eines Organs unter Berufung auf das rundfunkspezifische Gebot einer effizienten Konzentrationskontrolle, in: ZUM 99, 603 [603 ff].

[86] Vgl. dazu oben unter 1. Kapitel, C.I.2.d., S. 12 f.

[87] Dazu *Schuler-Harms*, Rundfunkaufsicht im Bundesstaat, 1995, S. 14; siehe auch unten unter 4. Kapitel, 4.d) bb, S. 112 ff.

4. Zusammenfassung

Mit der Aufsicht über den privaten Rundfunk sind in Deutschland unmittelbar und mittelbar mit den 15 Landesmedienanstalten, der KEK, der KDLM, der Regulierungsbehörde und dem Bundeskartellamt insgesamt 19 gesetzlich eingerichtete Institutionen befaßt. Zählt man die Gremien der länderübergreifenden Zusammenarbeit hinzu, die – wie dargestellt – teilweise einen erheblichen Einfluß haben, dann erhöht sich die Anzahl auf 23 Gremien bzw. Institutionen. Die Aufsicht in Deutschland stellt sich damit als ein vielschichtiges Geflecht von Einrichtungen dar, die ihre Legitimation von 16 verschiedenen Landesgesetzgebern und vom Bundesgesetzgeber erhalten.

IV. Entwicklungstendenz: Schleichende Vereinheitlichung und Zentralisierung

Die institutionelle Rundfunkaufsicht in ihrer heutigen ausdifferenzierten Form ist das Ergebnis einer steten Entwicklung, die schon bald nach der Einrichtung der Landesmedienanstalten mit der Einführung des privaten Rundfunks einsetzte. Die Notwendigkeit, gemeinsame Positionen zu finden und länderübergreifende Sachverhalte gemeinsam zu regeln, ergab sich angesichts eines Regelungsgegenstandes, der sich nicht an Ländergrenzen hält, von Anfang an. Dennoch trafen die ersten Rundfunkgesetze der Länder dazu keine Regelungen. Die Landesmedienanstalten selbst ergriffen – wie in der Regel auch in den Folgejahren – die Initiative. Sie gründeten 1985 zunächst die „Konferenz der Direktoren der Landesanstalten für Rundfunk und neue Medien“[88], richteten für bestimmte Bereiche erst Arbeitskreise und später gemeinsame Stellen ein und verabschiedeten bald eine „Vorläufige Regelung gemeinsamer Verfahrensgrundsätze der Landesmedienanstalten“, um „von den additiven Entscheidungs- und Kontrollverfahren der einzelnen Landesmedienanstalten zu einer einheitlichen Entscheidungspraxis und [...] zu einer gleichmäßigen Rechtsanwendung [...] zu kommen“[89]. In institutioneller Hinsicht folgte 1989 die Kon-

[88] Ausführlich dazu wie generell zur geschichtlichen Entwicklung *Schuler-Harms*, Rundfunkaufsicht im Bundesstaat, S. 47 ff.

[89] Vgl. Pressemitteilung der DLM v. 05.06.1990.

ferenz der Gremienvorsitzenden[90] und 1993 schließlich die Arbeitsgemeinschaft der Landesmedienanstalten[91].

Alle Gremien haben im wesentlichen nur einen Zweck: Die Zusammenarbeit zwischen den Landesmedienanstalten auf eine institutionelle Grundlage zu stellen und zu verbessern, um gemeinsame, einheitliche Regelungen für die Vielzahl der rundfunkrechtlichen und den mit ihnen zusammenhängenden technischen Probleme zu finden und letztlich auch eine effektivere Interessenvertretung zu ermöglichen. Der Trend ist dabei offensichtlich: Allein durch die im Laufe der Zeit angewachsene Zahl von Gremien der Zusammenarbeit (die der Dynamik eigener Rechtfertigung folgend nach wachsender Kompetenz streben) werden immer mehr Regelungen faktisch zentral, insbesondere durch die DLM getroffen. Damit verbunden ist eine Stärkung der hauptamtlichen Exekutivorgane gegenüber den „pluralen" Hauptorganen, auch wenn diese juristisch die Entscheidungen der DLM noch umsetzen müssen[92]. Die fehlende Bindungswirkung der Beschlüsse der „Kooperationsgremien" ist ein weiterer zentraler Kritikpunkt. Die Landesmedienanstalten fordern mittlerweile selbst, daß eine gesetzliche Regelung diese als ungenügend empfundene Situation ändert[93]. In jedem Fall hat allein durch die Eigeninitiative der Landesmedienanstalten im Rahmen ihrer Kompetenzen eine nicht unerhebliche faktische Verlagerung ihrer Aufgaben auf zentrale Gremien der „institutionellen Zusammenarbeit" stattgefunden und dürfte auch zukünftig weiter stattfinden.

Die Länder als Rundfunkgesetzgeber haben zu dieser Entwicklung durch den Rundfunkstaatsvertrag 1987 und seinen drei Änderungsstaatsverträgen aus den Jahren 1994, 1996 und 1997 beigetragen, in dem sie dieser Zusammenarbeit eine legislative Grundlage vor allem in der Form gaben, daß sie die Landesmedienanstalten in § 38 Abs. 2 RStV zur Bildung gemeinsamer Stellen und in

90 Vgl. *Schuler-Harms*, Rundfunkaufsicht im Bundesstaat, S. 57 ff.

91 Hinzu kommen der Vollständigkeit halber als Gremien noch die Gremienvorsitzendenkonferenz und die Gesamtkonferenz, die tatsächlich keine besondere Bedeutung haben, aber für die hier vertretenen Thesen dennoch eine Rolle spielen. Zu diesen Gremien vgl. oben unter 1. Kapitel, III.2. a) cc) – dd), S. 16.

92 Vgl. ausführlich zur Frage der Rechtsverbindlichkeit der Beschlüsse von u. a. DLM *Schuler-Harms*, Rundfunkaufsicht im Bundesstaat, S. 197 ff.

93 Vgl. Positionspapier der ALM, „Medienregulierung im Wandel – Zum Rang und Rolle der Landesmedienanstalten" v. 23.03.1999. Ein Grund für diese Forderung ist auch, daß die Landesmedienanstalten auf diese Weise Vorschlägen nach ihrer Abschaffung zu Gunsten einer Zentralinstitution entgegentreten, indem sie auf den „Erfolg" ihrer Zusammenarbeit verweisen, die „minimal" durch solche legislativen Änderungen verbessert werden könnte.

der Präambel ausdrücklich zur Zusammenarbeit verpflichten[94]. Das gesetzgeberische Ziel hierbei ist es, eine Gleichbehandlung privater Veranstalter und eine bessere Durchsetzbarkeit von Entscheidungen zu erzielen[95], letztlich also Vereinheitlichung und in gewisser Weise Gleichschaltung[96]. Das gilt vor allem für die Zulassung von Rundfunkveranstaltern (§§ 20 - 24 RStV), den Jugendschutz (§§ 3, 4), die Programmgrundsätze (§ 41), die Werberegeln (§§ 43 - 46) und die Sicherung der Meinungsvielfalt (§§ 25 -34). In diesen Bereichen sind aber nicht nur die Landesmedienanstalten zur Zusammenarbeit verpflichtet, sondern die Länder haben durch den Rundfunkstaatsvertrag bundesweit einheitliche Vorschriften geschaffen. Somit ist dort prinzipiell einerseits für die einzelnen Landesgesetzgeber kaum Raum für eigene, schon gar nicht für abweichende gesetzliche Regelungen und andererseits in der Folge auch nicht für die Landesmedienanstalten im Rahmen ihrer Verwaltungspraxis. Der Trend zur Vereinheitlichung von Verfahren und Zentralisierung von Entscheidungen wird somit auch von gesetzgeberischer Seite gebilligt und ausdrücklich gefördert.

Das läßt sich schließlich besonders durch die institutionellen Neuerungen ersehen, die vor allem durch den 3. Rundfunkänderungsstaatsvertrag eingeführt wurden. Durch ihn schufen die Länder mit der KDLM und vor allem der KEK erstmals zwei völlig neue Institutionen[97]. Durch ihre Einführung wurde nicht wie bisher nur das System der organisierten Kooperation bestätigt und weiterentwickelt, sondern durch sie als zentrale Aufsicht erfolgte ein grundsätzliches Abweichen von der bisherigen Struktur des kooperativen Rundfunkföderalismus. Auch wenn eine Anbindung der beiden Gremien an die Landesmedienanstalten in der Form vorgesehen ist, daß die KEK „als Organ" einer Landesmedienanstalt tätig wird und die KDLM sich aus den Direktoren zusammensetzt, so hat doch gerade die KEK zum Ärger der Landesmedienanstalten ein Eigenleben entwickelt. Mit der Zuständigkeitszuweisung „Sicherung der Meinungsvielfalt" an die KEK (und die KDLM als „Revisionsinstanz") haben die

---

[94] Präambel RStV Abs. 7.

[95] Vgl. auch *Hartstein/Ring/Kreile/Dörr/Stettner*, Rundfunkstaatsvertrag, Bd. I, C-0, B 5, Präambel, Rdnr. 15.

[96] Hier noch von Kooperation und Koordinierung zu sprechen, geht angesichts der dargestellten Entwicklung fehl, so aber *Schuler-Harms*, Rundfunkaufsicht im Bundesstaat, S. 236; auch der Begriff „Harmonisierung", den *Verheugen*, Wesen und Wirken der Rundfunkgremien in Deutschland, in: *Berg* (Hg.), Rundfunk-Gremien in Deutschland, 2. Auflage, 1999, S. 130, verwendet, erscheint euphemistisch, wenn er im selben Satz von einer „Medienanstalt der Länder" spricht.

[97] Siehe zu ihren Aufgaben oben unter 1. Kapitel, II. 2. b) aa) – bb), S. 18 ff.

Landesmedienanstalten praktisch eine ihrer bisher wichtigsten Aufgaben an diese zentrale Aufsicht verloren. Damit ist in der Konsequenz ein erheblicher Bedeutungsverlust verbunden.

Zusätzlich sind weitere Tendenzen erkennbar, die bestehende Organisation der Landesmedienanstalten zu verändern bzw. zu bündeln. Als einen Schritt dazu läßt sich nach der deutschen Einigung die Gründung einer gemeinsamen Landesmedienanstalt der Länder Berlin und Brandenburg (Medienanstalt Berlin-Brandenburg – MABB) ansehen[98]. Einen noch weitergehenden Schritt planten zum wiederholten Male die fünf norddeutschen Länder Niedersachsen, Bremen, Hamburg, Schleswig-Holstein und Mecklenburg-Vorpommern. Sie wollten ihre Landesmedienanstalten durch Staatsvertrag zu einer gemeinsamen Institution zusammenführen[99]. Der zukünftige Zusammenschluß von Landesmedienanstalten ist offenbar eine Option, die den Rundfunkgesetzgebern nicht völlig fern liegt. Anders läßt sich § 10 Abs. 2 RFinStV nicht erklären, in dem ausdrücklich Regelungen für den Fall getroffen werden, daß „aus zwei oder mehreren Landesmedienanstalten eine gemeinsame Landesmedienanstalt" gebildet wird.

Im Ergebnis haben die Landesmedienanstalten im Laufe der Jahre somit immer mehr Aufgaben an Gremien der Zusammenarbeit abgegeben bzw. an zentrale Aufsichtsgremien verloren[100]. Der damit einhergehende Bedeutungsverlust führt mittlerweile so weit, daß zumindest in einigen Ländern über eine Abschaffung der eigenen Landesmedienanstalt nachgedacht wird. Anzeichen für eine umgekehrte Entwicklung sind nicht zu erkennen. Dieser Prozeß läßt sich nur als schleichende Vereinheitlichung und Zentralisierung kennzeichnen.

---

[98] Etwas a. A. wohl *Schuler-Harms*, Rundfunkaufsicht im Bundesstaat, S. 67, Fn. 212.

[99] Diese Pläne sind wohl vorerst wieder einmal gescheitert, weil sich Niedersachsen zurückgezogen hat (vgl. „Medienanstalt bleibt solo", HAZ v. 05.11.1999). Ob die verbliebenen vier Länder ohne Niedersachsen an dem Vorhaben festhalten, dürfte äußerst zweifelhaft sein, da besonders die Hamburger Anstalt für neue Medien auf der Grundlage eines Gutachtens der Tormin Unternehmensberatung GmbH („Strategiepapier zur Struktur der norddeutschen Landesmedienanstalten", 1999) eine gemeinsame Anstalt ablehnt, siehe Positionspapier der HAM zur Frage der Gründung einer norddeutschen Medienanstalt, Beschluß des Vorstands der HAM v. 14.07.1999, S. 13 f.

[100] In der Bewertung ähnlich *Tabbara* ZUM 96, 378 [389].

V. Aufsicht über den privaten Rundfunk in ausgewählten europäischen Staaten

Die Einrichtung von Rundfunkaufsicht für den privaten Rundfunk ist kein auf Deutschland isoliertes Phänomen, sondern findet sich mehr oder weniger ausgeprägt in allen europäischen Staaten. Auch wurden dafür überall besondere Behörden bzw. Institutionen geschaffen. Im folgenden soll die Rundfunkaufsicht in den drei EU-Staaten Frankreich, Großbritannien und Italien dargestellt werden[101]. Der Blick auf das Aufsichtssystem dieser Staaten ist deswegen von besonderem übergeordneten Interesse, weil es sich bei ihnen einerseits um die wirtschaftlich stärksten und andererseits besonders auf dem Rundfunksektor einflußreichsten Staaten der EU handelt. Es wird darüber hinaus durch ihren Rundfunkmarkt und die auf ihrem Staatsgebiet gegründeten Rundfunk- und Telekommunikationsunternehmen der größte Einfluß auf die Gesamtentwicklung in Europa ausgeübt.

1. Frankreich

Frankreich hat nach Legalisierung des privaten Rundfunks Anfang der 80er Jahre zwischen 1981 und 1988 zwei Medienaufsichtsbehörden erlebt. Bei jedem Regierungswechsel wurde eine neue Behörde eingesetzt[102]. Seit 1989 ist die zentrale Aufsichtsbehörde in Frankreich für den privaten Rundfunk der Conseil supérieur de l′ audivisuel (CSA)[103]. Sie ist auch die bisher einzige Aufsichtsbehörde für Rundfunk, die einen Regierungswechsel überdauert hat[104].

---

[101] Zur Rundfunkentwicklung in den drei Staaten und dabei auch zu den Aufsichtsstrukturen *Holznagel*, Rundfunkrecht in Europa, 1995, S. 29 ff.

[102] Im Jahre 1982 wurde die Haute Autorité de la communication audiovisuelle und 1986 die Commission Nationale de la Communication et des Libertés eingerichtet, siehe *Le Champion*, Das Rundfunksystem Frankreichs, in: *Hans-Bredow-Institut* (Hg.), Internationales Handbuch für Hörfunk und Fernsehen, 24. Auflage, 1998, S. 324 ff.

[103] Eingerichtet mit Gesetz Nr. 89-25 v. Januar 1989.

[104] *Machill*, Frankreichs Hörfunk zwischen Kommerzialisierung und Kulturprotektion, in: MP 96, 144 [145].

a) Organisation und Aufbau des Conseil supérieur de l' audivisuel

Der CSA gehört zu den „autorités administratives indépendentes" (AAI)[105], die eine besondere Verwaltungsform darstellen und die durch ihre besondere Stellung im Staatsaufbau eine gewisse Unabhängigkeit gewährleisten. Der CSA hat jedoch keine eigene Rechtspersönlichkeit, sondern ist integrativer Bestandteil der klassischen Hoheitsverwaltung. Für die Handlungen des CSA ist damit letztlich der französische Premierminister verantwortlich[106]. Der CSA besteht aus neun Mitgliedern, von denen drei vom Staatspräsidenten und je drei weitere vom Präsidenten des Senats und der Nationalversammlung bestellt, aber alle vom Präsidenten ernannt werden. Die Amtszeit dieser neun Räte dauert sechs Jahre und kann nicht verlängert werden. Auch eine Absetzung ist nicht zulässig, damit sie weitgehend unabhängig bleiben. Der CSA wird aus dem Staatshaushalt finanziert, darf die ihm zugewiesenen Gelder dann aber selbständig verwalten.

b) Aufgaben und Aufsichtsmittel

Dem CSA obliegen eine Vielzahl von Aufgaben. Zunächst hat er Kompetenzen zur Marktzutrittsregulierung für private Rundfunkveranstalter. Für die Veranstaltung eines Hörfunk- oder Fernsehprogrammes bedarf es einer Erlaubnis[107], die nur befristet erteilt wird und abhängig davon ist, welches Medium zur Verbreitung genutzt werden soll[108]. Grundlage der Genehmigung ist ein Vertrag, in dem individuelle Bedingungen für die Rundfunkveranstaltung festgelegt werden. Dazu gehören unter anderem die Dauer und die inhaltliche Ausrichtung des Programmes, Werbebegrenzungen und Vertragsstrafen für den Fall entsprechender Verstöße[109]. Dies erlaubt individuelle und differenzie-

---

105 Deren Bedeutung und Stellung innerhalb der französischen Verwaltung ist ein dauerndes juristisches Streitthema, vgl. ausführlich *Zander*, Rundfunkfreiheit und Rundfunkkontrolle durch den Conseil supérior de l áudivisuel in Frankreich, 1997, S. 159 ff; zur inneren Struktur des CSA siehe *Vier*, Frankreich: Aufgaben der obersten Medienbehörde CSA, in: iris 4/98, S. 13.

106 *Zander*, Rundfunkfreiheit und Rundfunkkontrolle, S. 206.

107 Art. 29, 30, 31 u. 34 Rundfunkgesetz.

108 Die Frist beträgt bei terrestrischen Fernseh- bzw. Hörfunkprogrammen zehn bzw. fünf Jahre, bei der Kabelnutzung generell höchstens 30 Jahre und bei der Satellitenübertragung höchstens zehn Jahre, Dekret 87-796 v. 29.09.1987, JO v. 30.09.1987, S. 11396.

109 Art. 28 Rundfunkgesetz bestimmt den Mindestinhalt; ausführlich *Zander*, Rundfunkfreiheit und Rundfunkaufsicht, S. 243 ff.

rende Festlegungen[110]. Der CSA hat bei der Zulassung von Programmen auch über Tendenzen zu Anbieterkonzentrationen zu wachen, auch wenn für die allgemeinen Konzentrationsfragen grundsätzlich der „Conseil de la concurrence" zuständig ist. Das Rundfunkgesetz enthält eine Vielzahl von speziellen Antikonzentrationsregeln auf dem Rundfunksektor[111], die der CSA zu beachten hat[112]. Aufgabe der CSA ist bezüglich der Marktzutrittsregulierung auch die telekommunikationsrechtliche Seite in Form von Genehmigungen zur Errichtung von Telekommunikationsanlagen und zur Nutzung dieser Anlagen durch Rundfunkprogramme[113].

Darüber hinaus hat der CSA Aufsichtskompetenzen. Er hat die Programmvorschriften insbesondere bezüglich des „Informationspluralismus", die Werbevorschriften, die Einhaltung der Kinder- und Jugendschutzregeln[114] und die Erfüllung der vorgeschriebenen Quoten für französische Produktionen zu überwachen sowie die „Verteidigung" der französischen Sprache und der französischen Kultur im Rundfunk wahrzunehmen. Hat der CSA bereits bei der Marktzutrittsregulierung Konzentrationsbestimmungen zu berücksichtigen, so gilt das auch bei seinen Überwachungspflichten. Er kann Fusionen oder Beteiligungen auch unabhängig vom „Conseil de la concurrence" ablehnen, sofern diese den Meinungspluralismus gefährden[115].

Die Aufgaben des CSA sind aber teilweise nicht auf die privaten Veranstalter beschränkt, sondern erstrecken sich auch auf den staatlichen Rundfunk. Für diese Rundfunkanstalten darf er Mitglieder für die Verwaltungsräte und den Präsidenten der nationalen Rundfunkgesellschaften bestimmen. In gewissem Umfang dürfen auch Regeln zur Programmgestaltung aufgestellt werden, wo-

---

110 *Hoffmann-Riem*, Rundfunkaufsicht im Ausland: Großbritannien, USA und Frankreich, in: Presse- und Informationsamt der Landesregierung NRW (Hg.), Rundfunkaufsicht, Bd. II, 1989, S. 98 f.

111 Ausführlich zu den Konzentrationsregeln *Schellenberg*, Rundfunk-Konzentrationsbekämpfung zur Sicherung des Pluralismus im Rechtsvergleich, 1997, S. 98 ff; dazu auch *Zander*, Rundfunkfreiheit und Rundfunkkontrolle, S. 88 ff.

112 *Zander*, Rundfunkfreiheit und Rundfunkkontrolle, S. 189.

113 Vgl. dazu auch *Zander*, Rundfunkfreiheit und Rundfunkkontrolle, S. 187 mwN.

114 Für den Jugendschutz hat der CSA spezielle Vereinbarungen mit den terrestrisch verbreiteten Programmanbietern geschlossen, um Sendungen je nach ihrem Jugendgefährdungsgrad zu kategorisieren, vgl. dazu *Hasebrink*, Jugendmedienschutz im internationalen Vergleich, in: MP 98, 454 [454].

115 Siehe auch *Machill/Lutzhöft*, Der französische Fernsehmarkt im digitalen Zeitalter, in: MP 98, 132 [133].

zu die Vorschriften für Wahlsendungen, bestimmte politische Sendungen und die Modalitäten des Gegendarstellungsrechtes gehören[116].

Für die Aufgabenerfüllung wurde dem CSA vom französischen Gesetzgeber ein umfangreiches rechtliches Instrumentarium zur Verfügung gestellt. Er darf in bestimmten festgelegten Bereichen sogar verbindliche Normen („pouvoir réglementaire") setzen, die einen verordnungsrechtlichen Charakter haben[117], und Regelungen durch Verwaltungsakt („recommandations") treffen[118]. Die möglichen Sanktionsmittel bei Verstößen gegen die Sendelizenz oder den ihr zugrundeliegenden Vertrag oder gegen sonstige allgemeine Programmgrundsätze reichen von einer Art öffentlicher Rüge („Mise en demeure"), die gegebenenfalls auch im Programm veröffentlicht werden muß („communiqué"), über eine bis zu einem Monat befristete Programmabschaltung oder einem Ordnungsgeld bis hin zum Widerruf der Sendegenehmigung[119].

c) *Der CSA im digitalen Zeitalter*

Es ist derzeit nicht absehbar, in welcher Form die Aufgaben des CSA möglicherweise durch den digitalen Rundfunk bzw. generell durch die mediale Digitalisierung verändert oder erweitert werden sollen. Nach den Plänen der französischen Regierung soll der CSA keine Regelungsbefugnis für über das Internet übertragene Dienste bekommen[120]. Zu deren Regelung soll eine eigene Behörde eingerichtet werden[121]. Es gibt aber keine Überlegungen, den CSA bzw. Rundfunkaufsicht im allgemeinen abzuschaffen. Anderenfalls hätte auch

---

116 Ausführlich *Zander*, Rundfunkfreiheit und Rundfunkkontrolle, S. 186 f.

117 *Zander*, Rundfunkfreiheit und Rundfunkkontrolle, S. 179 ff.

118 Zum offenbar entschiedenen Streit über die Rechtsverbindlichkeit vgl. *Zander*, Rundfunkfreiheit und Rundfunkkontrolle, S. 178.

119 Vgl. ausführlich *Zander*, Rundfunkfreiheit und Rundfunkkontrolle, S. 193 ff; siehe auch *Dörr*, Medienrecht in den Staaten der EU, in: *Schiwy/Schütz* (Hg.), Medienrecht, 1994, S. 245.

120 Der CSA hat jetzt eigenständig eine Konsultation gestartet zur Frage, ob er für die Regulierung audiovisueller Dienste im Internet zuständig ist, vgl. *Blocman*, Frankreich: Ist der CSA für die Regulierung audiovisueller Dienste im Internet zuständig?, in: iris 4/99, S. 3.

121 Vgl. den Bericht „Jospins Spur. Frankreich regelt sein Internet", FAZ v. 28.08.1999.

die Aufwertung des CSA bei den konzentrationsrechtlichen Befugnissen wenig Sinn gehabt[122].

2. Großbritannien

In Großbritannien wird der private Rundfunk nicht von einer Behörde, sondern getrennt nach Hörfunk und Fernsehen von drei Instanzen beaufsichtigt.[123] Für den Fernsehbereich ist die Independent Television Commission (ITC) und für den Hörfunk die Radio Authority zuständig. Über die Einhaltung von Programmgrundsätzen wacht speziell die Broadcasting Standard Commission.

a) Die Independent Television Commission

Die ITC wurde 1990 als Lizenzierungs- und Aufsichtsbehörde für das private Fernsehen eingerichtet. Sie ist seit der Einführung privaten Rundfunks im Vereinigten Königreich die dritte Aufsichtsbehörde, die für die Regulierung der privaten Programme zuständig ist. Die Einführung der ITC ging einher mit der größten Reform des Privatfunksektors in Großbritannien, die vor allem eine Deregulierung des Marktes brachte[124].

aa) Organisation und Aufbau

Die ITC ist eine unabhängige Behörde, die sich aus zehn bis zwölf Mitgliedern[125] zusammensetzt. Drei von ihnen vertreten die Interessen Schottlands, Nordirlands und die von Wales. Die Mitglieder werden vom Minister für

---

122 Siehe auch *Machill/Lutzhöft* MP 98, 132 [132 ff].

123 Die britische Regierung plant allerdings, nach dem Vorbild der amerikanischen Federal Communications Commission (siehe dazu oben unter 1. Kapitel, VI., S. 37 ff) die drei Medienaufsichtsbehörden mit der Regulierungsbehörde für Telekommunikation, dem Office of Telecommunications, zu einer Institution zusammenzufassen; siehe FR v. 15.5.2000.

124 Einzelheiten bei *Dörr*, Medienrecht in den Staaten der EU, in: *Schiwy/Schütz* (Hg.), Medienrecht, S. 250 f.

125 § 1 II a, b Broadcasting Act 1990.

Kultur, Medien und Sport[126] für eine Amtsperiode von fünf Jahre ernannt, die verlängert werden kann. Die ITC finanziert sich überwiegend aus Gebühreneinnahmen, die bei der Lizenzvergabe anfallen.

bb) Aufgaben und Aufsichtsmittel

Zu den Aufgaben der ITC gehören die Regulierung des Marktzutritts durch die Vergabe von Lizenzen und die Überwachung der Programme. Im Rahmen der Lizenzierung spielen neben einer Prüfung der wirtschaftlichen Leistungsfähigkeit auch Programmfragen wie Verbraucher- und Jugendschutz, Qualität, Vielfalt und politische Ausgewogenheit eine Rolle[127], da gewisse Standards von den Veranstaltern zu erfüllen sind[128]. Hinzu kommt auch die Berücksichtigung der Konzentrationsvorschriften des Broadcasting Act von 1990[129], die allerdings mit dem Act von 1996 aufgeweicht wurden[130]. Grundsätzlich erfolgt die Lizenzvergabe für die Terrestrik in Form einer Versteigerung an den finanziell meistbietenden Programmveranstalter. Nur bei Vorliegen besonderer Umstände, die in einer herausragenden Qualität eines weniger bietenden Konkurrenten liegen, darf die Lizenz auch an einen solchen Veranstalter vergeben werden[131]. Dazu ist es in einigen Fällen tatsächlich gekommen[132]. Kabel- und Satellitenprogrammlizenzen werden dagegen fast auf Nachfrage an Bewerber vergeben, deren Angebot den in den ITC-Codes festgelegten Minimalanforderungen des Verbraucherschutzes genügen[133]. Der Grund dafür ist

---

126 § 1 II Broadcasting Act 1990.

127 Vgl. *Robillard*, Television in Europe: Regulatory Bodies, 1995, S. 257.

128 Vgl. die allgemeinen Lizenzbedingungen §§ 6 – 9 Broadcasting Act 1990; siehe dazu auch *Hoffmann-Riem*, Neuordnung des Rundfunksystems in Großbritannien, in: RuF 91, 17 [23].

129 Vgl. dazu ausführlich *Humphreys*, Das Rundfunksystem Großbritanniens, in: *Hans-Bredow-Institut* (Hg.), Internationales Handbuch für Hörfunk und Fernsehen, S. 357 ff; *Libertus*, Zum Stand der Rundfunkgesetzgebung in Großbritannien, in: ZUM 97, 101 [103 ff]; *Schellenberg*, Rundfunk-Konzentrationsbekämpfung, S. 163 ff.

130 Vgl. im einzelnen *Steemers*, Der terrestrische Fernsehsektor in Großbritannien, in: MP 98, 287 [291]; *Holznagel/Grünwald*, Britisches Medienkonzentrationsrecht im Wandel, in: *Stock/Röper/Holznagel*, Medienmarkt und Meinungsmacht, S. 132 ff; siehe auch zur Diskussion vor Verabschiedung des Acts *Doyle*, Deregulierung für den Multimediamarkt, in: MP 96, 164 [164 ff].

131 Vgl. *Robillard*, Television in Europe, S. 258.

132 Vgl. *Steemers* MP 98, 287 [289].

133 *Steemers* MP 98, 287 [288].

der (noch) geringe Verbreitungsgrad dieser beiden Medien. Die Verlängerung von Rundfunklizenzen kann auch ohne neues Versteigerungsverfahren erfolgen. Damit wird offenbar ganz überwiegend gerechnet, wenn im Jahr 2002 erstmals Verlängerungen anstehen[134]. Die ITC hat keine Befugnisse auf dem Gebiet der Telekommunikation. Hierfür ist eine weitere Regulierungsbehörde zuständig, das Office of Telecommunications (OFTEL)[135]. Die Aufgabenbereiche der beiden Regulierungsbehörden sind nicht immer scharf und in überzeugender Weise getrennt[136]. So bedarf es für den Betrieb eines elektronischen Programmführers (Electronic Programm Guide – EPG) im digitalen Rundfunk einer Lizenz von der ITC. Die sonstige Regulierung wird jedoch von der OFTEL übernommen[137].

Die ITC hat darüber hinaus Programmstandards („codes of practice") zu Programminhalten, Werbung, Sponsoring und technischen Anforderungen aufgestellt[138]. Zu den Standards über die Inhalte gehören Regelungen zu Gewaltdarstellungen und allgemein zum Jugendschutz[139]. Die Werbebestimmungen erweitern und konkretisieren die Vorgaben des Broadcasting Act unter Berücksichtigung internationaler und vor allem europäischer Vorgaben[140]. Die Regelungen sind auch von der ITC zu überwachen und können bei Verstößen erhebliche Konsequenzen nach sich ziehen.

Neben einem informellen[141] hat die ITC ein abgestuftes formelles Aufsichtsinstrumentarium bei Verstößen der Programmveranstalter gegen die Lizenzbestimmungen oder die Programmgrundsätze zur Verfügung. Der Broadcasting Act 1990 sieht als mildeste Maßnahme Verwarnungen und die Verpflichtung

---

134 *Steemers* MP 98, 287 [289].

135 Einzelheiten zu Organisation und Aufgaben der OFTEL, in: „OFTEL kämpft wacker gegen BT und erhält Lob vom großen Gegner", FAZ v. 01.03.1999.

136 Wohl ebenso *Doyle*, Deregulierung für den Multimediamarkt, in: MP 96, 164 [170].

137 Vgl. dazu *Verhulst*, Vereinigtes Königreich: ITC-Entwurf bezüglich eines Durchführungscodes für elektronische Programmführer, in: iris 2/1997, S. 10; ähnlich ist die Sachlage bei den Codierungs- und Abonnementsverwaltungssystemen, vgl. *Steemers*, Digitale Medienpolitik in GB, in: MP 96, 402 [407].

138 Vgl. z. B. ITC-Programme Code (January 1998), Code of Advertising Standards and Practice (1997), Code of Programme Sponsorship (1997).

139 Siehe beispielsweise zur Lockerung von zeitlichen Grenzen für jugendgefährdende Filme durch die ITC *Hasebrink* MP 98, 454 [461].

140 Einzelheiten bei *Steemers* MP 98, 287 [291]; siehe auch *Hoffmann-Riem* RuF 91, 17 [24].

141 Vgl. dazu ausführlich *Hoffmann-Riem* RuF 91, 17 [25].

zur Ausstrahlung einer Entschuldigung[142] vor. Auf der nächsten Stufe folgt die Festsetzung einer Geldstrafe oder eine Verkürzung der Lizenzzeit[143]. Schließlich kann die Lizenz nach vorheriger Androhung und Fristsetzung widerrufen werden[144].

cc) Die ITC im digitalen Zeitalter

Der Broadcasting Act 1996 diente besonders dazu, die rechtlichen Grundlagen für die Einführung des digitalen terrestrischen Fernsehens zu schaffen[145]. Trotz der damit auch beabsichtigten Deregulierung des Marktes und der Förderung der Konvergenz von Rundfunk, Telekommunikation und Computertechnologie ist nicht erkennbar, daß auf Dauer auf eine Regulierungsbehörde wie die ITC verzichtet werden soll oder auch könnte[146]. Der ITC sind im Gegenteil durch die Besonderheiten der digitalen Übertragung sogar noch zusätzliche Aufgaben zugefallen, die vor allem der Verhinderung eines „gatekeeper"-Monopols dienen, also der Sicherung eines chancengleichen Zugangs zu den Übertragungswegen. Dazu gehören die Lizenzierung von Multiplexbetreibern ebenso wie die oben bereits erwähnte Überwachung von EPG-Anbietern. Schließlich ist der Rundfunkgesetzgeber in Großbritannien nach wie vor davon überzeugt, daß der Mediensektor ein Bereich ist, der nicht dem allgemeinen Wettbewerbsrecht unterliegen[147] und offenbar auch nicht von einer allgemeinen Aufsichtsbehörde überwacht werden sollte.

b) Die Radio Authority

Mit dem Rundfunkgesetz von 1990 wurde eine neue Regulierungsbehörde für den privaten Hörfunksektor eingeführt: die Radio Authority (RA). Ihr gehören sieben Mitglieder an, die alle vom Minister für Kultur, Medien und Sport unter

---

142 Vgl. § 40 Broadcasting Act 1990.

143 Vgl. § 41 Broadcasting Act 1990.

144 Vgl. § 42 Broadcasting Act 1990.

145 Siehe *Steemers* MP 98, 287 [287 ff].

146 Zur Rolle der ITC im digitalen Rundfunk siehe *Redley*, Neue Herausforderungen für die audiovisuellen Regulierungsbehörden, in: *Bundeskanzleramt-Verfassungsdienst* (Hg.), „Audiovisuelle Medien und Behörden", 1999, S. 15 ff.

Berücksichtigung ihrer sozialer Interessen möglichst ausgewogen ernannt werden.

Die Aufgaben der Radio Authority lassen sich ebenfalls aufteilen in Marktzutrittsregulierung durch die Kompetenz zur Frequenzplanung und die Lizenzvergabe und in Aufsichtskompetenzen in Form der Überwachung der Programmgrundsätze[148] und der Werberegeln[149]. Die Lizenzen an die nationalen Programmveranstalter werden wie durch die ITC für das Fernsehen durch eine Versteigerung an den Meistbietenden vergeben. Nur in Ausnahmefällen darf die RA mit besonderer Begründung von diesem Verfahren abweichen. Gemeint sind damit Fälle, bei denen ein Bewerber ein deutlich besseres Programm als der Meistbietende verspricht[150]. Lediglich die lokalen Lizenzen werden nach Prüfung der wirtschaftlichen Lebensfähigkeit des Bewerbers vergeben, sollen örtliche Geschmäcker und Interessen befriedigen und das lokale Diensteangebot erweitern[151].

Welche Rolle die RA mit der Einführung des Digitalradios und entsprechender Übertragungstechniken spielen wird, ist schwer absehbar. Es dürfte das gelten, was oben zur ITC gesagt wurde, daß nämlich an ein Wegfallen einer Aufsicht über den privaten Hörfunk nicht gedacht wird und Regulierungsaufgaben auch auf dem Gebiet des Hörfunk parallel zu denen des Fernsehen bestehen bleiben bzw. sogar dazu kommen.

c) Die Broadcasting Standard Commission

Die Aufgabe der erst mit dem Broadcasting Act 1996 eingerichteten Broadcasting Standard Commission (BSC) ist es, durch Überwachung der kommerziellen privaten Programme Standards für den Rundfunkbereich zu

---

147 *Libertus* ZUM 97, 101 [103]; siehe auch *Doyle*, Debatte um Medienverflechtungen in Großbritannien, in: MP 95, 141 [141 ff].

148 Siehe z. B. *Prosser*, Vereinigtes Königreich: Britische Hörfunkbehörde ahndet versuchte Täuschung mit Geldstrafe und Lizenzverkürzung, in: iris 9/99, S. 15.

149 Vgl. zur Radio Authority auch *Humphreys*, Das Rundfunksystem Großbritanniens, in: *Hans-Bredow-Institut* (Hg.), Internationales Handbuch für Hörfunk und Fernsehen, S. 357.

150 Vgl. auch *Humphreys*, Das Rundfunksystem Großbritanniens, in: *Hans-Bredow-Institut* (Hg.), Internationales Handbuch für Hörfunk und Fernsehen, S. 357, mit einem entsprechenden Beispiel.

151 *Hearst*, Die neue Rundfunkgesetzgebung in Großbritannien, in: MP 91, 170 [172].

entwickeln und Leitlinien für Rundfunkveranstalter vorzugeben. Die Kommission ist verantwortlich für die Überprüfung und Überarbeitung des „Code of Standards“, anhand dessen die Darstellung von Gewalt, Sex und „matters of indecency“ kontrolliert werden soll[152]. Gleichzeitig ist die BSC Beschwerdestelle der Zuschauer für Belange programmlicher Art. Sie arbeitet insbesondere auf dem Gebiet des Jugendschutzes mit der ITC und mit dem Public-Service-Anbieter British Broadcasting Corporation (BBC) zusammen[153].

3. Italien

Die jüngste Rundfunkaufsichtsbehörde in der Europäischen Union ist die italienische Autorità per le Garanzie nelle Comunicazioni (AGCOM). Die unabhängige Regulierungsbehörde für Telekommunikation und Medien hat erst im Juli 1998 ihre Arbeit auf der Grundlage eines Gesetzes vom Juli 1997[154] aufgenommen. Es ist die erste Rundfunkaufsichtsbehörde Italiens mit echten Regelungskompetenzen. Der zuvor bestehende Garante per l'editoria e la radio diffusione fehlten solche Befugnisse im wesentlichen[155]. Zuvor wurden wichtige Rundfunkkontroll- und -aufsichtsaufgaben teilweise von der Regierung durch den Minister für Kommunikation wahrgenommen. Der private Rundfunk operierte bis 1990 im wesentlichen in einer Art rechtsfreiem Raum[156].

---

[152] Vgl. *Libertus* ZUM 97, 101, [105].

[153] Vgl. z. B. den Bericht „Gewalt im Fernsehen“, der von ITC, BBC und der BSC zusammen erstellt wurde, siehe dazu *Hasebrink* MP 98, 454 [456].

[154] Gesetz 249/1997 zur Einrichtung der Autorità per le Garanzie nelle Comunicazioni (AGCOM) und zur Regulierung der Telekommunikation und der Radio- und Fernsehübertragung, Gazzetta Ufficiale – serie generale – n. 177 vom 31.07.1997.

[155] Zur früheren Situation siehe *Robillard*, Television in Europe, S. 123 ff; *Letzgus/Violini-Ferrari*, Das Italienische Allgemeine Rundfunkgesetz zwischen aktuellem Duopol und erhofftem Pluralismus, in: RuF 93, 20 [32 ff].

[156] Einzelheiten bei *Dörr*, Medienrecht in den Staaten der EU, in: *Schiwy/Schütz* (Hg.), Medienrecht, S. 253 ff.

a) *Organisation und Aufbau der Autorità per le Garanzie nelle Comunicazioni*

Der Behörde steht ein Präsident vor, der vom italienischen Ministerpräsidenten auf Vorschlag des Parlaments ernannt wird. Dazu kommen acht sogenannte Kommissare, die vom Parlament für die Dauer von sieben Jahren gewählt und vom Präsidenten ernannt werden[157]. Der Wahlmodus ist allerdings so konstruiert, daß etwa die Hälfte der Mitglieder von der Opposition bestimmt werden können[158]. Dem Parlament muß die Behörde jährlich einen Tätigkeitsbericht vorlegen. Die acht Mitglieder verteilen sich auf zwei Ausschüsse, den Ausschuß für Infrastruktur und Netze und den Ausschuß für Dienste und Produkte[159]. Die AGCOM wird aus dem allgemeinen Staatshaushalt finanziert[160].

b) *Aufgaben und Aufsichtsmittel*

Die AGCOM hat einen für eine europäische Aufsichtsbehörde einmaligen Aufgabenbereich[161]. Sie ist zuständig für die Regulierung der Telekommunikation, die gesamte Breite der elektronischen Medien und zusätzlich für die Presse. Auf dem Gebiet der Telekommunikation ist sie unter anderem für die Erstellung des nationalen Frequenzplanes[162], die Festlegung von Lizenzbedingungen für die Frequenznutzung und die entsprechende Lizenzvergabe verantwortlich. Die Marktzutrittsregulierung obliegt ihr auch für den Rundfunk durch die Lizenzvergabe. Bei der Vergabe wie auch während des nachfolgenden Sendebetriebs hat sie unter anderem die Einhaltung von Programmstandards (darunter die EG-Quoten für europäische Programme), Werberegelungen und den Jugendschutz zu beachten. Vor allem muß die AGCOM auch die seit 1997 geltenden Konzentrationsregeln bei der Lizenzvergabe berücksichti-

---

157 Art. 1 III Gesetz Nr. 249/97.

158 Vgl. zum Ganzen *Mastroianni/Benassi*, Italien: Neues Gesetz über den Pluralismus im Rundfunk, in: iris 8/97, S. 10.

159 Art. 1 III Gesetz 249/97.

160 Art. 1 IX Gesetz 249/97.

161 Vgl. dazu ausführlicher *Poli*, Italien: Einrichtung einer unabhängigen Regulierungsbehörde für Telekommunikation und Medien, in: iris 8/98, S. 12.

162 Siehe *Cappello*, Italien: Integration des Fernsehfrequenzplans, in: iris 8/99, S. 8.

gen und im übrigen die Einhaltung dieser Vorschriften überwachen[163]. Die Einführung von Konzentrationsregeln ist für Italien ein Novum, da der Rundfunkmarkt seit Jahren durch das Duopol RAI auf der einen und der Mediengruppe Fininvest des früheren italienischen Ministerpräsidenten Berlusconi auf der anderen Seite beherrscht wurde. Zur Erfüllung ihrer Aufgaben und zur Konkretisierung rundfunkrechtlicher Vorschriften darf die AGCOM Richtlinien unter anderem für die Sicherung von Programmstandards[164] und auf dem Gebiet der Werbung[165] erlassen.

Das Aufsichtsinstrumentarium der Behörde zur Durchsetzung des Rundfunk- und Telekommunikationsgesetzes sowie sonstiger medien- und telekommunikationsrechtlicher Vorschriften ist gestuft. Es reicht von Bußgeldern in Höhe von bis zu fünf Prozent des Umsatzes eines Unternehmens[166] über ein vorübergehendes bis zu sechs Monaten dauerndes Sendeverbot[167] bis zum völligen Entzug der Sendelizenz[168]. Bei der Durchsetzung der Konzentrationsvorschriften darf die AGCOM sogar Unternehmensverflechtungen anordnen[169].

c) Die AGCOM im digitalen Zeitalter

Auf dem Gebiet des digitalen Rundfunks hat das Rundfunkgesetz von 1997 der AGCOM vielfältige Aufgaben übertragen. Die Behörde hat in Form einer Mißbrauchsaufsicht den fairen Zugang aller Anbieter von Inhalten und Diensten zu digitalen Plattformen zu gewährleisten[170]. Diese Aufgabe der AGCOM ist im Gesetz bewußt weit gefaßt, damit deren Kompetenz auch bei einem Voranschreiten der Technik grundsätzlich erhalten bleibt. Das bedeutet, daß über ein Ende von Aufsicht über privaten Rundfunk in Italien nicht nachgedacht wird.

---

163 Zu den Konzentrationsregeln ausführlich *Poli* iris 8/98, S. 12; *Mastroianni/Benassi* iris 8/97, S. 10; *Rauen*, Italien: Duopol RAI/Mediaset vor digitalen Herausforderungen, in: MP 99, 82 [83 f]; *Schellenberg*, Rundfunk-Konzentrationsbekämpfung, S. 134 ff.

164 Art. 2 VI b) 2) Gesetz 249/97.

165 Art. 2 VI b) 5) Gesetz 249/97.

166 Vgl. Art. 1 XXIX, XXX u. XXXI Gesetz 249/97.

167 Art. 1 XXXII Gesetz 249/97.

168 Art. 1 XXXII Gesetz 249/97.

169 Siehe Art. 2 VII Gesetz 249/97.

170 Art. 2 XIX Gesetz 249/97.

VI. Aufsicht über den privaten Rundfunk in den USA: Die Federal Communications Commission

Zusätzlich zu dem Blick auf die ausgewählten europäischen Staaten ist eine Betrachtung der US-amerikanischen Situation unerläßlich. Die Vereinigten Staaten haben mit der 1937 eingerichteten Federal Communications Commission (FCC) und deren über 60jährigen Geschichte wahrscheinlich weltweit die älteste Rundfunkaufsichtsbehörde.[171] Die FCC mit ihrer Organisation, ihrer Arbeit und dem zugrundeliegenden System der weitgehenden Deregulierung des Marktes ist von bedeutendem Einfluß auf die jüngeren Änderungen der Privatfunkordnungen in den europäischen Staaten – auch der bereits dargestellten – gewesen[172].

1. Organisation und Aufbau

Die FCC ist eine Bundeszentralbehörde ohne regionale Büros[173]. Sie setzt sich aus fünf Mitgliedern zusammen, die vom Präsidenten für eine Amtszeit von fünf Jahren nominiert und vom Senat bestätigt werden. Von den Mitgliedern dürfen nicht mehr als drei derselben Partei angehören, um auch Mitglieder der Opposition bzw. der oppositionellen Partei nahestehende Personen in die Kommission zu bekommen und auf diese Weise den politischen Proporz zu wahren[174]. Der Präsident der USA bestimmt aus dem Kreis der fünf Mitglieder den Direktor der FCC. Um eine Unabhängigkeit von den sonstigen Staatsgewalten zu gewährleisten, sind die Mitglieder des FCC nicht absetzbar. Die FCC arbeitet weisungsunabhängig, weil sie weder einem Ministerium noch

---

171 Zur Geschichte der FCC siehe *Kleinsteuber*, Regulierung des Rundfunks in den USA, in: RuF 96, 27 [29 ff].

172 Siehe dazu *Hoffmann-Riem*, Regulating Media, 1996, S. 11 f; *ders.*, Rundfunkaufsicht im Ausland: Großbritannien, USA und Frankreich, in: Presse- und Informationsamt der Landesregierung NRW (Hg.), Rundfunkaufsicht, Bd. II, S. 37 f; ähnlich *Kleinsteuber*, Das Rundfunksystem der USA, in: *Hans-Bredow-Institut* (Hg.), Internationales Handbuch für Hörfunk und Fernsehen, S. 743; *ders.*, Medienregulierung und -aufsicht in den USA – Ein Vorbild für Europa?, in: Medienvielfalt ohne Kontrolle? Vom Bayerischen Medienführerschein zur Kieler Unbedenklichkeit, EMR-Schriftenreihe, Bd. 13, 1996, S. 11 ff.

173 Was offenbar zu Kritik führt, vgl. *Hoffmann-Riem*, Regulating media, S. 20.

174 Vgl. dazu *Ulmen/Gump* CR 97, 396 [399].

dem Präsidenten noch dem Parlament gegenüber direkt verantwortlich ist. Dennoch ist völlige Staatsfreiheit nicht anzunehmen, da der Kongreß über den Haushaltsplan für den FCC nicht unerheblichen Einfluß auf die Arbeit der FCC ausübt[175] und ihm jährlich Bericht zu erstatten ist.

2. Aufgaben und Aufsichtsmittel

Die FCC ist Kontroll- und Aufsichtsbehörde für den Rundfunk ebenso wie für den bundesstaatsübergreifenden Telekommunikationssektor. Im Rundfunkbereich ist die FCC einerseits für Entscheidungen zur Nutzung von technischen Einrichtungen und andererseits grundsätzlich für die programmliche Seite des Rundfunks zuständig. Die Reichweite der Regelungsmacht der FCC hängt generell davon ab, welches Medium für die Rundfunkübertragung genutzt wird, wobei ihre Befugnisse bei der terrestrischen Übertragung am weitesten reichen[176]. Der Grund dafür ist, daß die FCC den Rundfunk nicht so sehr als Medium für die demokratische Willensbildung, sondern vielmehr im Sinne eines reinen Wirtschaftsgutes regelt[177]. Die FCC bestimmt die Bedingungen für die (Neu-) Vergabe einer Rundfunklizenz und vergibt diese. Bewerber für eine Lizenz müssen unter anderem gewisse persönliche Anforderungen (z. B. US-amerikanische Staatsbürgerschaft) erfüllen und ihre wirtschaftliche Leistungsfähigkeit nachweisen[178]. Zusätzlich spielt bei der Auswahl eine Rolle, daß das Programm des Bewerbers voraussichtlich auch auf öffentliches Interesse stoßen wird. Dagegen hat die Einhaltung von Programmgrundsätze keine Bedeutung. Hierbei wird bisher noch auf die Marktkräfte und auch dem Willen der Programmveranstalter zur Selbstkontrolle vertraut[179]. Allerdings kann die FCC Regelungen auf dem Gebiet des Jugendschutzes treffen, was sie unter anderem beim sogenannten V-Chip getan hat[180]. Die Regulierungsbehörde hat

---

175 *Hoffmann-Riem*, Regulating media, S. 18 u. 22; *ders.*, Rundfunkaufsicht im Ausland: Großbritannien, USA und Frankreich, in: Presse- und Informationsamt der Landesregierung NRW, Rundfunkaufsicht, Bd. II, S. 42; siehe auch *Ulmen/Gump* CR 97, 396 [398].

176 Auf Einzelheiten, insbesondere auf die Besonderheiten der Kabelregulierung, soll hier nicht eingegangen werden, vgl. dazu *Hoffmann-Riem*, Regulating media, S. 18 ff u. 46 ff.

177 Zutreffend *Hoffmann-Riem*, Regulating media, S. 19.

178 Detaillierter *Hoffmann-Riem*, Regulating media, S. 21.

179 *Hoffmann-Riem*, Regulating media, S. 32 ff.

180 Dieser Chip im Fernseher kann bestimmte mit dem Fernsehsignal mitgesendete Informationen zur Kategorisierung eines Films erkennen und im Falle seiner Aktivierung den

Fußnote wird fortgesetzt

der Geräteindustrie aufgegeben, bis zum 1.1.2000 alle Geräte mit einer diagonalen Bildschirmgröße von mehr als 33 cm mit diesem Chip auszurüsten[181]. Auf dem Gebiet des Wettbewerbsrechts existieren in den USA neben den allgemeinen Anti-Trust-Regelungen strenge und speziell auf den Rundfunk zugeschnittene Antikonzentrationsvorschriften, die von der FCC zu beachten und zu beaufsichtigen sind. Dabei handelt es sich im wesentlichen „multiple-ownership"- und „cross-ownership"-Regeln, die aber auch mit einem Zuschauermarktanteilsmodell kombiniert werden[182]. Zur Erfüllung ihrer Aufgaben kann die FCC Regeln und Vorschriften erlassen, die im Bundesgesetzblatt (Federal Register) zu veröffentlichen sind[183].

Zur Durchsetzung ihrer Aufgaben hat die FCC neben informellen (Anfragen, informelle Beanstandungen etc.) auch förmliche Kompetenzen. Diese reichen vom Verhängen von Geldbußen über das vorübergehende Aussetzen einer Lizenz bis zu deren Widerruf. Auch die Verlängerung einer Lizenz nur für einen kurzen Zeitraum wird als Sanktionsmittel verwendet[184]. In der Praxis werden von der FCC jedoch formelle Aufsichtsmittel vermieden. Statt dessen werden beispielsweise informelle Mahnschreiben mit der Feststellung eines Verstoßes bevorzugt[185].

3. Die FCC im digitalen Zeitalter

Mit dem Telecommunications Act 1996 wurden die Rechtsgrundlagen für die Arbeit der FCC erneuert. Das Gesetz soll den Eintritt der USA in das digitale Zeitalter durch unter anderem weitere Deregulation der Kommunikationsmärkte sichern. Die FCC behält jedoch auch im Rahmen dieser Entwicklung

---

Film unterbrechen. Über den Einsatz dieses Chips wird auch in Europa diskutiert. Ob allerdings die technischen Probleme gelöst werden können, ist nach einer Studie der Europäischen Kommission fraglich, vgl. dazu *Hans-Bredow-Institut*, DocuWatch Digitales Fernsehen, 1/99, S. 2 ff (www.hans-bredow-institut.de und www.alm.de).

181 Siehe *Hasebrink* MP 98, 454 [457].

182 Ausführlich *Hoffmann-Riem*, Regulating media, S. 27 ff.

183 Vgl. dazu *Ulmen/Gump* CR 97, 396 [399 f]; siehe auch *Billek*, Vereinigte Staaten: FCC ändert Eigentumsbestimmungen für lokale Fernsehsender sowie Regelungen für wechselseitige Kapitalverflechtungen bei Rundfunksendern, in: iris 9/99, S. 12 f.

184 *Hoffmann-Riem*, Regulating media, S. 19.

185 Dies wird auch als „regulation by raised eyebrows" bezeichnet, vgl. *Hoffmann-Riem*, Regulating media, S. 19.

ihre Kompetenzen, und ihre Funktion wird als unverzichtbar angesehen[186]. Die grundsätzlich bereits 1934 begründete Konzeption der FCC mit ihrer Verantwortung für alle Medien- und Telekommunikationsdienste macht es möglich, daß konvergierende Techniken und Märkte problemlos unter ihrer Regie zusammengefaßt werden können[187]. Stimmen, die eine Abschaffung der FCC gefordert haben[188], sind damit völlig verstummt.

VII. Zusammenfassung: Gemeinsamkeiten, Unterschiede und Tendenzen

Bei einem Vergleich der beschriebenen Konzeptionen der Aufsichtsbehörden über den privaten Rundfunk fallen mehrere Dinge besonders auf:

Die dargestellten europäischen Behörden haben im Vergleich zur amerikanischen FCC eine nur kurze Geschichte. Das ist zum einen angesichts des relativ kurzen Zeitraumes, in dem privater Rundfunk in diesen Staaten existiert, wenig verwunderlich. Zum anderen ist aber das System der Rundfunkaufsicht in Europa auch noch in keiner Weise so gefestigt wie in den USA. Europa befindet sich hierbei nach wie vor in einer Entwicklungs- und Erprobungsphase, in der in verhältnismäßig kurzen Zeiträumen neue Kontroll- und Aufsichtsbehörden bzw. -institutionen eingerichtet (wie z. B. in Deutschland die KEK und die KDLM) und auch wieder abgeschafft werden (wie z. B. in Großbritannien die Cable Authority).

Besonders augenfällig ist, daß Deutschland der einzige der untersuchten europäischen Staat ist, in dem nicht der Gesamtstaat die rechtlichen Grundlagen eines Rundfunksystems definiert, sondern mehrere und unterschiedliche Rundfunkordnungen bestehen[189]. Der Föderalismus ist eine wesentliche, wenn auch nicht die einzige Ursache für die einmalige Vielfalt der Aufsichtsbehörden in Deutschland. Im Gegensatz hierzu handelt es sich in den Vergleichsstaaten ausschließlich um zentrale Einrichtungen ohne regionalen Unterbau. Lediglich

---

[186] Einzelheiten über den Telecommucations Act 1996 bei *Kleinsteuber*, Das Rundfunksystem der USA, in: *Hans-Bredow-Institut* (Hg.), Internationales Handbuch für Hörfunk und Fernsehen, S. 745.

[187] Ebenso *Kleinsteuber*, Das Rundfunksystem der USA, in: *Hans-Bredow-Institut* (Hg.), Internationales Handbuch für Hörfunk und Fernsehen, S. 745.

[188] Siehe dazu *Kleinsteuber* RuF 96, 27 [44 f].

[189] *Geppert*, Europäischer Rundfunkraum und nationale Rundfunkaufsicht, S. 111.

in Großbritannien sind es zusammen mit der OFTEL immerhin vier Institutionen, die sich mit Rundfunkregulierung im weiteren Sinne befassen.

Die Stellung der Institutionen im Staatsgefüge ist bei den vier dargestellten Staaten ähnlich. Sie unterscheidet sich aber im Vergleich zu den Landesmedienanstalten grundlegend. Im Gegensatz zu den deutschen Aufsichtsbehörden haben die Vergleichsinstitutionen zwar grundsätzlich eine besondere Stellung und genießen damit eine gewisse Unabhängigkeit, sie sind aber prinzipiell in die allgemeine Verwaltungsstruktur eingebettet. Weitergehende Unabhängigkeit wird nur dadurch gewährleistet, daß die Mitglieder der auffälligerweise ausschließlich in Form des Ratsmodells konstruierten Gremien nicht weisungsgebunden und nicht absetzbar sind. Durch die Ernennungsverfahren durch den Regierungschef (Frankreich, USA), durch Regierungsmitglieder (Großbritannien) oder durch das Parlament (Italien) ist jedoch ein erheblicher Staatseinfluß möglich, wie er bei den deutschen Landesmedienanstalten in dieser Form ausgeschlossen ist. Das gilt auch für die Art und Weise der Finanzierung. Nur in Großbritannien besteht durch die ausschließliche Finanzierung durch Lizenzeinnahmen keine Gefahr eines über das Budget verdeckten Staatseinflusses.

Die Aufgabenzuweisungen und das Sanktionsinstrumentarium auf dem Rundfunksektor sind bei allen Staaten in ihrem Kern weitgehend deckungsgleich. Dazu gehört die Marktzutrittsregulierung durch Lizenzierung und die laufende Aufsicht vor allem auf den Gebieten Jugendschutz, Werbung und eingeschränkt auf dem Gebiet des allgemeinen Programms. Zur Erfüllung ihrer Aufgaben dürfen – wie auch die Landesmedienanstalten – alle Behörden auf bestimmten Gebieten eigene Verwaltungsvorschriften bzw. verbindliche Richtlinien erlassen. Auffällig ist das Bestehen und Festhalten der Vergleichsländer an speziellen Rundfunkkonzentrationsregeln, die von den Aufsichtsbehörden überwacht werden. Uneinheitlich ist bei den dargestellten Behörden die Kompetenzzuweisung auch für die Telekommunikation (so für Teilbereiche in Frankreich bzw. gänzlich in Italien), für den öffentlich-rechtlichen Rundfunk (für Teilbereiche in Frankreich) sowie für die Presse (Italien). Tendenziell scheinen bei Betrachtung der Entwicklungen in Italien und Frankreich die beiden Regelungsgebiete Telekommunikation und Rundfunk zukünftig bei einer Behörde angesiedelt zu werden.

Insgesamt ist festzustellen, daß an der Notwendigkeit von Rundfunkaufsicht und an der Erforderlichkeit einer dafür speziellen Behörde in den Vergleichsstaaten nicht gezweifelt wird[190]. Selbst die revolutionären Veränderungen durch die Digitaltechnik mit der Vervielfachung der Übertragungswege ändern daran nichts. Es scheint sogar so, als würde die Bedeutung von Rundfunkaufsicht mit dem digitalen Rundfunk in diesen Ländern als noch bedeutender angesehen. Auf die absehbaren Veränderungen durch die Digitalisierung des Rundfunks und der Telekommunikation ist von den Gesetzgebern bei der Aufgabenzuweisung in unterschiedlichem, aber vor allem nur begrenzten Umfang reagiert worden. Das gilt im Vergleich weniger für die USA, als vor allem für die Bundesrepublik, die hier insbesondere im Vergleich zu Großbritannien und Italien hinterherhinkt.

[190] Das läßt sich hinsichtlich aller Länder der Europäischen Union, aber auch darüber hinaus verallgemeinern. Denn ohne Ausnahme wurden für den private Rundfunk – teilweise auch erst in jüngerer Vergangenheit – spezielle Kontrollbehörden eingerichtet bzw. die Kompetenzen der bereits bestehenden erweitert.

2. Kapitel: Notwendigkeit einer speziellen Rundfunkaufsicht

Aufsicht über den privaten Rundfunk ist kein Selbstzweck und die bestehende Organisation der Aufsicht in Deutschland kein unveränderlicher Zustand. Die Rundfunkaufsicht, nachdem sie einmal für erforderlich erachtet wurde, als damit für alle Zeit als unstreitig notwendig und unabdingbar anzusehen[191], würde der Bedeutung der hierbei widerstreitenden Rechte nicht gerecht. Die Institutionalisierung von Rundfunkaufsicht bedarf der (verfassungsrechtlichen) Legitimation. Denn durch sie wird die Ausübung der Rundfunkveranstaltung ausgestaltet und eingeschränkt.

I. Die Rundfunkfreiheit und die generelle Bedeutung des Rundfunks nach der Rechtsprechung des Bundesverfassungsgerichts

Die Frage nach der Rechtfertigung von Rundfunkaufsicht hat bei der Bedeutung und Stellung des Rundfunks für die Gesellschaft anzusetzen[192]. Maßgebend für diese Beurteilung ist grundsätzlich die Rechtsprechung des Bundesverfassungsgerichtes. In zahlreichen sogenannten Fernsehurteilen bzw. Rundfunkentscheidungen[193] und sonstigen Entscheidungen[194] hat das Gericht zu der in Art. 5 Abs. 1 S. 2 GG verbürgten Rundfunkfreiheit Stellung genommen,

---

191 So aber wohl *Clausen-Muradian*, Konzentrationstendenzen und Wettbewerb, S. 99.

192 Siehe dazu auch die Darstellung bei *Ricker/Schiwy*, Rundfunkverfassungsrecht, Kap. B I 6 a, S. 82 ff, Rdnr. 78 ff.

193 BVerfGE 12, 205 („1. Fernsehurteil“); 31, 314 („2. Fernsehurteil“, sog. Mehrwertsteuer-Urteil); 57, 295 („3. Fernsehurteil“, sog. FRAG-Entscheidung); 73, 118 („4. Rundfunkentscheidung“, sog. Niedersachsen-Entscheidung); 74, 297 („5. Rundfunkentscheidung“); 83, 238 („6. Rundfunkentscheidung“).

194 BVerfGE 35, 202 („Fall Lebach“); 59, 231 („Freie Mitarbeiter“); 60, 53 („Rundfunkrat“); BVerfG NVwZ 92, 463 („Rundfunkempfangsmittel“); BVerfGE 87, 181 („Werbeverbot Hessen 3“, teilweise auch als „7. Rundfunkentscheidung“ bezeichnet); BVerfG ZUM 93, 133 ff („Frequenzzuweisung WDR/VOX“); BVerfGE 90, 60 („Gebührenfestsetzungsverfahren“); BVerfGE 97, 228 („Kurzberichterstattung“); ausführliche Inhaltsangaben zu den Entscheidungen finden sich bei *Hartstein/Ring/Kreile/Dörr/Stettner*, Rundfunkstaatsvertrag, Bd. I, C-0.3, Allgemeine Erläuterungen, Rdnr. 38 - 55 a.

dieses Grundrecht ausgeformt und dabei Feststellungen zum Rundfunk generell getroffen.

Die Rundfunkfreiheit wird vom Bundesverfassungsgericht in ständiger Rechtsprechung als „dienende Freiheit“ bezeichnet[195]. Dahinter verbirgt sich die Vorstellung, daß es sich bei der Rundfunkfreiheit nicht um ein Freiheitsrecht im klassischen Sinne handelt, das normalerweise der Selbstverwirklichung des Individuums dient, also subjektiv-rechtliche, individuellen Eigeninteressen dienende Handlungsrechte verbürgt. Es handelt sich vielmehr um ein Freiheitsrecht, das Freiheitsgewährleistungen im Interesse von Belangen des Gemeinwohls oder des Drittschutzes darstellt und daher dem Wesen nach gemein- bzw. drittnützig ist.[196] Eine solche Freiheitsgewährleistung ist am treffendsten durch den Begriff „dienende Freiheit“ zu kennzeichnen[197]. Konkret dient die Rundfunkfreiheit der Gewährleistung freier individueller und öffentlicher Meinungsbildung in einem umfassenden Sinne[198]. Die Rolle, die der Rundfunk nach Ansicht des Gerichtes in diesem Prozeß spielt, ist mehr als nur die eines „Mediums“; er ist ein eminenter „Faktor“ der öffentlichen Meinungsbildung[199]. „Es obliegt ihm, in möglichster Breite und Vollständigkeit zu informieren; er gibt dem Einzelnen und den gesellschaftlichen Gruppen Gelegenheit zu meinungsbildendem Wirken und ist selbst am Prozeß der Meinungsbildung beteiligt.“[200] Seit dem 1. Rundfunkurteil bezeichnet das Bundesverfassungsgericht den Rundfunk ebenso wie die Presse als unentbehrli-

---

[195] BVerfGE 90, 60 [87 ff]; 87, 181 [197]; 83, 238 [295]; 57, 295 [319].

[196] Grundlegend zur Struktur und Gehalt der Rundfunkfreiheitsgarantie als „dienende“ Freiheitsgewährleistung *Burmeister*, Der Rundfunk unter der Herrschaft der technischen Entwicklung, in: Duale Rundfunkordnung für Europa – Ausweg aus der (Kompetenz-) Krise?, Medienmarkt und Menschenwürde, EMR-Schriftenreihe, Bd. 2, 1992, S. 55 ff; siehe auch *Dörr*, Das für die Medienkonzentration maßgebliche Verfahrensrecht, in: *Die Landesmedienanstalten* (Hg.), Die Sicherung der Meinungsvielfalt, 1995, S. 339; *ders.*, Die Kabelbelegungsregeln in den Landesmediengesetzen und der Anspruch auf unentgeltliche Durchleitung des Fernsehprogramms PREMIERE zu den angeschlossenen Haushalten, in: ZUM 97, 337 [353].

[197] *Burmeister*, in: Duale Rundfunkordnung für Europa – Ausweg aus der (Kompetenz-) Krise?, Medienmarkt und Menschenwürde, EMR-Schriftenreihe, Bd. 2, 1992, S. 55; grundlegend *ders.*, „Dienende“ Freiheitsgewährleistungen – Struktur und Gehalt eines besonderen Grundrechtstypus, in: *ders.* (Hg.), Verfassungsstaatlichkeit, Festschrift für Klaus Stern, 1997, S. 835 ff.

[198] BVerfGE 57, 295 [319].

[199] BVerfGE 12, 205 [260] und seitdem st. Rspr.

[200] BVerfGE 73, 118 [152].

ches modernes Massenkommunikationsmittel[201], dem eine Funktion zukommt, deren politische und „staatsethische“ Bedeutung überhaupt nicht überschätzt werden kann[202]. Freie Meinungsbildung ist Voraussetzung sowohl für die Persönlichkeitsentfaltung als auch für die demokratische Ordnung, sie ist „schlechthin konstituierend“ für ein freiheitliches demokratisches Gemeinwesen[203].

Gegenüber der Presse erkennt das Gericht für den Rundfunk Besonderheiten an, die sie zunächst als „Sondersituation“ bezeichnete. Diese Sondersituation begründete es erstens mit der Knappheit der Übertragungsfrequenzen und zweitens dem hohen finanziellen Aufwand für die Veranstaltung eines Rundfunkprogrammes[204]. Inzwischen spricht das Bundesverfassungsgericht nicht mehr ausdrücklich von einer Sondersituation. Auch nach dem erkennbaren zukünftigen Wegfall dieser Besonderheiten des Rundfunks hält das Bundesverfassungsgericht – wenn auch nicht mehr ausdrücklich – in der Sache grundsätzlich aber an einer „Sondersituation“ für den Rundfunk fest. Es stellt jetzt mehr die geschilderte Bedeutung des Rundfunks für die Meinungsbildung in den Mittelpunkt, indem es feststellt, daß der Rundfunk eine besondere „Breitenwirkung, Aktualität und Suggestivkraft“ habe[205].

II. Rechtfertigung von Kontrolle über den privaten Rundfunk durch das Bundesverfassungsgericht

Auf der Grundlage der geschilderten Konzeption der Rundfunkfreiheit und der Bedeutung des Rundfunks fordert das Bundesverfassungsgericht eine positive Ordnung, die sicherstellt, daß die „Vielfalt der bestehenden Meinungen im Rundfunk in möglichster Breite und Vollständigkeit Ausdruck findet“[206]. Ge-

---

201 Eine entsprechende Sichtweise findet sich in der Rechtsprechung des amerikanischen Supreme Court (Red Lion Broadcasting vs. FCC, 395 U.S. 367 [368-390]) und in der des französischen Conseil Constitutionel (Décesion No. 86-217 DC, 18.09.1986, J. o. 19.09.1986, 11294 ff).

202 *Herzog*, in: *Maunz/Dürig/Herzog/Scholz*, Grundgesetz, Bd. I, Art. 5 I, II, Rdnr. 119.

203 St. Rspr. seit BVerfGE 7, 198 [208] („Lüth-Urteil“); hierbei befindet sich das Bundesverfassungsgericht in Übereinstimmung mit der entsprechenden Rechtsprechung des EGMR, vgl. EGMR AfP 94, 281 [283 f] („Lentia“).

204 BVerfGE 12, 205 [261]; 31, 314 [326]; 73, 118 [154].

205 BVerfGE 90, 60 [87]; siehe dazu auch *Eberle*, Digitale Rundfunkfreiheit – Rundfunk zwischen Coach-Viewing und Online-Nutzung, in: CR 96, 193 [194].

206 BVerfGE 57, 295 [320]; 73, 118 [152 f]; 74, 297 [324]; 87, 181 [197 f].

setzliche Regelungen seien auch im Zuge der modernen Entwicklung des Rundfunks und bei einem Fortfall der bisherigen Beschränkungen notwendig, da nicht mit hinreichender Sicherheit erwartet werden könne, daß das Programmangebot in seiner Gesamtheit kraft der Eigengesetzlichkeit des Wettbewerbs den Anforderungen der Rundfunkfreiheit entsprechen werde. Die Möglichkeit einer Konzentration von Meinungsmacht und die Gefahr des Mißbrauchs zum Zwecke einseitiger Einflußnahme auf die öffentliche Meinungsbildung müsse berücksichtigt werden. Der Rundfunk dürfe nicht dem freien Spiel der Kräfte überlassen werden[207]. Einmal eingetretene Fehlentwicklungen ließen sich – wenn überhaupt – nur bedingt und unter erheblichen Schwierigkeiten wieder rückgängig machen[208]. Die geforderte positive Ordnung ist nach Ansicht des Bundesverfassungsgerichts so ausgezustalten, daß das Gesamtangebot der inländischen Programme der bestehenden Meinungsvielfalt im wesentlichen entspricht, daß der Rundfunk nicht einem einzelnen oder einer gesellschaftlichen Gruppe ausgeliefert wird und daß die in Betracht kommenden Kräfte im Gesamtprogramm zu Wort kommen[209]. Der Rundfunk muß letztlich seiner Rolle als „Medium“ und „Faktor“ gerecht werden können. Dazu bedarf es an der Aufgabe der Rundfunkfreiheit orientierte „materielle, organisatorische und Verfahrensregelungen“[210]. Die rechtliche Ausgestaltung der Regelungen unterliegt nach dieser Rechtsprechung dem Vorbehalt des Gesetzes[211]. Dabei handelt es sich nach Ansicht des Bundesverfassungsgerichtes um sogenannte Ausgestaltungsgesetze[212]. Das bedeutet grundrechtsdogmatisch, daß sie keine Eingriffe in die Freiheiten der Kommunikatoren oder Rezipienten darstellen. Sie konstituieren erst die Rahmenbedingungen, unter denen sich die Freiheit entfalten kann[213].

---

207 Mit diesem Grundrechtsverständnis steht das Bundesverfassungsgericht in Europa im übrigen nicht allein dar. Unter anderem die Verfassungsgerichte Frankreichs und Italiens urteilen übereinstimmend, daß die nationalen Gesetzgeber Maßnahmen treffen müssen, um die Meinungsvielfalt zu gewährleisten, vgl. dazu *Schellenberg*, Pluralismus: Zu einem medienrechtlichen Leitmotiv in Deutschland, Frankreich und Italien, in: AöR 94, 427 [427 ff]; *Holznagel*, Rundfunkrecht in Europa, 1995, S. 105 ff.

208 BVerfGE 57, 295 [323]; 73, 118 [160].

209 Zu dieser Rspr. des BVerfG siehe ausführlich *Dörr* ZUM 97, 337 [353].

210 BVerfGE 57, 295 [320]; 74, 297 [324]; 83, 238 [296].

211 St. Rspr. seit BVerfGE 12, 205 [263].

212 Zur „Ausgestaltungspflicht“ durch Ausgestaltungsgesetze in der Rechtsprechung des BVerfG siehe *Seelmann-Eggebert* ZUM 92, 79 [81 f].

213 Siehe zur Konzeption der Ausgestaltung der Rundfunkfreiheit ausführlich *Ruck*, Zur Unterscheidung von Ausgestaltungs- und Schrankengesetzen im Bereich der Rundfunk-

Fußnote wird fortgesetzt

Die gesetzlichen Regelungen müssen einerseits den öffentlich-rechtlichen Rundfunk, aber andererseits besonders auch die Veranstaltung von privaten Programmen erfassen[214], die das Bundesverfassungsgericht bereits im 1. Rundfunkurteil für grundsätzlich zulässig erachtet hatte[215]. Auch die privaten Hörfunk- und Fernsehprogramme müssen den geschilderten Anforderungen an den Rundfunk gerecht werden. Allerdings hat das Bundesverfassungsgericht für die privaten Veranstalter nicht dieselbe Maßstäbe gefordert, sondern dem Gesetzgeber nur die Sicherung eines Grundstandards gleichgewichtiger Vielfalt aufgegeben[216]. Dieser Grundstandard sei aber auch strikt sicherzustellen, da die Entwicklung des privaten Rundfunks nicht ausschließlich den Gesetzen des Marktes überlassen werden dürfe[217].

Hierfür fordert das Gericht[218], daß die Veranstalter einer institutionellen Aufsicht unterworfen werden müssen[219]. Es stellte fest, daß die „Normierung einer begrenzten Staatsaufsicht"[220] unabdingbar sei und es einer „laufenden wirksamen Kontrolle"[221] bedürfe. Als Organisationsmodell schwebte dem Bundesverfassungsgericht eine „Staatsaufsicht" ähnlich etwa der der „Banken- oder Versicherungsaufsicht" vor[222]. Später präzisierte das Gericht seine Vorstellungen zu „begrenzter Staatsaufsicht", die nur der Aufgabe zu dienen habe, die Einhaltung der zur Gewährleistung der Rundfunkfreiheit ergangenen Bestimmungen sicherzustellen[223]. Im 4. Rundfunkurteil wurde der Begriff der „Staatsaufsicht" vermieden und durch den Begriff der „externen Kontrolle"

---

freiheit, in: AöR 117 (1992), 543 [544 ff]; *Hoffmann-Riem*, Rundfunkrecht neben Wirtschaftsrecht, 1991, S. 71 ff; *ders.*, Rundfunkaufsicht zwischen Staatsfreiheit und Staatseinfluß, S. 21 f.

214 BVerfGE 57, 295 [319].

215 BVerfGE 12, 205 [262].

216 BVerfGE 73, 118 [159 f].

217 BVerfGE 31, 314 [325]; 57, 295 [323]; 73, 118 [158]; siehe auch BVerfGE 73, 118 [157].

218 Zu den Vorgaben des Bundesverfassungsgerichts zur Aufsicht über den privaten Rundfunk siehe auch die Darstellung bei *Charissé*, Die Rundfunkveranstaltungsfreiheit und das Zulassungsregime der Rundfunk- und Mediengesetze, 1999, S. 24 ff.

219 BVerfGE 12, 205 [262].

220 BVerfGE 12, 205 [262]; 57, 295 [326].

221 BVerfGE 57, 295 [333].

222 BVerfGE 12, 295 [262].

223 BVerfGE 57, 295 [326].

ersetzt[224]. Die Einrichtung einer „staatsunabhängigen, rechtlich verselbständigten Organisationseinheit" hierfür als zulässig angesehen[225]. Im Ergebnis ist nach der Rechtsprechung des Bundesverfassungsgerichtes eine Aufsicht über den privaten Rundfunk zur Sicherstellung der Rundfunkfreiheit verfassungsrechtlich unabdingbar[226]. Diese staatliche Kontrolle müsse sich aber auf eine Rechtsaufsicht beschränken[227] und sei nicht als verbotene Zensur im Sinne von Art. 5 Abs. 1 S. 3 GG anzusehen[228].

Mit den Landesmediengesetzen haben die für den Rundfunk zuständigen Länder die vom Bundesverfassungsgericht geforderte positive Rundfunkordnung geschaffen und die Landesmedienanstalten als die verlangten Aufsichtsorgane eingerichtet. Sie wurden mittlerweile vom Bundesverfassungsgericht als „externes, vom Staat unabhängiges, unter dem Einfluß der maßgeblichen Kräfte und Richtungen stehendes Organ" grundsätzlich gebilligt[229].

III. Kritik an der Rechtsprechung des Bundesverfassungsgerichts

Die Rechtsprechung des Bundesverfassungsgerichts zur Konstruktion der Rundfunkfreiheit nach Art. 5 Abs. 1 S. 2 GG einerseits im allgemeinen und andererseits im besonderen zur Rundfunkaufsicht war und ist immer wieder Gegenstand von zum Teil scharfer Kritik durch die Rechtswissenschaft.

Sie entzündet sich zunächst an der Konstruktion eines Ausgestaltungsvorbehalts für die Rundfunkfreiheit, in deren Rahmen überhaupt nur die Veranstaltung von Rundfunk zulässig sein soll. Dies wird als ein unnötiger Bruch in der Grundrechtsdogmatik angesehen[230]. Es werde die freiheitsrechtliche Grundre-

---

224 BVerfGE 73, 118 [170]: „Externe Organe der Programmkontrolle"; BVerfGE 83, 238 [333]: „Externe Kontrollgremien".

225 BVerfGE 73, 118 [164 f].

226 Zu dieser Schlußfolgerung *Geppert*, Europäischer Rundfunkraum und nationale Rundfunkaufsicht, S. 78; *Charissé*, Die Rundfunkveranstaltungsfreiheit und das Zulassungsregime, S. 25.

227 BVerfGE 57, 295 [334].

228 BVerfGE 73, 118 [166].

229 BVerfGE 73, 118 [161].

230 Mit überzeugender Argumentation *Charissé*, Die Rundfunkveranstaltungsfreiheit und das Zulassungsregime, S. 105 ff mwN.; *Gersdorf*, Rundfunkfreiheit ohne Ausgestaltungsvorbehalt, 1996, S. 37; siehe auch *Kull*, Auf dem Weg zum dualen Rundfunksystem, in:

Fußnote wird fortgesetzt

gel in der Form auf den Kopf gestellt, daß nunmehr gelte: „Verboten ist, was nicht ausdrücklich erlaubt ist.“[231] Das Problem von Beschränkungen und Regelungen für den Rundfunk sei im wesentlichen über die „allgemeinen Gesetze“ des Art. 5 Abs. 2 GG zu lösen[232].

In diesem Zusammenhang zielt die Kritik besonders auf die unterschiedliche Behandlung von Presse und Rundfunk. Diese Ungleichbehandlung sei zurückzudrängen, da die dogmatisch unterschiedliche Ausgestaltung von Presse- und Rundfunkfreiheit im digitalen Zeitalter nicht mehr uneingeschränkt aufrecht erhalten werden könne[233]. Die Gefahr vielfaltsbeschränkender Meinungsmacht werde sich zumindest auf dem Gebiet des digitalen Fernsehens nur schwer verwirklichen. Entscheidend trage die Vervielfachung der Übertragungsmöglichkeiten für Rundfunk dazu bei, daß die verfassungsrechtlichen Voraussetzungen der gegenwärtig geltenden Rundfunk- und Fernsehordnung „über Bord“ gehen müßten[234]. Medienrechtliche Sondervorschriften zur Sicherung von Meinungsvielfalt hätten sich zukünftig auf diejenigen Programme und Veranstalter zu beschränken, deren Fernsehangebote als Vollprogramme bzw. informationsorientierte Spartenkanäle unmittelbar meinungsrelevant sind, was insbesondere von Pay-TV aber nicht zu sagen sei[235]. Ergänzt wird diese Argumentation durch die Kritik am Begriff und der damit verbundenen Bedeu-

---

AfP 87, 365 [366]; *Pestalozza*, Der Schutz der Rundfunkfreiheit in der Bundesrepublik Deutschland, in: NJW 81, 2158 [2162]; *Scholz*, Das dritte Fernsehurteil des Bundesverfassungsgerichts, in: JZ 81, 561 [565 ff].

231 *Gersdorf*, Rundfunkfreiheit ohne Ausgestaltungsvorbehalt, S. 32 f; ihm folgend *Charissé*, Die Rundfunkveranstaltungsfreiheit und das Zulassungsregime, S. 98 f.

232 Für eine Neuinterpretation des Begriffs der „allgemeinen Gesetze“ auch *Lücke*, Die „allgemeinen“ Gesetze, 1998, S. 26 ff.

233 So vor allem *Weisser*, Dienstleistungen zum Vertrieb digitaler Pay TV-Angebote, in: ZUM 97, 877 [881], der in diesem Zusammenhang von „Zurückdrängung des institutionellen Aspekts der Rundfunkfreiheit“ spricht, obwohl er unter zutreffenden Hinweis auf *Herzog*, in: *Maunz/Dürig/Herzog/Scholz*, Grundgesetz, Bd. I, Art. 5 I, II, Rdnr. 13, diese Begrifflichkeit zu Recht offenbar ablehnt (zum Begriff auch *Seelmann-Eggebert*, Die Dogmatik der Rundfunkfreiheit gem. Art. 5 Abs. 1 Satz 2 GG aus der Sicht des Bundesverfassungsgerichtes, in: ZUM 92, 79 [80 f]). Probleme bei der Trennung von Rundfunk und Presse sehen auch *Bullinger*, Strukturwandel von Rundfunk und Presse, in: NJW 84, 385 [388]; *ders.*, Ordnung oder Freiheit für Multimediadienste, in: JZ 96, 385 [386 ff]; *Stammler*, Paradigmenwechsel im Medienrecht, in: ZUM 95, 104 [104 ff]; *Meier*, Vom öffentlich-rechtlichen Monopol zum globalen Kiosk, in: ZUM 97, 249 [250].

234 *Weisser* ZUM 97, 877 [881]; *Herzog*, in: *Maunz/Dürig/Herzog/Scholz*, Grundgesetz, Bd. I, Art. 5 I, II, Rdnr. 227.

235 *Weisser* ZUM 97, 877 [883].

tung der „dienenden Freiheit" des Rundfunks[236]. Der Begriff der „dienenden Freiheit" signalisiere schon sprachlich eine „Entkernung" der Freiheit. Freiheit, die zum Dienen verpflichtet sei, sei keine Freiheit mehr, sondern werde zu einer Freiheit nach Maßgabe des Gesetzes[237]. Die verfassungsrechtliche Rechtfertigung für die Sonderbehandlung des Rundfunks im Verhältnis zur Presse sei durch den Wegfall der „Sondersituation" entfallen oder doch zumindest so fadenscheinig geworden, daß damit der kategoriale Unterschied zwischen freier Presse und „gegängeltem" Rundfunk nicht mehr begründet werden könne[238].

Konsequenterweise wird damit von vielen Kritikern auch die Berechtigung für die Einrichtung von Rundfunkaufsicht in Form der Landesmedienanstalten mit ihren umfänglichen Aufgabenkatalog in Frage gestellt. Die Kritik am grundsätzlichen Bestehen von Institutionen zur Rundfunkaufsicht war ursprünglich heftig, verstummte aber nahezu, nachdem die Rechtsprechung des Bundesverfassungsgerichtes diesbezüglich keine Interpretationsspielräume offenließ[239]. Im Zeichen des bevorstehenden technischen Wandels wird sie allerdings wieder lauter[240]. Auffällig ist dabei, daß – soweit ersichtlich – außer den entsprechenden Interessenverbänden[241] niemand tatsächlich die völlige Abschaffung von Aufsicht über den privaten Rundfunk zumindest im Sinne von Mißbrauchsaufsicht fordert[242]. Statt dessen wird ein Umdenken bei der Rundfunkregulierung hin zu mehr Deregulierung und eine gründliche Neuorganisation

---

236 So ausdrücklich *Kull*, „Dienende Freiheit" – dienstbare Medien?, in: *Badura/Scholz*, Wege und Verfahren des Verfassungsrechts, Festschrift für Peter Lerche, 1993, S. 663 ff; ähnlich *Degenhart*, Medienrecht und Medienpolitik im 21. Jahrhundert, in: K&R 2000, 49 [52].

237 *Kull*, in: *Badura/Scholz*, Wege und Verfahren des Verfassungsrechts, Festschrift für Peter Lerche, 1993, S. 663 [insbes. 665]; siehe auch *Engel*, Rundfunk in Freiheit, in: AfP 94, 185 [185 ff].

238 *Engel*, Multimedia und das deutsche Verfassungsrecht, in: *Hoffmann-Riem/Vesting* (Hg.), Perspektiven der Informationsgesellschaft, 1995, S. 162.

239 Zur früheren Diskussion über den Sinn und die Rechtfertigung von Rundfunkkontrolle siehe *Geppert*, Europäischer Rundfunkraum und nationale Rundfunkaufsicht, S. 79 f mwN.

240 *Scholz*, Zukunft von Rundfunk und Fernsehen: Freiheit der Nachfrage oder reglementiertes Angebot?, in: AfP 95, 357 [357 ff]; *Engel*, in: *Hoffmann-Riem/Vesting* (Hg.), Perspektiven der Informationsgesellschaft, S. 162.

241 *Vorstand des Verbandes Privater Rundfunk und Telekommunikation (VPRT)*, Rahmenkonzept für eine Medienordnung 2000 plus, S. 23.

242 *Kull*, in: *Badura/Scholz*, Wege und Verfahren des Verfassungsrechts, Festschrift für Peter Lerche, S. 671, spricht allerdings im Zusammenhang mit Landesmedienanstalten von „Freiheitswidrigkeit".

in struktureller und organisatorischer Hinsicht gefordert[243], so wird beispielsweise von der „Degradierung“ der Landesmedienanstalten zum „Gewerbeaufsichtsamt“[244] gesprochen.

IV. Stellungnahme

Die Auseinandersetzung mit dem Meinungsstand zur Aufsicht über den privaten Rundfunk hat an der Konzeption der Rundfunkfreiheit und dem Verhältnis von Rundfunk zur Presse anzusetzen. Anschließend ist auf die Notwendigkeit von Rundfunkaufsicht einzugehen.

1. Die Konzeption der Rundfunkfreiheit und die Bedeutung des Rundfunks

Der Streit um die Konzeption der Rundfunkfreiheit als Freiheit mit Ausgestaltungsvorbehalt durch das Bundesverfassungsgericht braucht im Rahmen dieser Arbeit nicht entschieden zu werden, auch wenn viel dafür spricht, die Rundfunkfreiheit in die allgemeine Grundrechtsdogmatik einzufügen. Von dieser Frage hängt nicht ab, ob es einer wie auch immer gearteten Rundfunkordnung und in der Folge einer Rundfunkaufsicht bedarf, da beides wohl auch von den Kritikern für notwendig empfunden wird[245].

Unumgänglich ist dagegen eine Entscheidung zur Konzeption der Rundfunkfreiheit als „dienende Freiheit“. Das Bild des Bundesverfassungsgerichtes von der „dienenden Freiheit“ überzeugt im wesentlichen, wenn vielleicht auch der Begriff des „Dienens“ unglücklich gewählt ist. Er ist in einem soziologisch-deskriptiven Sinne („Der Rundfunk nützt der Demokratie“) zutreffend. Das gilt allerdings nicht für ein scharfes normatives Verständnis („Der Rundfunk hat der Demokratie zu nützen“)[246]. Den generellen Kritikern der Begrifflichkeit des „Dienens“ ist entgegenzuhalten, daß sie das damit verfolgte Anliegen

---

243 *Scholz* AfP 95, 357 [360].

244 *Engel*, in: *Hoffmann-Riem/Vesting* (Hg.), Perspektiven der Informationsgesellschaft, S. 160.

245 Ausdrücklich *Charissé*, Die Rundfunkveranstaltungsfreiheit und das Zulassungsregime, S. 102.

nicht ausreichend in ihre Überlegungen miteinbeziehen[247]. Der Rundfunk – wie natürlich auch die Presse[248] und möglicherweise ebenso in Zukunft andere mediale Angebote[249] – erfüllt eine für die Gesellschaft überragend bedeutende Funktion, die das Bundesverfassungsgericht zutreffend mit „Gewährleistung freier individueller und öffentlicher Meinungsbildung“ beschrieben hat. Diese Funktion hat der Rundfunk allerdings, zumindest der private Rundfunk, entgegen der dazu wohl herrschenden Ansicht vor allem aufgrund seiner Existenz und gesellschaftlichen Akzeptanz und nicht wegen einer Funktionszuweisung durch das Grundgesetz aufgrund der Verfassungsrechtsprechung[250]. Durch diese werden vielmehr auf der Grundlage des Art. 5 Abs. 1 S. 2 GG die tatsächlichen Verhältnisse und Bedürfnisse („Die Demokratie braucht den Rundfunk“) mit dem notwendigen verfassungsrechtlichen Schutz versehen. Bei der Konzeption der Rundfunkfreiheit ist – wie es das Bundesverfassungsgericht tut – zu berücksichtigen, daß die Rundfunkfreiheit nicht auf ein reines Veranstaltergrundrecht reduziert werden darf[251]. Es muß der gesamte Prozeß der Meinungsbildung berücksichtigt werden, wozu insbesondere auch die Rundfunkrezipienten gehören[252]. Die Bedeutung des Rundfunks als Medium und Faktor verändert sich auch nicht dadurch, daß er selbst immer mehr zum Wirtschaftsgut wird und vor allem als solches angesehen wird[253].

---

246 Für die Presse *Kull*, in: *Badura/Scholz*, Wege und Verfahren des Verfassungsrechts, Festschrift für Peter Lerche, S. 663.

247 So zutreffend *Hesse*, Zur aktuellen Entwicklung des Rundfunkrechts, in: BayVBl. 97, 132 [134].

248 *Charissé*, Die Rundfunkveranstaltungsfreiheit und das Zulassungsregime, S. 89, spricht zutreffend von der Pressefreiheit ausdrücklich als „dienende Freiheit“.

249 Zur zukünftigen Rolle des Rundfunks und der neuen medialen Dienste siehe *Sporn*, Vielfalt im digitalen Rundfunk, S. 53 f.

250 So aber *Hesse* BayVBl. 97, 132 [135].

251 So auch trotz seines neuen Interpretationsansatzes *Charissé*, Die Rundfunkveranstaltungsfreiheit und das Zulassungsregime, S. 87, der sich zu Recht fragt, warum eine subjektiv-rechtliche Gewährleistung von Rundfunkveranstaltungsfreiheit und die Gewährleistung einer ausgewogenen Meinungsbildung gegensätzliche Ziele sein müssen.

252 So zutreffend *Hesse* BayVBl. 97, 132 [134].

253 A. A. *Weisser* ZUM 97, 887 [898].

2. Fortbestehen der „Sondersituation“ des Rundfunks

Im Verhältnis zur Presse ist auch die vom Bundesverfassungsgericht ursprünglich so bezeichnete „Sondersituation“ des Rundfunks weiterhin anzunehmen.

a) Keine Sondersituation durch Kapazitätsknappheit und aus finanziellen Gründen

Den Kritikern an der Begründung der „Sondersituation“ ist einzuräumen, daß die bisherigen Begründungen für eine Sondersituation des Rundfunks deutlich an Überzeugungskraft verloren haben[254]. Eine Mangelsituation bei den Übertragungswegen wird es in Zukunft aller Voraussicht nach nicht mehr oder zumindest nur noch beim terrestrischen Rundfunk geben. Auch das finanzielle Argument für eine Sondersituation ist zwiespältig. Zwar ist zuzugestehen, daß die Veranstaltung von bundesweiten Rundfunksendungen weitgehend nur wenigen kapitalstarken Großkonzernen möglich ist, wie sich besonders an den Investitionen für den digitalen Rundfunk zeigt[255]. Dennoch ist auch die Markteinführung einer neuen Publikation (Zeitung oder Magazin), die tatsächlich größeren Einfluß auf die Meinungsbildung erhalten soll als nur in einem regionalen oder gar lokalen Umfeld, nur Großverlagen mit Millioneninvestitionen möglich[256].

b) Sondersituation durch besondere Rolle für die Meinungsbildung

Die Sondersituation des Rundfunks besteht jedoch zunächst dadurch fort, daß der Rundfunk, insbesondere das Fernsehen, eine gegenüber anderen medialen Angeboten herausragende Rolle für die Meinungsbildung einnimmt und diese

---

254 Ebenso *Charissé*, Die Rundfunkveranstaltungsfreiheit und das Zulassungsregime, S. 96 ff.

255 So *Hesse* BayVBl. 97, 132 [134].

256 Auch wenn *Engel*, in: *Hoffmann-Riem/Vesting* (Hg.), Perspektiven der Informationsgesellschaft, S. 161, mit den Zweifeln an der „Sondersituation“ aus Kapazitätsgründen und finanziellen Gründen grundsätzlich recht hat, so liegt er falsch, wenn er pauschal behauptet, daß die Veranstaltung eines Radioprogrammes erheblich billiger sei als die Herausgabe einer Zeitung.

auch in Zukunft haben wird. Die besondere Faszination ergibt sich durch die Kombination von Ton- und Bewegtbildern in einem kontinuierlich ablaufenden gestalteten Gesamtangebot und durch den mit keinem anderen medialen Angebot vergleichbaren massenhaften gleichzeitigen Konsum in Form des „Coach-Viewing"[257]. Daran wird sich auch in absehbarer Zeit nichts durch die erkennbaren medialen Entwicklungen mit neuen Angeboten wie Internetdiensten oder sonstigen Mediendiensten ändern, da sie allein durch ihre Form beispielsweise als Abrufdienst auch nicht annähernd an die Suggestivkraft des Rundfunks heranreichen[258]. Auch innerhalb der Rundfunkangebote ist diesbezüglich keine Differenzierung vorzunehmen, wie sie vereinzelt für Pay-TV-Angebote gefordert wurde[259].

c) *Sondersituation gegenüber Presse durch besondere Vielfaltsgefährdungen*

Eine Sondersituation gegenüber der Presse ergibt sich für den Rundfunk weiterhin besonders durch seine – sich zunehmend ändernde – Vertriebsform und den mit ihr verbundenen neuen Vielfaltsgefahren. Diese resultieren nicht wie bisher aus einer technischen Mangelsituation an Übertragungswegen, sondern aus künstlich durch den medialen Wettbewerb und seinen Mitteln erzeugten Engpässen, die zur Gefährdung der „Zugangsgerechtigkeit"[260] führen können[261]. Das Problem beispielsweise der Kapazitätsknappheit ist damit nicht unbedingt beseitigt, sondern besteht denkbarerweise aus anderen Gründen fort. Engpässe aus Wettbewerbsgründen ergeben sich vor allem für den digitalen Rundfunk, aber in Ansätzen auch schon für die analogen Programme.

---

[257] Ebenso *Eberle* CR 96, 193 [194]; *Bullinger* JZ 96, 385 [387] sowie bereits *Stern/Bethge*, Öffentlich-rechtlicher und privatrechtlicher Rundfunk, 1971, S. 42, 45 f; *Lieb*, Kabelfernsehen und Rundfunkgesetze, 1974, S. 219 ff; *Klein*, Die Rundfunkfreiheit, 1978, S. 70 f; *Schmidt*, Die Rundfunkgewährleistung, 1980, S. 77 ff; teilweise zweifelnd *Charissé*, Die Rundfunkveranstaltungsfreiheit und das Zulassungsregime, S. 93 ff; a. A. *Weisser* ZUM 97, 877 [881 f]; *Degenhart* K&R 2000, 49 [55]; *Engel*, in: *Hoffmann-Riem/Vesting* (Hg.), Perspektiven der Informationsgesellschaft, S. 161 f; wohl auch *Hain*, Rundfunkfreiheit und Rundfunkordnung, 1993, S. 49 ff.

[258] Ähnlich *Vesting*, Prozedurales Rundfunkrecht, S. 318.

[259] So *Weisser* ZUM 97, 877 [882]; siehe oben unter 2. Kapitel, C., S. 50 f. Siehe dazu auch *Sporn*, Vielfalt im digitalen Rundfunk, S. 55.

[260] *Hoffmann-Riem*, Thesen zur Regulierung der dualen Rundfunkordnung, in: M&K 2000, 7 [10 f].

[261] Man bezeichnet diese Engpässe auch als „Bottlenecks".

Die Vielfaltsgefahren lassen sich strukturell in Probleme beim Zugang zu den Übertragungswegen, Schwierigkeiten beim Zugang zu den Programmrechten und Gefahren bei der Distribution der Angebote unterscheiden.

Die Gefahren beim Zugang zu den Übertragungswegen ergeben sich aus der fortschreitenden Liberalisierung des Telekommunikationsmarktes. Inhaber von Übertragungswegen könnten ihre Positionen als „Gatekeeper“ mißbrauchen, um bestimmten, möglicherweise mit ihnen konkurrierenden Rundfunkanbieter den Zugang zu ver- oder behindern und auf diese Weise den Wettbewerb zu erschweren. Vorwürfe dieser Art hat es in der Vergangenheit bereits gegen die Betreibergesellschaft der ASTRA-Satelliten gegeben[262]. Diese Gefahren drohen auch auf dem Gebiet der Kabelübertragung, wie sich an der Situation in den USA absehen läßt[263]. Noch können zwar die Landesmedienanstalten über die Belegung eines Großteils der Kabelbelegung entscheiden. Dieses sogenannte Belegungsregime wird jedoch wohl mit der Kapazitätsvervielfachung nicht aufrecht erhalten werden können[264]. Ähnliches dürfte sich in absehbarer Zeit für den terrestrischen Sektor ergeben.

Gefährdungen beim Zugang zu den Programmrechten ergeben sich durch die mit der wachsenden Zahl der Veranstalter verstärkte Nachfrage nach Programmen („Software“). Es lassen sich dadurch Abhängigkeiten zwischen Programmzulieferer und Programmveranstalter mit der Gefahr von vorherrschender Meinungsmacht in der Form absehen, daß ein Unternehmen eine große Zahl Veranstalter kontrollieren kann.

Schließlich und im Mittelpunkt der Diskussionen stehen die Vielfaltsgefahren, die durch die sich verändernde Distribution von Rundfunk entstehen. Ein zentrales Vielfaltsproblem stellen die Digital-Dekoder („Set-Top-Boxen“) dar, mit deren Hilfe digitales Fernsehen überhaupt nur gesehen werden kann. Durch eine diskriminierende Gestaltung der Zugangs- und Nutzungsbedingungen kann dieses Gerät zur Steuerung des medialen Wettbewerbs mißbraucht werden[265]. Ein weiteres Problem ist das Packen von Programmbün-

---

262 Siehe dazu *Holznagel*, Probleme der Rundfunkregulierung im Multimediazeitalter, in: ZUM 96, 16 [19].

263 Siehe dazu *Holznagel* ZUM 96, 16 [19].

264 Bereits durch den 4. Rundfunkänderungsstaatsvertrag wurde festgelegt, daß Kabelnetzbetreiber über einen Teil der Kapazitäten für (digitale) Fernsehprogramme selbst entscheiden können, vgl. § 52 IV RStV.

265 Siehe dazu auch *Bartosch*, Digital Video Broadcasting (DVB) im Kabel, in: CR 97, 517 [518]; *Holznagel* ZUM 96, 16 [21]; zum Streit um die „d-box“ der zur KirchGruppe ge-

Fußnote wird fortgesetzt

deln („packaging") mit deren Hilfe teilweise bereits heute, aber vor allem zukünftig Einzelprogramme vermarktet werden sollen. Hier ergeben sich zahlreiche Vermarktungsvarianten mit zum Teil erheblichen Gefährdungen für die Programmangebotsvielfalt im jeweiligen Übertragungsmedium[266]. Sogenannte Flaschenhälse („Bottlenecks") für Rundfunkprogramme können weiterhin Programmführer sein, ohne die kaum durch den Angebotsdschungel eines Programmbündels und aller anderen Angebote navigiert werden kann[267]. Gefahren für Vielfalt sind auch durch das Multiplexing sowie durch „Conditional Access"-Systeme[268] denkbar. Bisher wenig Beachtung haben schließlich finanzielle Vielfaltsgefahren gefunden, die aus dem zu erwartenden Trend zum Pay-TV resultieren[269]. Per Staatsvertrag wird – von der Konzeption wenig überzeugend – in Deutschland nach britischem Vorbild zumindest auf dem Gebiet der Sportereignisse vorgeschrieben, welche Veranstaltungen von der Verschlüsselung ausgenommen werden müssen[270].

d) Zusammenfassung

Alle geschilderten Vielfaltsgefahren sind – ohne daß dies weiter ausgeführt werden müßte – ohne überzeugende Parallele bei der Presse. Die Sondersituation des Rundfunks hat sich im Ergebnis auch nur in ihren Ausprägungen ver-

---

hörenden Firma BetaResearch vgl. u.a. „WDR-Intendant gegen Digital-Monopol der d-box", epd medien 64/98, S. 19 f.

266 Zu den möglichen Paketbildungen und den damit verbundenen Gefahren ausführlich *Bullinger*, Verbreitung entgeltlicher Rundfunkprogramme und Mediendienste in Paketen, in: AfP 97, 761 [761 ff]; *Holznagel* ZUM 96, 16 [23 f]; *Eberle*, Medien und Medienrecht im Umbruch, in: GRUR 95, 790 [797]; *Sporn*, Vielfalt im digitalen Rundfunk, S. 61 ff.

267 Die Gefährdungen hierbei sind vom Gesetzgeber schon ansatzweise erkannt worden, wie sich aus § 53 II RStV ergibt, wonach die Betreiber eines solchen Systems alle Rundfunkangebote zu chancengleichen, angemessenen und nichtdiskriminierenden Bedingungen in ihr Senderverzeichnis aufnehmen müssen.

268 Siehe dazu *Holznagel/Daufeld*, Zugangssicherung bei digitaler Fernsehübertragung, in: CR 98, 151 [152 f]; *Eberle*, GRUR 95, 790 [797].

269 Zum Problem der finanziellen Vielfaltsgefahren siehe *Sporn*, Vielfalt im digitalen Rundfunk, S. 64; ähnlich *Holznagel* ZUM 96, 16 [24]; *Hoffmann-Riem*, Multimedia-Politik vor neuen Herausforderungen, in: RuF 95, 125 [129]; *ders.* M&K 2000, 7 [9]; Zweifel an einer „Zwei-Klassen-Gesellschaft" aufgrund von u. a. Pay-TV hat dagegen *Vesting*, Fortbestand des dualen Systems?, in: K&R 2000, 161 [165].

270 Dazu gehören aber gerade nicht die Fußball-Bundesligaspiele, sondern nur die Halbfinalspiele und das Endspiel um den Vereinspokal des Deutschen Fußballbundes, siehe § 5 a II Nr. 4 RStV.

ändert, vom Wesen her ist sie gleich geblieben[271]: Sie beruht auf besonderen Gefährdungen der Programmangebotsvielfalt und der Ausgewogenheit. In ihrem Kern hat daher die Rechtsprechung des Bundesverfassungsgerichtes zu diesem Problemgebiet nichts an ihrer Aktualität und Bedeutung eingebüßt. Vielfalt wird daher besonders im digitalen Rundfunk nicht allein herzustellen, sondern auf Dauer zu bewahren sein. Dies kann nur über eine spezielle positive Ordnung, durch eine eigenständige Rundfunkordnung geschehen. Den Kritikern hieran ist zusätzlich entgegenzuhalten, daß selbst die „freie" Presse ansatzweise durch eine „Presseordnung" reguliert wird, was sich vor allem an der speziellen Pressefusionskontrolle im Kartellrecht zeigt.

3. Die Notwendigkeit von Rundfunkaufsicht

Eine positive Ordnung bleibt damit angesichts der Funktion und Bedeutung des Rundfunks und der fortbestehenden Sondersituation weiterhin notwendig[272]. Der Gesetzgeber hat besonders auf die aufgezeigten Gefahren zu reagieren, wenn er den Anforderungen des Art. 5 Abs. 1 S. 2 GG in seiner Ausprägung durch das Bundesverfassungsgericht genügen will.

Es ist aber ersichtlich, daß es in Anbetracht der Eigenarten des Rundfunks nicht allein mit gesetzlichen Regelungen zur Sicherung der Bedeutung des Rundfunks getan ist, sondern daß diese auch überwacht und gegebenenfalls durchgesetzt werden müssen. Ein Programmangebot, das die Vielfalt der in der Gesellschaft bestehenden Meinungsrichtungen zum Ausdruck bringt, ist nicht zu erwarten, wenn der Rundfunk allein den Gesetzen des Marktes überlassen wird[273]. Freiheit kann eben nicht nur von staatlicher Seite[274], sondern auch von privaten Machtzusammenballungen und damit letztlich durch sich selbst bedroht werden.

Dies zeigt aus der jüngsten Vergangenheit in Europa das Beispiel Italiens. Dort hat sich jahrelang eine Rundfunklandschaft im wesentlichen ohne positi-

---

271 Ähnlich *Hoffmann-Riem* RuF 95, 125 [128 f].

272 So auch *Balda/Schmits*, Fernsehen ohne Grenzen auf dem Weg zur Konvergenz, in: CR 98, 421 [424]; ähnlich *Hoffmann-Riem*, Erosionen des Rundfunkrechts, 1990, S. 42.

273 BVerfGE 31, 314 [325]; 57, 295 [323]; 73, 118 [158].

274 So aber der Rundfunk in Spanien, siehe „Hände im Schlamm, Wahlkampfbilder: Wie Spaniens Politik sich des TV bemächtigt", FAZ v. 04.11.1999.

ve Ordnung entwickelt. Das Ergebnis ist ein faktischer Duopol[275] zwischen dem öffentlich-rechtlichen Programmanbieter RAI und der privaten Medienholding Mediaset (früher Fininvest) des ehemaligen italienischen Ministerpräsidenten Berlusconi, mit seinen äußerst unerwünschten Folgen für die italienische Demokratie bzw. den Rundfunk[276].

Die notwendige positive Ordnung muß gerade deswegen Vorkehrungen für die dauerhafte Gewährleistung der Funktion des Rundfunks treffen. Dazu gehören nicht nur besondere Vorschriften für den Rundfunk, sondern ebenso für eine Rundfunkaufsicht.

4. Notwendigkeit einer speziellen Rundfunkaufsicht

Wie die Organisation der Rundfunkaufsicht konkret gestaltet wird, unterliegt dem Gestaltungsermessen des Gesetzgebers. Fraglich ist jedoch, ob das Ermessen in der Weise beschränkt ist, daß es tatsächlich auch einer speziellen institutionalisierten Rundfunkaufsicht bedarf oder ob die notwendigen Aufgaben beispielsweise mit Hilfe traditioneller Konzepte der Gewerbeaufsicht oder durch Aufteilung der Aufgaben an bestehende Einrichtung (z. B. Bundeskartellamt) zu erledigen sind. Das Bundesverfassungsgericht spricht in seiner jüngeren Rechtsprechung – wie oben dargestellt[277] und auch hier zugrundegelegt – nur von „externer Kontrolle" und vermeidet den Begriff der „Staatsaufsicht". Diesen knappen Aussagen ist nicht zu entnehmen, daß es zwingend Einrichtungen wie die derzeitigen Landesmedienanstalten für die Rundfunkaufsicht geben muß[278]. Das Modell der vollständigen Ausgliederung der Aufsichtsinstanzen aus der mittelbaren Staatsverwaltung hat das Bundesverfassungsgericht im 4. Rundfunkurteil zwar offenbar nur als eine mögliche und taugliche Form der Organisation erachtet, um den Anforderungen des Art. 5 Abs. 1 S. 2 GG zu genügen[279]. Staatlichen Stellen darf aber kein Handlungs- und Wertungsspielraum eingeräumt werden (sog. Staatsferne). Die Prüfung

[275] Siehe *Rauen* MP 99, 82 [82 ff].

[276] Vgl. dazu *Rauen*, Berlusconi: Wahlkampf mit eigenen Medien, in: MP 94, 349 [349 ff]; *dies.*, Rundfunkpolitik, Partei- und Konzerninteressen – ein italienisches Zusammenspiel, in: MP 95, 115 [115 ff].

[277] Siehe oben unter 2. Kapitel, B., S. 47 ff.

[278] A. A. wohl *Wagner*, Die Landesmedienanstalten, S. 96.

[279] BVerfGE 73, 118 [185 f].

von Fragen wie die nach der wirtschaftlichen Leistungsfähigkeit eines Antragstellers für eine Sendeerlaubnis ist dagegen nach der Rechtsprechung des Bundesverfassungsgerichtes nicht ausgeschlossen[280].

Im Ergebnis bleiben jedoch nicht viele grundsätzliche Organisationsmöglichkeiten für Rundfunkaufsicht. Bei der Frage nach dem Organisationsprinzip „interne" oder „externe" Aufsicht ist nur letztere sinnvoll. In einem außenpluralen System soll Meinungsvielfalt durch die Programmangebotsvielfalt gewährleistet werden und nicht dadurch, daß jedes Programm selbst vielfältig und ausgewogen ist. Diese Programmangebotsvielfalt – wie unter anderem auch konzentrationsrechtliche Fragen – können nur durch eine außerhalb der Anbieter stehenden Aufsicht überprüft werden. Diese Aufsicht hat wegen der verfassungsrechtlich gebotenen Staatsferne auch vollständig aus der mittelbaren Staatsverwaltung ausgegliedert zu sein. Denn deren Arbeit hat vor allem bei der Beurteilung von Meinungs- und Programmangebotsvielfalt zwingend mit Wertungen zu tun. Das Organisationsprinzip einer entsprechenden externen Kontrolle hat diesbezüglich Verfassungsrang[281].

Viele bestehende „externe" Einrichtungen – ausgenommen vielleicht das Bundeskartellamt – kämen für die Erfüllung dieser Aufgaben nicht in Frage. Hinzu kommt, daß die dargestellte überragende Funktion des Rundfunks und seine Funktionsbedingungen ein diesem entsprechend angepaßtes Aufsichtskonzept voraussetzen[282]. Ein Verzicht auf eine speziell für den Rundfunk eingerichtete Aufsicht würde den an sie gestellten Anforderungen nicht gerecht werden können. Die Sicherstellung von Meinungsvielfalt im Rundfunk kann angesichts der dargestellten ganz spezifischen Gefahren nicht durch eine Vielzahl von Kompetenzen bei „allgemeinen", nicht gesondert mit Rundfunk betrauten Institutionen funktionsgerecht erfüllt werden. Ihnen fehlte besonders die dazu erforderliche Sachnähe und der Gesamtüberblick.

Ganz entscheidend dürfte es einem solchen Aufsichtskonzept an der verfassungsrechtlich notwendigen ausreichenden Effektivität[283] fehlen. Da Rund-

---

280 BVerfGE 73, 118 [185 f]; dies trifft allerdings auf Kritik, vgl. *Ricker/Schiwy*, Rundfunkverfassungsrecht, Kap. D, S. 241 f, Rdnr. 41; siehe auch *Charissé*, Die Rundfunkveranstaltungsfreiheit und das Zulassungsregime, S. 45.

281 Zutreffend *Hoffmann-Riem*, Finanzierung und Finanzkontrolle, S. 15.

282 Ebenso *Hoffmann-Riem*, Finanzierung und Finanzkontrolle, S. 15.

283 Siehe zum verfassungsrechtlichen Gebot der Effektivität *Tabbara* ZUM 96, 378 [387 ff]; *Vahrenhold*, Die Stellung der Privatfunkaufsicht im System staatlicher Aufsicht, 1992, S. 60 f; *Hoffmann-Riem*, Rundfunkaufsicht im Ausland: Großbritannien, USA und Frankreich, in: Presse- und Informationsamt der Landesregierung Nordrhein-Westfalen

Fußnote wird fortgesetzt

funkaufsicht notwendig ist, hat sie auch effektiv organisiert zu sein. In Anbetracht der Anforderungen an die positive Ordnung für den Rundfunk ist die Stellung der externen Kontrolle insofern zu präzisieren, als einer spezifischen externen Rundfunkkontrolle bzw. –aufsicht Verfassungsrang zukommt. Das Ausgestaltungsermessen des Gesetzgebers ist also insoweit reduziert, daß er eine Rundfunkaufsicht zu errichten hat, die extern organisiert und im wesentlichen für den Rundfunk zuständig ist.

(Hg.), Rundfunkaufsicht, Bd. II, S. 139, und zur Effektuierung des Verfahrens bei der Konzentrationskontrolle *Dörr*, Medienkonzentration und föderalistische Steuerung, in: Medienvielfalt ohne Kontrolle? Vom Bayerischen Medienführerschein zur Kieler Unbedenklichkeit, EMR-Schriftenreihe, Bd. 13, S. 24 ff.

3. Kapitel:
Reformbedürftigkeit der bisherigen Rundfunkregulierung

Mit dem Vorausgegangenen ist der abstrakte verfassungsrechtliche Rahmen für eine Rundfunkregulierung abgesteckt. Diesen auszufüllen und die beschriebenen Ziele zu erreichen, ist Aufgabe der konkreten Rundfunkregulierung und ihrer organisatorischen Träger. Überlegungen zu einer Neuordnung der Aufsicht über den privaten Rundfunk in Deutschland und möglicherweise auf europäischer Ebene setzen einerseits die soeben geprüfte verfassungsrechtliche Notwendigkeit spezifischen Rundfunkaufsicht voraus. Anderseits ist aber gerade auch eine Überprüfung der bestehenden Ansätze der Rundfunkregulierung erforderlich, weil sich diese unmittelbar auf die Aufgaben einer Aufsichtsinstitutionen auswirken. Anders formuliert: Ergibt sich eine Reformbedürftigkeit bei der Rundfunkregulierung, folgt daraus auch eine bei den Trägern der Rundfunkaufsicht, denn diese kann dann ihrem Auftrag nicht oder nur eingeschränkt gerecht werden.

I. Regulierungsziele und bisherige Regulierungsmittel

Ziel von Rundfunkregulierung im engeren Sinne ist es, die Rundfunkordnung umzusetzen und zu sichern. Dazu gehört in erster Linie – wie oben ausführlich dargestellt –, das Postulat des Bundesverfassungsgerichtes nach Programmangebotsvielfalt und Ausgewogenheit mit seinen Konsequenzen sicherzustellen. Die positiven staatlichen Ordnungsmittel auf dem Gebiet der Ausgestaltung umfassen beispielsweise Konzentrationsvorschriften und Sicherungsmaßnahmen für den chancengleichen Zugang zu den Übertragungswegen im Sinne von Marktzutrittsregulierung, aber auch Werberegelungen, wenn sie dem Ausgleich von Werbewirtschaft und Rundfunkrezipienten dienen[284].

Aufgabe von Rundfunkregulierung im weiteren Sinne ist aber auch, mit der Rundfunkfreiheit kollidierende anerkannte Rechtsgüter zu schützen (Jugendschutz, Persönlichkeitsschutz, Urheberrecht etc.). Grundrechtsdogmatisch handelt es sich dabei um Schranken der Rundfunkfreiheit. Hierfür ist es nicht in jedem Fall erforderlich, spezielle auf den Rundfunk bezogene Regelungen

---

[284] Ausführlich *Hoffmann-Riem*, Strukturelemente von Rundfunkaufsicht in westlichen Industriestaaten, in: *Prinz/Peters* (Hg.), Medienrecht im Wandel, 1996, S. 73.

zu schaffen. Normen der allgemeinen Rechtsordnung reichen zum Teil zweifellos aus. Dennoch verursacht der Rundfunk besondere Gefährdungen bestimmter Rechtsgüter, die Sonderregelungen erfordern. Solche Sonderregelungen im Rundfunkbereich sind aber auch deswegen sinnvoll, weil eine undifferenzierte Anwendung allgemeiner Normen die Rundfunkfreiheit gefährden könnte[285].

II. Struktur der staatlichen Rundfunkregulierung in Deutschland

Die staatliche Rundfunkregulierung greift auf Steuerungskonzepte zurück, die auch aus anderen gesellschaftlichen Bereichen bekannt sind. Im wesentlichen lasse sich zwei Steuerungstypen unterscheiden:

Mit Hilfe der imperativen Steuerung wird versucht, durch Ge- und Verbote unmittelbar das Steuerungsobjekt zu lenken und Verstöße negativ zu sanktionieren. Durch die strukturbezogene Steuerung werden strukturelle Rahmendaten gesetzt, die das Verhalten des Steuerungsobjektes mittelbar prägen sollen. Beide Steuerungsarten werden grundsätzlich kombiniert[286].

1. Imperative Steuerung

Imperative Steuerungsmittel im Rundfunkbereich dienen einerseits ganz überwiegend dazu, die nichtkommunikationsbezogenen Rechtsgüter vor Gefährdungen durch die Rundfunkveranstaltung zu schützen. Im Rahmen dieser Untersuchung sollen nur die Steuerungsmittel interessant sein, die rundfunkspezifisch sind und deren Überprüfung durch die Landesmedienanstalten wahrgenommen wird. Dazu gehören unter anderem die Vorschriften des Rundfunkstaatsvertrages und der Landesmediengesetze zum Jugendschutz[287], die Werberegelungen[288] sowie Programmvorschriften[289].

---

[285] Siehe *Hoffmann-Riem*, in: *Prinz/Peters* (Hg.), Medienrecht im Wandel, S. 72 f.

[286] Ausführlich *Hoffmann-Riem*, in: *Prinz/Peters* (Hg.), Medienrecht im Wandel, S. 79.

[287] Vgl. § 3 RStV.

[288] Vgl. §§ 7, 44, 45, 45 a, 45 b RStV.

[289] Vgl. § 41 RStV.

Imperative Steuerungsmittel werden aber auch zur Durchsetzung medienspezifischer Ziele eingesetzt. Quoten für europäische Produktionen[290] und Eigenproduktionsquoten[291] sind Beispiele dafür. Besonders interessant ist an dieser Stelle die bestehende Marktzutrittsregulierung. Sie existiert – wie oben dargestellt – im Prinzip in doppelter Weise. In Form eines Verbots der Rundfunkveranstaltung ohne Lizenz (d. h. mit Erlaubnisvorbehalt) und in der Beschränkung der Vertragsfreiheit in der Form, daß sich ein Rundfunkveranstalter nicht mit einem Netzanbieter bilateral über das Ob und das Wie von Übertragungskapazitäten einigen darf[292], weil die Befugnis zur Vergabe der in Deutschland verfügbaren Übertragungskapazitäten (Kanäle, Frequenzen oder Bitraten bzw. Programmeinheiten) bei den Landesmedienanstalten liegt (wenn auch nicht für die Preise). Diesen beiden Verfahren liegen zwei regulatorische Ziele zugrunde: Erstens soll das Funktionieren eines Marktes durch Schaffung und Wahrung von Wettbewerb sichergestellt werden (sog. marktinternes Ziel)[293]. Zweitens soll trotz der Interessen der Veranstalter nach Planungssicherheit, Zugangsoffenheit bei den Übertragungswegen und die Möglichkeit von Veränderungen innerhalb eines Mediums gewährleistet werden. Hierbei geht es um die den Landesmedienanstalten übertragene Aufgabe der Sicherstellung von Meinungsvielfalt (sog. marktexternes Ziel). Diese hat im Modell der Außenpluralität, wie es im wesentlichen für fast alle Bundesländer gilt, nicht durch jedes einzelne Programm verwirklicht zu sein (Binnenpluralität): Es genügt vielmehr Meinungsvielfalt durch Programmangebotsvielfalt im Sinne von Vielfalt durch viele verschiedene Anbieter im jeweiligen Übertragungsmedium[294] sowie möglicherweise in der Konsequenz auch für das Rundfunkgesamtangebot[295]. Das läßt sich nur dadurch erreichen, daß den Landesmedi-

---

[290] Vgl. § 6 I RStV.

[291] Vgl. § 6 II RStV.

[292] Erst durch die Änderungen des 4. Rundfunkänderungsstaatsvertrag wurde den Kabelnetzbetreibern im Rundfunkstaatsvertrag bei „digitalisierten Kabelanlagen" die Befugnis eingeräumt, über ein Drittel der Kapazitäten im wesentlichen frei zu verfügen, siehe § 52 IV RStV.

[293] Vgl. ebenso *Holoubek*, Typologie möglicher Organisationstrukturen der Regulierung audiovisueller Medien, in: *Bundeskanzleramt-Verfassungsdienst* (Hg.), „Audiovisuelle Medien und Behörden", S. 42 = *ders.*, Die Organisationsstruktur der Regulierung audiovisueller Medien – Typologie und Entwicklungstendenzen, in: ZUM 99, 665 [666].

[294] BVerfGE 57, 295 [323]; 73, 118 [163]; siehe auch zur h. M. *Dörr* ZUM 97, 337 [356]; *Stettner*, Der Kabelengpaß, 1997, S. 32.

[295] *Engel*, Kabelfernsehen, 1996, S. 44 f; *Sporn*, Vielfalt im digitalen Rundfunk, S. 49 f; diesbezüglich zweifelnd BVerfGE 57, 295 [323]; siehe grundsätzlich auch *Bumke*, Die öffentliche Aufgabe der Landesmedienanstalten, S. 350.

enanstalten ein Entscheidungsspielraum eingeräumt wird, um im Hinblick auf das Programmgesamtangebot dessen Offenheit für neue Meinungsrichtungen und -träger sicherzustellen[296]. Beide Regulierungsziele sind aber nicht isoliert voneinander zu sehen, sondern sie hängen eng miteinander zusammen. Insgesamt ist – wie vor allem die Marktzutrittsregulierung zeigt – die deutsche Rundfunkregulierung stark von imperativen Steuerungselementen geprägt.

2. Strukturelle Steuerung

Bei der strukturellen Steuerung gibt die staatliche Ordnung den Rahmen vor, um indirekt bestimmte erwünschte Ziele zu erreichen[297]. Ziel der rundfunkrechtlichen Struktursteuerung für den privaten Rundfunk in Deutschland ist es, durch ökonomische Konkurrenz publizistische Konkurrenz und damit Vielfalt sichern[298]. Das Konzept basiert auf der Grundlage von ökonomischem Wettbewerb unter den Programmveranstaltern. In dieser außenpluralen Rundfunkordnung wird versucht, die Programmvielfalt durch den möglichen Zugang unterschiedlicher Interessenträger zum Programm und damit durch die Berücksichtigung möglichst unterschiedlicher Informationen, Positionen und Meinungen im Programmgesamtangebot zu ermöglichen. Ein funktionierender wirtschaftlicher Wettbewerb ist als Voraussetzung von Meinungsvielfalt anzusehen[299]. Die außenplurale Rundfunkordnung orientiert sich dabei am Vorbild der privatwirtschaftlich organisierten Presse[300].

Diese Ordnung fand und findet derzeit noch ihre Grenze in den knappen Übertragungskapazitäten, die auch – wie festgestellt – die Marktzutrittsregulierung rechtfertigen. Sind Veranstalter jedoch lizenziert und sind ihnen Übertragungskapazitäten zugewiesen worden, werden sie möglichst der Selbststeuerung des Marktes überlassen, die sich vor allem nach ökonomischen Faktoren und Motiven richtet. Rundfunkrechtliche Normen bilden hierfür den

---

296 *Bumke*, Die öffentliche Aufgabe der Landesmedienanstalten, S. 350 f.

297 Zur Struktursteuerung gehört innerhalb der deutschen Rundfunkordnung auch das Nebeneinander zweier Rundfunksysteme. Der öffentlich-rechtliche Rundfunk als das eine System soll jedoch hier aus den Überlegungen ausgeklammert werden. Zur Problematik der „strukturellen Diversifikation" siehe *Hoffmann-Riem*, Erosionen des Rundfunkrechts, S. 38 ff.

298 *Hoffmann-Riem*, in: *Prinz/Peters* (Hg.), Medienrecht im Wandel, S. 76.

299 Ausführlich *Bumke*, Die öffentliche Aufgabe der Landesmedienanstalten, S. 365 ff.

300 *Hoffmann-Riem*, in: *Prinz/Peters* (Hg.), Medienrecht im Wandel, S. 76.

Rahmen, der die Funktionsfähigkeit der Selbststeuerung sichern soll. Regeln über die Verteilung von knappen Übertragungskapazitäten sind dadurch ebenso legitimiert wie Vorkehrungen zur Sicherung der Funktionsweise ökonomischen Wettbewerbs, wozu vor allem Maßnahmen zur Konzentrationskontrolle gehören, da eine wirtschaftliche Monopolisierung die Gefahr auch einer Meinungsmachtkonzentration birgt. Strukturelle Steuerung kann auch dazu eingesetzt werden, einen Rahmen für chancengleichen und diskriminierungsfreien Zugang von Programmveranstaltern zu Programmsoftware, zu den Übertragungswegen und sonstigen „Bottlenecks" sicherzustellen[301]. Diese Form der Regulierung ist aber bisher nur sehr begrenzt vom deutschen Rundfunkgesetzgeber eingesetzt worden[302].

III. Veränderungen der Rahmenbedingungen für Rundfunkregulierung

Die bisherige Rundfunkregulierung gründet noch immer ganz überwiegend auf dem Stand der Technik bei Einführung des privaten Rundfunks. Dieser ist geprägt von der analogen Übertragungstechnologie, begrenzten Übertragungsmöglichkeiten insbesondere bei der Terrestrik und dadurch eingeschränkter Zahl von Rundfunkprogrammen. Sie beruht vor allem noch auf der klaren Trennung von Rundfunk und Telekommunikation, sowohl im Hinblick auf die Regulierungsgegenstände als auch hinsichtlich der Inhalte: Massenkommunikation in Form des Rundfunks als klar trennbares Angebot zur Individualkommunikation. Seit Einführung des privaten Rundfunks und nach Einrichtung der Landesmedienanstalten hat sich jedoch die Rundfunk- und Kommunikationstechnik erheblich weiterentwickelt und mit ihr der Regulierungsgegenstand verändert. Diese Entwicklung setzt sich erkennbar fort. Zu den einflußreichsten Veränderungen sind die folgenden zu zählen[303]:

---

301 *Kruse*, Konzentration und Regulierung privater Fernsehanbieter, in: *Kohl* (Hg.), Vielfalt im Rundfunk, 1997, S. 113.

302 Siehe z. B. § 53 RStV.

303 Siehe zu den Entwicklungen ausführlich auch *Engel*, Medienordnungsrecht, 1996, S. 12 – 17; zu den Veränderungen der Rahmenbedingungen *Holznagel*, Multimedia zwischen Regulierung und Freiheit, in: ZUM 99, 425 [433 ff].

1. Vervielfachung des Programmangebotes

Zunächst ist das Angebot an privaten (wie allerdings daneben auch von öffentlich-rechtlichen) Programmen um ein Vielfaches gewachsen. Damit einher geht eine Vervielfältigung der Rundfunkformate in dem Sinne, daß neben die klassischen Vollprogramme Spartenprogramme mit monothematischen Inhalten wie Sport (Eurosport und DSF) oder Musik (MTV, VH 1, VIVA, VIVA II und Onyx) sowie neuartige Rundfunkangebote getreten sind. Zu ihnen sind bisher unter anderem Teleshopping, Video On Demand, Near Video On Demand, Pay Per Channel, Pay Per View zu zählen[304].

2. Digitalisierung

Mit der beginnenden Digitalisierung des Rundfunks bzw. der Digitalisierung der bisherigen Übertragungstechniken Satellit, Kabel oder Terrestrik in Kombination mit ständig verbesserten Datenkompressionstechniken ist ein Ende dieser Vervielfachung nicht abzusehen. Die bisherigen Kapazitätsprobleme lösen sich – mit Ausnahme vielleicht bei der Terrestrik – zunehmend von selbst. Mit der Digitalisierung ergeben sich aber einerseits auch die oben beschriebenen Vielfaltsgefahren[305]. Andererseits folgen aus den Besonderheiten der Digitaltechnik neuartige Regelungsschwierigkeiten. Als Stichworte sollen an dieser Stelle das „Bitratenmanagement“ bzw. die Frage der Zuweisung von „Programmeinheiten“[306] und das Multiplexing ausreichen.

Die Digitalisierung bringt in nächster Zukunft aber auch eine Vereinfachung der Empfangsmöglichkeiten. Der terrestrische Rundfunk, der bei Vielfaltsüberlegungen wegen seiner stark begrenzten Kapazitäten keine Rolle gespielt hat, wird an Bedeutung als Alternative oder eben sogar Ergänzung zu Kabel und Satellit durch die Digitalisierung – sei es durch T-DAB (Terrestric-Digital Audio Broadcasting) oder T-DVB (Terrestric-Digital Video

---

[304] Erklärungen zu den Begriffen bei *Eberle* GRUR 95, 790 [790 f].

[305] Siehe oben unter 2. Kapitel, IV. 2. c), S. 54 ff.

[306] Diese Kategorie haben die Landesmedienanstalten durch die DLM eingeführt, um die komplexen Probleme des Bitratenmanagements zu umgehen und dieses letztlich ganz den Multiplexbetreibern bzw. Netzbetreibern zu überlassen, vgl. dazu ausführlich *Sporn*, Vielfalt im digitalen Rundfunk, S. 43.

Broadcasting)[307] – gewinnen. Der Grund dafür ist, daß der digitale terrestrische Rundfunk mit einer einfachen Stabantenne zu empfangen ist. Wer sich zukünftig für digitalen terrestrischen Rundfunk entscheidet, braucht nicht auf sein bisheriges Übertragungssystem zu verzichten bzw. kann ohne rechtliche Hürden oder besondere technische Hürden sein digitales terrestrisches Angebot durch das Angebot anderer Systeme erweitern[308].

3. Konvergenz

Hinzu kommt weiterhin die derzeit einflußreichste mediale Entwicklung, die als Konvergenz bezeichnet wird und auf die im Rahmen der Rundfunkregulierung reagiert werden muß. Auch wenn der Inhalt des Begriffes „Konvergenz" nicht fest umrissen ist und unterschiedlich gebraucht wird[309], so ist er doch im wesentlichen im Sinne eines Oberbegriffes für folgende mediale Entwicklungen zu verstehen:

Konvergenz bezeichnet zunächst das Verschwinden von bisher getrennten Übertragungswegen für die verschiedenen medialen Angebote. Die unterschiedlichen Netze sind zunehmend in der Lage und auch ganz bewußt dafür ausgerichtet, jede Art von Dienst zu übertragen[310]. Rundfunk läßt sich bereits über einfache Telefonleitungen übertragen, genauso wie beispielsweise über Netze von DAB telefoniert werden könnte. Neuester Entwicklungsschritt, auch wenn er noch in den Kinderschuhen steckt, ist das Telefonieren über Stromleitungen, mit denen dadurch natürlich auch und gerade die Anbindung

---

307 Zum hier nicht weiter interessierenden Streit um das „bessere" System siehe *Müller-Römer*, Digitale Verteilsysteme für das nächste Jahrtausend, Systemvergleich DAB und DVB-T, auf: *Maurer* (Hg.), The Digital Compendium, CD-ROM der DAB-Plattform e.V., 1998.

308 Es ist auch anzunehmen, daß dies geschehen wird, weil der Umfang des Programmangebotes über die Terrestrik im Verhältnis zu den anderen Medien, insbesondere Satellit, gering ist.

309 Zum Begriff und dem unterschiedlichen Inhalt siehe das „Grünbuch zur Konvergenz der Branchen Telekommunikation, Medien und ihre Informationstechnologie und ihre ordnungspolitischen Auswirkungen" der Europäischen Kommission v. 03.12.1997, KOM-(97) 623, S. 1 ff; siehe auch *Balle*, Konvergenz – Kultur – Regulierung, in: *Bundeskanzleramt-Verfassungsdienst* (Hg.), „Audiovisuelle Medien und Behörden", S. 9 f; *Koenig*, Medienaufsicht in der Bundesrepublik Deutschland, in: K&R 2000, 1 [2]; eine Beschreibung findet sich ebenso bei *Engel*, in: *Hoffmann-Riem/Vesting* (Hg.), Perspektiven der Informationsgesellschaft, S. 156.

an das Internet möglich ist[311]. Diese Entwicklung bewirkt zusätzlich, daß die unterschiedlichen Angebote in den noch bestehenden Zeiten der Kapazitätsknappheit um die Übertragungswege konkurrieren[312].

Konsequent folgt dieser Entwicklung auch die Verschmelzung der für die verschiedenen Angebote erforderlichen Empfangsgeräte, die zwar noch nicht so weit fortgeschritten ist, aber mit der überwiegend der Begriff der Konvergenz gleichgesetzt wird. Endgeräte wie das Telefon, der Fernseher und der Computer werden sich in einem Multimediaterminal vereinigen[313]. Erste Fernsehgeräte mit Internetfunktionen sind längst zu kaufen. Internetfernsehen[314] und Internetradioprogramme[315] unterstützen die Entwicklung.

Schließlich ist unter dem Begriff der Konvergenz auch das Verschwinden der Grenzen zwischen Massen- und Individualkommunikation zu verstehen. Das wird am deutlichsten durch zwei Entwicklungen:

Erstens wird der „klassische Rundfunk" im Sinne des Rundfunkstaatsvertrages[316] durch das Hinzukommen neuartiger Formen von Verteil-, Abruf- und Zugriff-Datendiensten[317] ergänzt. Bei diesen Diensten ist eine Abgrenzung einerseits zwischen Rundfunk und sogenannten Mediendiensten[318], die in der

---

310 Siehe dazu auch *Eberle* CR 96, 193 [196].

311 Vgl. „Auf das Telefonat aus der Steckdose muß noch gewartet werden", FAZ v. 13.03.1999.

312 Zu dieser Problematik siehe *Schütz*, Breitbandkabel – „Closed Shop" für neue Diensteanbieter?, in: MMR 98, 11; siehe auch VG Berlin CR 99, 42 [42 ff].

313 Vgl. z . B. „Telefon und Computer wachsen zusammen", FAZ v. 14.09.1998.

314 Z. B. das Projekt „WebTV" vom Zweiten Deutschen Fernsehen, Deutsche Telekom AG und Microsoft AG.

315 Z. B. „DasDing" des Südwest-Rundfunks, das außer über das Internet mittlerweile auch über Satellit und über T-DAB sowie nach dem Willen des SWR ebenso über die herkömmliche Terrestrik übertragen werden soll, vgl. zu den juristischen Problemen *Diesbach*, Rechtsfragen der terrestrischen und kabelgestützten Verbreitung des Jugendradios „DasDing" durch den Südwestrundfunk, in: ZUM 99, 228 [228 f].

316 Siehe dazu oben unter 1. Kapitel, A., S. 1 f.

317 Vgl. ausführlich zu den Begriffsbestimmungen *Gersdorf*, Der verfassungsrechtliche Rundfunkbegriff, S. 27 f.

318 Wie schwierig es für die Landesmedienanstalten nach dem Mediendienstestaatsvertrag ist, eine Unterscheidung vorzunehmen, zeigt sich daran, daß es eines derzeit elfseitigen „Strukturpapiers" bedarf (siehe *DLM*, Erstes Strukturpapier zur Unterscheidung von Rundfunk und Mediendiensten [Stand: Dezember 1998]). Zusätzlich können nach der schwer begreiflichen Regelung des § 20 II RStV Mediendienste auch dem Rundfunk zugeordnet werden, womit sie dann sozusagen beides sind: Rundfunk und Mediendienst, aber den Regulierungen des Rundfunks unterfallen.

Regelungskompetenz der Länder liegen, und andererseits zwischen Mediendiensten und sogenannten Telediensten, die in der Regelungskompetenz des Bundes liegen, außerordentlich schwierig (wenn nicht gar unsinnig). Bei Rundfunk und Mediendiensten soll es sich um Massenkommunikation und bei den Telediensten um Individualkommunikation handeln. Wegen der durch im Grundgesetz in Art. 73 Nr. 7 GG angelegten und durch das Bundesverfassungsgericht im 1. Fernsehurteil[319] ausgeformten Trennung von Telekommunikation und Rundfunk ist die Unterscheidung jedoch notwendig. Ergebnis dieser Aufgabenteilung zwischen Bund (Telekommunikation) und Ländern (Rundfunk) sind das Informations- und Kommunikationsdienstegesetz (IuKDG) und der Mediendienstestaatsvertrag bzw. der Rundfunkstaatsvertrag. Die gesetzliche Lage und die konkrete gesetzliche Ausgestaltung dieses Problemkreises werden in der Rechtswissenschaft nahezu einhellig kritisiert, weil eine Unterscheidung der Dienste kaum durchführbar ist[320].

Zweitens werden Endgeräte, die bisher ausschließlich für die Individualkommunikation konstruiert waren, multifunktional, daß heißt auch für den Empfang von Rundfunk tauglich sein. Das zeigt sich heute bereits an bestimmten Mobiltelefonen, die schon zur Internetbenutzung verwendet werden können. Da über das Internet – wie oben dargestellt – auch Radio- und Fernsehprogramme übertragen werden, wird das Mobiltelefon (ebenso wie auch ein Festnetztelefon) zum Rundfunkempfänger. Einer sinnvollen Nutzung dieser Art stehen bisher nur die sehr begrenzten Übertragungskapazitäten entgegen. Es ist aber in Zukunft durch Weiterentwicklungen bei der Datenkompression damit zu rechnen, daß sich Probleme großer Datenströme regeln lassen.

IV. Folgen für die Rundfunkregulierung

Die oben dargestellten Regulierungsziele sollen hier nicht in Frage gestellt werden, sie sind nicht in Frage zu stellen. Es ist auch in Zukunft notwendig,

---

319 BVerfGE 12, 205 [225 ff].

320 Vgl. dazu *Engel-Flechsig*, Das Informations- und Kommunikationsdienstegesetz des Bundes und der Mediendienstestaatsvertrag der Bundesländer, in: ZUM 97, 231 [237 ff]; *Gounalakis*, Der Mediendienste-Staatsvertrag der Länder, in: NJW 97, 2993 [2995]; *ders./Rohde*, Elektronische Kommunikationsangebote zwischen Telediensten, Mediendiensten und Rundfunk, in: CR 98, 487 [488 ff]; *Kröger/Moos*, Regelungsansätze für Multimediadienste, in: ZUM 97, 462 [465 ff]; *Kuch*, Der Staatsvertrag über Mediendienste, in: ZUM 97, 225 [226 ff]; *Sporn*, Vielfalt im digitalen Rundfunk, S. 34; *Waldenberger*, Teledienste, Mediendienste und die „Verantwortlichkeit" ihrer Anbieter, in: MMR 98, 124 [124 ff].

einerseits die Kommunikationsordnung zu bewahren und andererseits nichtkommunikationsbezogene Güter und Interessen vor dem Rundfunk zu schützen. Zu überprüfen sind jedoch die derzeitigen Regulierungswege. Ohne Ergebnisse im einzelnen vorwegzunehmen, läßt sich jedoch grundsätzlich feststellen, daß die bisherige Rundfunkregulierung von veralteten technischen Grundlagen ausgeht.

1. Zukünftige Notwendigkeit von imperativer Steuerung

Für die Wahrung von nichtkommunikationsbezogenen Rechtsgütern wird auch zukünftig auf imperative Steuerungsmittel in Form von Verboten nicht verzichtet werden können, da sich an den Gefährdungen durch den Rundfunk für diese Güter nichts geändert hat[321]. Auch die Notwendigkeit von diesbezüglichen rundfunkrechtlichen Sonderregeln außerhalb der allgemeinen Gesetze steht grundsätzlich außer Frage[322]. Insoweit ist kein grundlegender Reformbedarf anzunehmen.

Anders ist das jedoch für die imperative Steuerung zum Erhalt der Rundfunkordnung in Form der Marktzutrittsregulierung zu bewerten. Bereits die Zunahme der Übertragungsmöglichkeiten für den analogen Rundfunk und mit ihr das Anwachsen der Zahl von Programmen lassen erhebliche rechtliche Zweifel am bisherigen System aufkommen. Das gilt jedoch erst recht nach Einführung des digitalen Rundfunks und den mit ihm verbundenen Möglichkeiten der Übertragung von Programmen. Durch mehr Programme ist mehr Konkurrenz und dadurch mehr Markt möglich. Das bisherige System der Lizenzierung verliert mit dem Wegfall der Kapazitätsknappheiten seine Rechtfertigung[323]. Vielfalt im digitalen Rundfunk braucht nicht hergestellt zu wer-

---

[321] Ebenso *Kruse*, Konzentration und Regulierung privater Rundfunkanbieter, in: *Kohl* (Hg.), Vielfalt im Rundfunk, S. 121; *Holznagel* ZUM 99, 425 [434]; Zweifel an den Möglichkeiten diesbezüglicher Steuerung hat *Hoffmann-Riem*, Erosionen des Rundfunkrechts, S. 34.

[322] *Hoffmann-Riem*, in: *Prinz/Peters* (Hg.), Medienrecht im Wandel, S. 73; a. A. *Engel*, Medienordnungsrecht, S. 22; siehe dazu auch oben unter 2. Kapitel, A. – B. und D.I. – II., S. 44 ff und 52 ff.

[323] Ebenso *Hege*, Offene Wege in die digitale Zukunft, 1995, S. 18; *Hoffmann-Riem*, Funktionsgerechte Finanzierung der Landesmedienanstalten, in: Jahrbuch der Landesmedienanstalten 1993/94, S. 133; *ders.*, in: *Prinz/Peters* (Hg.), Medienrecht im Wandel, 96; *Kruse*, Konzentration und Regulierung privater Rundfunkanbieter, in: *Kohl* (Hg.), Vielfalt im Rundfunk, S. 113.

den. Die bisherige Marktzutrittsregulierung ist außerdem ungeeignet, die oben genannten regulatorischen Ziele[324] zu erreichen. Wettbewerb und in seiner Folge Meinungsvielfalt lassen sich auf diese Weise nicht wirksam erreichen. Das System ist unter anderem wegen seiner langen Verfahrensdauern und seiner Intransparenz zu schwerfällig und behindert damit sogar Wettbewerb[325]. Das gilt in der Konsequenz auch für Belegungs- und Kapazitätsvergaberegelungen. Wie überholt die derzeitige Gesetzeslage ist, zeigt sich eindrucksvoll bei der Einführung des digitalen terrestrischen Hörfunks T-DAB in den Bundesländern seit Ende 1998[326].

Eine notwendigerweise gewünschte Zahl von Programmen, sozusagen als Grundlage für Programmangebotsvielfalt und Ausgewogenheit, läßt sich gegebenenfalls durch „must-carry"-Regelungen[327] bewirken[328]. Wenn diese Bestimmungen jedoch neben den öffentlich-rechtlichen Programmen, für die es ohne Zweifel als einzige wirkliche Ausnahme solcher Vorschriften bedarf, auch private Programme erfaßten, dann bestehen auf Dauer wieder erhebliche Bedenken. Betrachtet man nämlich die einzelnen Übertragungsmedien und die von ihnen angebotene Programmangebotsvielfalt nicht isoliert, sondern bewertet die Programmangebotsvielfalt intermedial als Gesamtangebot aller

---

324 Siehe oben unter 3. Kapitel, I., S. 61 f.

325 Ebenso *Engel*, in: *Hoffmann-Riem/Vesting* (Hg.), Perspektiven der Informationsgesellschaft, S. 168 f.

326 So ist mangels gesetzlicher Vorgaben von den Landesmedienanstalten auf die Vorschriften zur Kapazitätsvergabe für den analogen terrestrischen Rundfunk zurückzugreifen. Das führt bei konsequenter Anwendung dazu, daß selbst bei der schlichten Weiterverbreitung eines längst für die analoge Übertragung konzessionierten Anbieters die Konzessionsvorschriften erneut geprüft werden müssen. Das ist nach dem geltenden „Sendestaatsprinzip" in jedem Fall doppelte Arbeit für die Landesmedienanstalten. Bei Fernsehveranstaltern aus dem europäischen Ausland ist dieses Verfahren allerdings rechtlich bedenklich, da nach europäischen Gemeinschaftsrecht (EG-Fernsehrichtlinie und Europaratsübereinkommen über das grenzüberschreitende Fernsehen) der in irgendeinem EU-Mitgliedsstaat lizenzierte Veranstalter grundsätzlich auch in der Bundesrepublik ohne Prüfung der rundfunkrechtlichen Zuverlässigkeit weiterzuverbreiten ist (ausführlich dazu *Eberle/Gersdorf*, Der grenzüberschreitende Rundfunk im deutschen Recht, 1993, S. 75 ff); vgl. zur Gesamtproblematik ausführlich *Sporn*, Vielfalt im digitalen Rundfunk, S. 17 f.

327 Unter „must-carry"-Regelungen sind gesetzliche Bestimmungen zu verstehen, wonach ein Netzbetreiber trotz prinzipieller Entscheidungsfreiheit hinsichtlich des Gesamtangebotes genau bezeichnete Programme einspeisen muß.

328 Eine entsprechende Regelung findet sich im Landesmediengesetz Baden-Württemberg, §§ 20, 21.

Übertragungsmedien[329], dann besteht für „must-carry"-Regelungen mit erwähnter Ausnahme kaum eine Rechtfertigung, höchstens als ultima ratio[330]. Eine intermediale Betrachtungsweise ist deswegen auch entgegen der bisher geltenden Rechtsprechung des Bundesverfassungsgerichtes zur Vielfalt im einzelnen Übertragungssystem[331] möglich, weil es das derzeit noch gültige „Entweder-Oder-Prinzip" (entweder Satellit oder Kabel oder Terrestrik) mittelfristig bis langfristig wegen der oben geschilderten technischen Bedingungen mit der digitalen Terrestrik nicht mehr geben wird[332]. Die Notwendigkeit von imperativer Steuerung wird somit insgesamt betrachtet immer geringer[333]. Das Schlagwort der Deregulierung trifft auf diesen Bereich zu, der Reformbedarf ist erheblich.

2. Zukünftige Notwendigkeit von struktureller Steuerung

An der grundsätzlichen Notwendigkeit struktureller Steuerungsmittel bestehen ebenfalls keine Zweifel. Um Wettbewerb im außenplural organisierten privaten Rundfunk auch in Zukunft zu erhalten, ist die Setzung eines Rahmens erforderlich. Ökonomische Konzentrationskontrolle zur Bewahrung ökonomischer Vielfalt als Voraussetzung für Meinungsvielfalt wird hierbei auch in Zukunft zu der zentralen Aufgabe der Rundfunkregulierung gehören. Die Existenz einer Vielzahl voneinander unabhängiger wirtschaftlicher Einheiten (das heißt die Abwesenheit von Unternehmenskonzentrationen) im Medienbereich ist grundsätzlich das zuverlässigste Strukturelement zur dauerhaften Sicherung der publizistischen Vielfalt[334]. Hinzu kommen jedoch angesichts der geschilderten Vielfaltsgefahren im digitalen Rundfunk noch weitere Gesichtspunkte zur Wahrung des erforderlichen Wettbewerbs. Der Gesetzgeber muß durch

---

329 Ausführlich dazu *Sporn*, Vielfalt im digitalen Rundfunk, S. 48 ff.

330 Sie machen eigentlich nur unter dem Gesichtspunkt der extremen Verknappung eines erschwinglichen „Grundangebots" von Rundfunk für weite Bevölkerungskreise unter dem oben ausgeführten Stichwort der finanziellen Vielfaltsgefahr einen Sinn; ähnlich *Engel*, in *Hoffmann-Riem/Vesting* (Hg.), Perspektiven der Informationsgesellschaft, S. 164.

331 BVerfGE 73, 118 [162].

332 Einzelheiten bei *Sporn*, Vielfalt im digitalen Rundfunk, S. 8 ff.

333 Hier handelt es sich offenbar um einen europäischen Trend, vgl. *Holznagel*, Rundfunkrecht in Europa, S. 247.

334 Ebenso *Kruse*, Konzentration und Regulierung privater Rundfunkanbieter, in: *Kohl* (Hg.), Vielfalt im Rundfunk, S. 104 u. 113.

strukturelle Steuerung sicherstellen, daß es keinem Wettbewerber gelingt, tatsächlich entsprechende „Bottlenecks“ auf der Programmebene oder auf der Distributionsebene zu beherrschen und so den Markt zu kontrollieren[335]. Jeder Rundfunkanbieter muß chancengleichen und diskriminierungsfreien Zugang zu den Übertragungswegen erhalten. Dies läßt sich als Offenheitssicherung oder –pflege bezeichnen, aber nicht mehr durch imperative Steuerung in Form der Marktzutrittsregulierung, sondern durch Strukturvorgaben. Bisher werden nur einige wenige diesbezügliche Regelungen im Rundfunkstaatsvertrag getroffen[336].

Die Landesmedienanstalten als Träger der Rundfunkregulierung wurden daher in gewisser Weise bereits rechtsfortbildend tätig, um irgendwie handlungsfähig zu bleiben und auf Vielfaltsgefahren praktisch reagieren zu können[337], wie sich anhand der „Vorläufigen Regeln für den chancengleichen Zugang im Zusammenhang mit dem digitalen Fernsehen“ der DLM ersehen läßt.[338] Angesichts der Bedeutung dieses Teilbereichs der Rundfunkregulierung für die Rundfunkfreiheit dürfte unter dem Blickwinkel der Wesentlichkeitstheorie dieser Zustand jedoch als auf Dauer unhaltbar anzusehen sein. Auch für diesen Bereich der Rundfunkregulierung ist im Ergebnis erheblicher Regelungsbedarf festzustellen[339]. Diese Feststellung darf allerdings nicht als Forderung nach

---

335 Ähnlich *Holznagel* ZUM 96, 16 [20].

336 Gemäß § 53 Abs. 2 RStV haben Betreiber eines solchen Systems alle Rundfunkangebote zu chancengleichen, angemessenen und nicht diskriminierenden Bedingungen in ihr Senderverzeichnis aufzunehmen. Nach Abs. 3 ist ein solcher Dienst auch anzeigepflichtig. Dennoch ist offen, welche Mittel bei einem Verstoß ergriffen werden können und nach welchen Kriterien die Dienste überhaupt zu überwachen sind.

337 Bei der Genehmigung der Bayerischen Landeszentrale für Neue Medien (BLM) für die Premiere Medien GmbH zur bundesweiten Verbreitung von sieben digitalen Programmen wurden die von der DLM erlassenen „Vorläufigen Regeln für den chancengleichen Zugang zu den Dienstleistungen im Zusammenhang mit dem digitalen Fernsehen“ Bestandteil der Sendeerlaubnis. Überhaupt wurde die Genehmigung ganz offensichtlich wegen der Vielfaltsgefahren nur unter Auflagen erteilt. Danach müssen sowohl die Vorgaben der DLM zum Jugendschutz im digitalen Fernsehen als auch die Zusagen der Premiere Gesellschafter in Bezug auf alle Dienstleistungsebenen umgesetzt werden, die für den Zugang weiterer Anbieter im digitalen Fernsehen bedeutsam sein können. Außerdem ist durch den Veranstalter zu gewährleisten, daß nach den künftigen tatsächlichen und rechtlichen Entwicklungen zum digitalen Fernsehen ergänzende Auflagen zum Jugendschutz und zur Zugangsfreiheit getroffen werden können; siehe „Verbreitung von sieben digitalen Premiere-Programmen genehmigt“, FAZ v. 24.03.1999.

338 Gem. § 53 VII RStV haben die Landesmedienanstalten nunmehr die Verpflichtung, Regelungen per Satzung zum chancengleichen Zugang zu treffen.

339 *Holznagel* ZUM 96, 16 [21]; *Weisser* ZUM 97, 877 [892 f]; in diesem Sinne wohl auch *Vesting* K&R 2000, 161 [164].

detaillierten gesetzlichen Regelungen verstanden werden. Im Gegenteil sind vom Gesetzgeber nur Strukturvorgaben gefordert, während Details auch und gerade von den Trägern der Rundfunk- und Medienregulierung durch Satzung oder Verwaltungsvorschrift geregelt werden können[340]. Dies ist deswegen notwendig, weil die Gesetzeslage durch die rasante technische Entwicklung immer vom Verfall bedroht ist[341]. Ohne weitere Normsetzungsschritte erweisen sich auch Gesetze mit einem Verweis auf außerrechtliche Referenzebenen (z. B. „Stand der Wissenschaft und Technik“) als nicht vollzugsfähig[342]. Der Gesetzgeber kann und muß sich daher auf die wesentlichen Grundentscheidungen beschränken. Anderenfalls läuft die Rundfunkordnung Gefahr, ihre Funktion zu verlieren. Dieses Problem ist auch in den Vergleichsstaaten dieser Untersuchung erkannt und in entsprechender Weise angegangen worden. Die FCC in den USA, die ITC in Großbritannien oder der CSA in Frankreich haben zum Teil sehr weitgehende Rechtsetzungsbefugnisse[343].

Notwendig erscheint damit eine Veränderung der Rundfunkregulierung in der Form, daß die ausgeprägte imperative Steuerung reduziert wird, in diesem Sinne also dereguliert wird, während zukünftig verstärkt auf die strukturelle Steuerung gesetzt werden kann und muß[344], die sich aber auf Grundentscheidungen zu beschränken hat.

---

[340] Ausdrückliche Ermächtigungen zu weitergehender Regelungsbefugnis wünschen sich die Landesmedienanstalten auch selbst, weswegen sie entsprechende geplante Änderungen am Rundfunkstaatsvertrag begrüßen, vgl. die Äußerungen des damaligen DLM-Vorsitzenden *Hochstein* in: „Geschlossen und handlungsfähig“, Funkkorrespondenz 48/98, S. 4.

[341] Deutlich hat sich dies bei der Einführung von T-DAB gezeigt, das nahezu ohne gesetzliche Grundlage oder zumindest auf dünner rechtlicher Grundlage eingeführt wurde, vgl. dazu *Ladeur*, Terrestrische Übertragungsformen für digitales Fernsehen und Hörfunk (DVB-T und DAB-T), in: MMR 99, 266 [272]; *Sporn*, Vielfalt im digitalen Rundfunk, S. 17 f.

[342] Zutreffend *Herkströter*, Werbebestimmungen für den privaten Rundfunk nach dem Rundfunkstaatsvertrag vom 31.08.1991, in: ZUM 92, 395 [396].

[343] Vgl. dazu oben unter 1. Kapitel, V.1. – III. und VI., S. 25 ff.

[344] Im Ergebnis ähnlich *Engel*, Medienordnungsrecht, S. 19.

3. Sonstige Konsequenzen

Nicht in das Schema der imperativen oder strukturellen Regulierung passen die Veränderungen, die sich weiterhin durch die technische Entwicklung „Konvergenz“ ergeben.

a) Aufgabe der strikten Trennung der Regulierungsfelder Rundfunk und Telekommunikation

Zunächst ist die strikt getrennte Regulierung von Rundfunk und Telekommunikation zu überdenken. Diese im Grundgesetz angelegte und vom Bundesverfassungsgericht im 1. Fernsehurteil[345] ausgeformte Trennung ist seitdem ein bestimmender Grundsatz im Organisationsgefüge der föderalen Ordnung der Bundesrepublik zwischen Bund und Ländern. Vor dem Hintergrund der damaligen technischen Bedingungen und dem Verhältnis vom Bund zu den Ländern ist diese Aufgabenteilung verständlich, möglicherweise auch sinnvoll gewesen. Doch heute muß über eine Revision dieses Zustandes nachgedacht werden. Die Verzahnung dieser beiden Regelungsmaterien ist bereits heute so eng geworden, daß eine klare Trennlinie nicht mehr zu erkennen ist[346].

Das ergibt sich zunächst aus der Verschmelzung der Empfangsgeräte zum „Multimedia“-Gerät sowie durch die geschilderten Schwierigkeiten, Individual- und Massenkommunikation, also Rundfunk von Mediendiensten auf der einen Seite und diese wiederum von Telediensten auf der anderen Seite zu unterscheiden. Unterschiedliche Gesetzeswerke von zwei unterschiedlichen Gesetzgebern zur Regelung von medialen Angeboten, die sich unter Umständen nur graduell unterscheiden bzw. gar nicht nachvollziehbar voneinander zu unterscheiden sind, verlieren so völlig ihren Sinn. Das gilt um so mehr, als beide Arten von Angeboten die selben Übertragungswege nutzen und in den noch bestehenden Zeiten der Kapazitätsknappheit darum konkurrieren. Aus

345 BVerfGE 12, 205 [225 ff].

346 Ebenso *Graber*, Rundfunkaufsicht am Scheideweg zwischen „Silicon Valley“ und „Durcheinandertal“, in: media lex 3/96, 136 [136]; ähnlich *Ladeur*, Rundfunkaufsicht im Multimedia-Zeitalter, in: K&R 2000, 171 [172].

diesen Gesichtspunkten ist zu hoffen, daß den Gesetzeswerken – mit welcher Begründung auch immer – nur eine kurze Lebensdauer beschieden ist[347].

Hinzu kommt aber noch ein weiterer entscheidender Aspekt: Bestimmend für das Verhältnis der Kompetenzen sollte die rein dienende Funktion der früher als Fernmeldewesen bezeichneten Telekommunikation für den Rundfunk sein. Diese dienende Funktion ist zwar sicher nicht völlig verschwunden, aber mit dem Telekommunikationsgesetz (TKG) und der Art und Weise der Regulierung des Telekommunikationsmarktes auf dem Rückzug[348], Kompetenz- und Abgrenzungsschwierigkeiten zwischen den unterschiedlichen Regulierungsbehörden sind im System angelegt. Denn die Entscheidungen auf dem Telekommunikationssektor wie Frequenzplanung und Frequenzzuweisung auf internationaler und nationaler Ebene haben zwingend erhebliche Auswirkungen auf den Rundfunkbereich. Zwar sind die Länder nach den Vorschriften des TKG[349] an den Planungen zu beteiligen, doch bei genauer Betrachtung bestehen nach der derzeitigen Gesetzeslage erhebliche verfassungsrechtliche Bedenken bezüglich des Umfangs ihrer Beteiligung. So ist unter anderem gemäß § 45 TKG eine Zustimmung der Länder durch den Bundesrat zum Frequenzzuweisungsplan nur dann erforderlich, wenn dem Rundfunk ausdrücklich Frequenzen zugewiesen werden[350]. Da jedoch jede Frequenzentscheidung zumindest indirekt auch eine den Rundfunk betreffende Entscheidung ist, bleibt es dem Bund bei der Frequenzordnung gemäß §§ 45, 46 TKG weitgehend allein überlassen zu entscheiden, wie eine Aufteilung zwischen Rundfunk und Telekommunikationsdiensten erfolgt, ob also der Rundfunk oder andere Telekommunikationsdienste bei der Nutzung der Übertragungskapazitäten bevorzugt werden[351]. Dadurch werden die Länder in ihrem Gestaltungsspielraum für

---

347 So *Kröger/Moos* ZUM 97, 462 [471]; *Gounalakis/Rhode*, Elektronische Kommunikationsangebote zwischen Telediensten, Mediendiensten und Rundfunk, in: CR 98, 487 [492].

348 Ebenso *Holznagel* ZUM 96, 16 [17]; *Weisser* ZUM 97, 877 [895 u. 897].

349 Vgl. §§ 45 – 47 TKG.

350 Vgl. § 45 I S. 2 TKG.

351 Ausführlich *Sporn*, Vielfalt im digitalen Rundfunk, S. 35 ff.; vgl. auch *Libertus*, Zur Notwendigkeit einer Neubestimmung des Verhältnisses von Rundfunk- und Telekommunikationsrecht am Beispiel der Frequenzordnung, in: ZUM 97, 702 [704]; bedenklich dagegen *Bullinger*, Verbreitung digitaler TV-Pakete in Fernsehkabelnetzen, in: ZUM Sonderheft 97, 281 [293]. Bei der Einführung des T-DAB-Regelbetriebs ist die Regulierungsbehörde rechtlich noch fragwürdiger vorgegangen. Entgegen den Bestimmungen der §§ 45, 46 TKG ist kein Frequenzzuweisungsplan und kein Frequenznutzungsplan aufgestellt worden. Die Frequenzzuteilung stützt sich daher allein auf den fortgeschriebenen Frequenzblockverteilungsplan der Schlußakte der Konferenz der Europäischen

Fußnote wird fortgesetzt

den Rundfunk beschränkt, weil sie möglicherweise auf der Ebene des Bundes getroffene Entscheidungen nur nachvollziehen können[352]. Rundfunk und Telekommunikation treten auf diese Art in eine vom Bundesverfassungsgericht nicht gewollte Konkurrenz.

Wie es zu dieser Entwicklung kommen konnte, liegt auf der Hand. Die Telekommunikationsdienste werden vom Gesetzgeber als reines Wirtschaftsgut angesehen, die entsprechenden Frequenzplanungen als strukturelle Wirtschaftssteuerung. Eine entsprechende rein wirtschaftliche Betrachtungsweise verbietet sich jedoch für den Rundfunk wegen seiner oben ausführlich dargestellten Bedeutung für die Meinungsbildung. Die Sichtweise der Regulierungsbehörde kann sich naturgemäß auch nur auf ihren Aufgabenbereich beschränken, bei dem der Rundfunk nur eine äußerst untergeordnete Rolle spielt. Die föderale Rundfunkaufsicht muß sich dagegen mit den Entscheidungen der Regulierungsbehörde letztlich abfinden. Sie hat zusätzlich die Schwierigkeit, daß sechzehn Bundesländer und fünfzehn Landesmedienanstalten nicht zwingend immer mit einer Stimme sprechen und somit durch Uneinigkeit und Abstimmungsdiskussionen untereinander an Einfluß und Bedeutung verlieren. Das Problem könnte sich unter Umständen verschärfen, wenn auf das Belegungsregime der Landesmedienanstalten verzichtet würde und die Netzbetreiber die Belegung völlig frei vornehmen könnten, das heißt letztlich nach rein ökonomischen Gesichtspunkten auswählten[353]. Soll der Rundfunk nicht auf Dauer faktisch der Telekommunikation untergeordnet und reines Wirtschaftsgut mit den damit verbundenen Gefahren werden, dann ist hierfür ein Umdenken in der bisher strikt getrennten Regulierung der beiden Materien erforder-

---

Post- und Telekommunikationsverwaltungen (CEPT) über T-DAB (Besondere Vereinbarungen der CEPT), Wiesbaden 1995 (vgl. Entscheidung der Präsidentenkammer, in: Amtsbl. d. RegTP. 19/98 v. 30.09.1998, Vfg. 110 (Abschnitt Regeln und Eckpunkte, Ziffer 1 [Grundsätzliches]). Zu den konkreten Ergebnissen der Planungskonferenz vgl. *Lehnert*, Bericht über die CEPT-Planungskonferenz zur Einführung von DAB in Europa vom 3.-21./22. Juli 1995 in Wiesbaden, 1995 u. *ders.*, Ergebnisse der CEPT-Planungskonferenz (2) zur Einführung von T-DAB in Europa vom 7./8. November 1996 in Bonn, 1997). Hierbei handelt es sich um einen internationalen Vertrag, dem die Bundesrepublik zugestimmt hat. Die Länder waren zwar an der Planungstagung beteiligt und haben dem Vertrag in Protokollen ihr Einverständnis gegeben. Doch diese Länderbeteiligung entspricht weder den Vorschriften des TKG, noch ist die Länderbeteiligung mit diesen gleichwertig. Vgl. zum Ganzen *Sporn*, Vielfalt im digitalen Rundfunk, S. 40 f.

352 *Libertus* ZUM 97, 702 [705].

353 Ebenso *Eberle* GRUR 95, 790 [792].

lich[354]. Die bestehende Aufgabenteilung und die komplett getrennte Organisation ist als nicht mehr sachgerecht und daher als erheblich reformbedürftig anzusehen[355]. In welcher Form an eine Neustrukturierung zu denken ist, soll an dieser Stelle noch offen bleiben[356].

Mit Blick auf die oben dargestellten Rundfunkaufsichtskonzepte in den europäischen Vergleichsstaaten ist zusätzlich festzustellen, daß nur in Großbritannien ebenso wie in der Bundesrepublik eine strikte Trennung zwischen der Regulierung der Telekommunikation und des Rundfunk in Form zweier Aufsichtsbehörden (ITC und OFTEL) besteht. In Frankreich und Italien haben CSA und vor allem die AGCOM als jüngste Aufsichtsbehörde in Europa zumindest teilweise die Kompetenz zur Regulierung beider Regelungsfelder. Es läßt sich unter anderem anhand der AGCOM in Europa der Trend ausmachen, die Regulierung von Telekommunikation und Rundfunk in einer Hand zusammenzuführen[357]. In den USA hatte die FCC dagegen schon immer auch die Aufsicht über den Telekommunikationssektor.

b) Gleiche Regulierung für die Übertragungsmedien

Das Verwischen der klassischen Grenzen zwischen Rundfunk und Telekommunikation, die Zunahme der Übertragungsmöglichkeiten und eine intermediale Vielfaltsbewertung erfordern, daß in Zukunft völlig auf eine getrennte Behandlung der unterschiedlichen Übertragungsmedien verzichtet wird. Es besteht für Sonderregelungen, wie es sie derzeit für die Terrestrik und das Kabel gibt (auch wenn sie sich zunehmend annähern), angesichts der Verände-

---

354 Auch in Großbritannien mit seiner Trennung in Rundfunk- und Telekommunikationsaufsicht wird die getrennte Regulierung als Problem angesehen, weil die Gefahr bestehe, „daß der Rundfunk zur Nebensache verkommt“, siehe *Redley*, in: *Bundeskanzleramt-Verfassungsdienst* (Hg.), „Audiovisuelle Medien und Behörden“, S. 20.

355 Ebenso *Engel*, in: *Hoffmann-Riem/Vesting* (Hg.) Perspektiven der Informationsgesellschaft, S. 158; *Holznagel/Daufeld* CR 98, 151 [156]; *Kruse*, Konzentration und Regulierung privater Rundfunkanbieter, in: *Kohl* (Hg.), Vielfalt im Rundfunk, S. 115, insb. Fn. 22; siehe auch *Scherer*, Telekommunikationsrecht und Telekommunikationspolitik, 1985, S. 264 ff.

356 Siehe dazu unten 4. Kapitel, I. 5. d) cc)., S. 116 ff.

357 Ein weiteres Beispiel dafür ist das Bundesamt für Kommunikation (BAKOM) der Schweiz.

rungen keine Rechtfertigung mehr[358]. Regulierung hat nicht mehr bei den Übertragungsmedien anzusetzen, sondern ausschließlich an den Inhalten, das heißt, sie hat programm- bzw. dienstbezogen zu sein[359]. Wenn Regulierung auf dem Gebiet des Rundfunks und der elektronischen Medien auch zukünftig wirksam sein soll, dann muß sie flexibel sein können und ausschließlich bei der Art des Angebots und nicht beim Medium bzw. ebensowenig an anderen sich schnell ändernden technischen Gegebenheiten ansetzen[360]. Diese Notwendigkeit zeigt deutlich auch die Entwicklung, Stromnetze für (Massen- und Individual-) Kommunikation nutzen zu wollen.

c) *Von der reinen Rundfunkregulierung zur Regulierung aller elektronischer Medien*

Digitalisierung, Kapazitätsvervielfachung, neuartige Übertragungswege und Konvergenz haben unter anderem auch dazu geführt, daß neben den klassischen Rundfunk neuartige mediale Angebote getreten sind. Diese sind – wie bereits oben erwähnt – entweder Mediendienste oder Teledienste. Während die Teledienste für die individuelle und öffentliche Meinungsbildung keine ausschlaggebende Rolle spielen und wegen ihrer Konzeption auch nicht spielen werden, dürfte sich die Bedeutung der Mediendienste absehbar anders entwickeln. Mit der Zunahme neuartiger, insbesondere auch der über das Internet übertragenen Angebote, werden diese immer mehr an Bedeutung für die Informationsbeschaffung gewinnen. Mit der steigenden Nutzungsdauer dieser Angebote sinkt die des Rundfunks. Entsprechende Untersuchungen bestätigen diese Annahmen[361].

Damit ist allerdings nicht gesagt, daß durch diese Entwicklung zwingend auch der Einfluß des Rundfunks auf die Meinungsbildung sinkt. Offenbar läßt sich sogar durch die „Online-Angebote“ der Rundfunkveranstalter das Interesse an

---

358 Anders wird die Problematik jedoch immer noch in den USA und Großbritannien gesehen. Das hat aber mit dem geringen Ausbau des Kabelnetzes und dem damit geringen Interesse der Medienwirtschaft zu tun.

359 Siehe dazu auch *Hoffmann-Riem*, Erosionen des Rundfunkrechts, S. 26.

360 Ebenso *Holoubek*, in: *Bundeskanzleramt-Verfassungsdienst* (Hg.), „Audiovisuelle Medien und Behörden“, S. 44 f = ZUM 99, 665 [669 f].

361 Die Zeit vor dem Fernseher wird um so kürzer, desto länger jemand im Internet surft, vgl. Umfrage des Forsa-Instituts v. August 1998, zitiert nach: Online today v. 24.09.1998, S. 38; ebenso sinkt offenbar auch die Nutzung des Radios als Informationsquelle, vgl. „Wie sich die Deutschen informieren“, FAZ v. 07.09.1998.

ihren Programmen noch steigern[362]. Das bedeutet, daß die neuen elektronischen Dienste eine insbesondere für das Fernsehen ergänzende und nicht ersetzende Funktion einnehmen (können). Gleichzeitig werden sich diese Angebote mit dem Fortschreiten der technischen Entwicklung dem klassischen Rundfunk (und dieser teilweise den neuen Diensten[363]) als Form annähern[364] und zukünftig möglicherweise mit ihm in Programmpaketen/-bündeln vermarktet werden. Schließlich sind sie durch die technische Konvergenz durch dieselben Geräte empfangbar.

Doch obwohl dies so ist, existiert eine getrennte Regulierung dieser Angebote. Für den Rundfunk gilt der Rundfunkstaatsvertrag und für die Mediendienste der Mediendienstestaatsvertrag. Für beide Bereiche gelten somit eigenständige Rechtsregeln mit unterschiedlichen Anforderungen und Folgen. Dies verursacht angesichts der geschilderten Entwicklung ein wenig Unbehagen, das offenbar auch den Gesetzgeber erfaßt hat. Anders ist es nicht zu erklären, daß die Länder als Rundfunkgesetzgeber in § 2 Abs. 1 S. 3 in Verbindung mit § 20 Abs. 2 RStV in einer Art gesetzlichen Kurzschlusses bestimmt haben: „Wenn und soweit Mediendienste dem Rundfunk zuzuordnen sind, bedürfen Anbieter solcher Dienste einer Zulassung nach Landesrecht." Das bedeutet, daß Mediendienste, selbst wenn sie unter § 2 Abs. 2 MStV fallen, auch Rundfunk sein können und konsequenterweise in einem solchen Fall auch den Gewährleistungen und Regelungen des Rundfunks unterliegen müssen[365]. Damit ist das eigentlich zwischen den unterschiedlichen medialen Angeboten vorgesehene Stufenverhältnis durchbrochen. Schlußfolgerung kann daraus auch angesichts der Abgrenzungsschwierigkeiten nur sein, daß dieses schon im Ansatz wenig Sinn macht[366]. Richtig ist allerdings der Gedanke, der Bedeutung bestimmter Dienste für die Meinungsbildung gerecht zu werden. Damit scheidet ein Ver-

---

[362] Das ist ein Ergebnis der ARD/ZDF-Online-Studie, vgl. *van Eimeren/Gerhard/Oehmichen/Schröter*, ARD/ZDF-Online-Studie 1998: Online-Medien gewinnen an Bedeutung, in: MP 98, 423 [431 f].

[363] Ebenso *Bullinger*, Multimediale Kommunikation in Wirtschaft und Gesellschaft, in: ZUM 96, 749 [751].

[364] Siehe zu den sich ändernden Präsentationsformen auch *Holznagel* ZUM 96, 16 [17].

[365] Ein Mediendienst kann damit prinzipiell gleichzeitig Mediendienst und Rundfunk sein. Das ist eine seltsame konstruktive Zwitterstellung, die rechtlich eigentlich keine ist, da ein mediales Angebot, das unter den Rundfunkbegriff des Rundfunkstaatsvertrages fällt, Rundfunk ist. Anders mag man das nur unter Zugrundelegung des verfassungsrechtlichen Rundfunkbegriffs sehen, der durch seine weitere Fassung Mediendienste erfaßt, vgl. ausführlich *Jarass* AfP 98, 133 [133 ff].

[366] A. A. wohl *Hoffmann-Riem*, Rundfunkrecht im Wandel, in: *Fünfgeld/Mast*, Massenkommunikation, S. 271.

zicht auf Regulierung dieser Dienste aus. Das gilt vor allem auch deswegen, weil sie den selben Vielfaltsgefahren wie der Rundfunk unterliegen. Vielmehr ist daher an eine Aufgabe der getrennten Regulierung dieser medialen elektronischen Angebote zu denken.

Es ist zu überlegen, den engen rundfunkstaatsvertraglichen Rundfunkbegriff[367] weiter zu fassen zu einem Medienbegriff für Rundfunk und elektronische mediale Angebote. Dazu gehört konsequenterweise auch, die diesem Begriff zugrunde liegende Rundfunkfreiheit des Art. 5 Abs. 2 S. 1 GG als eine Art Kommunikationsgrundrecht für alle elektronischen medialen Angebote zu begreifen[368]. Den Weg dazu hat das Bundesverfassungsgericht bereits geebnet, indem es feststellte, daß sich der verfassungsrechtliche Rundfunkbegriff nicht abschließend definieren lasse. Sein Gehalt könne sich vielmehr bei tatsächlichen Veränderungen in dem von Art. 5 Abs. 1 S. 2 GG geschützten Sozialbereich wandeln. Solle die Rundfunkfreiheit unter den Bedingungen raschen technischen Wandels ihre normative Kraft bewahren, dann dürfe bei der Bestimmung von Rundfunk nicht nur an bereits Eingeführtes angeknüpft werden. Anderenfalls könne sich die grundrechtliche Gewährleistung nicht auf jene Bereiche erstrecken, in denen gleichfalls die Funktion des Rundfunks, wenn auch mit neuen Mitteln, erfüllt würde[369]. Das kann angesichts der aufgezeigten Veränderungen nur bedeuten, daß die Zeiten einer auf den klassischen Rundfunk beschränkten Regulierung vorbei sind. Sollen die mit ihr angestrebten Regulierungsziele auch in Zukunft erreicht werden, ist eine gemeinsame Regulierung aller elektronischen medialen Angebote mit Auswirkungen für die individuelle und öffentliche Meinungsbildung erforderlich.

V. Von der Rundfunkkontrolle zur Medienaufsicht

Die Folgen der geschilderten Entwicklungen und technischen Veränderungen haben zwangsläufig erhebliche Auswirkungen auf die bestehenden Träger der Rundfunkregulierung, also im wesentlichen auf die Landesmedienanstalten.

---

367 Ausführlich zur unterschiedlichen Weite der Rundfunkbegriffe im Grundgesetz und im Rundfunkstaatsvertrag *Gersdorf*, Der verfassungsrechtliche Rundfunkbegriff, S. 73 ff.

368 Ebenso *Weisser* ZUM 97, 877 [897 f]; *Sporn*, Vielfalt im digitalen Rundfunk, S. 56 f; im Gedanken ähnlich *Jarass* AfP 98, 133 [140]; zweifelnd *Bullinger* JZ 96, 385 [386 f]; siehe auch zu den denkbaren Änderungen des Rundfunkbegriffs *Pieper/Wiechmann* ZUM 95, 82 [82 ff]; vgl. ausführlichst zum Rundfunkbegriff die Referate und Beiträge in *Dittmann/Fechner/Sander*, Der Rundfunkbegriff im Wandel der Medien.

369 BVerfGE 83, 238 [302]; siehe auch BVerfGE 74, 297 [350 f].

Zwar werden sie auch zukünftig dieselben Regulierungsziele verfolgen. Doch mit den Veränderungen der Regulierungsmittel verlagern sich auch die Aufgabenschwerpunkte. Die fortschreitende Deregulierung durch Abbau vor allem der Marktzutrittsregulierung zu mehr Marktrundfunk mit seinem Mechanismus der Selbstregulierung sorgt zwangsläufig für eine Verringerung, absehbar für einen Wegfall der Aufgaben der Landesmedienanstalten auf diesem Gebiet. Damit wird erkennbar eine der arbeitsintensivsten und von ihren Ergebnissen her umstrittensten Aufgaben wegfallen. Gleichzeitig fallen den Trägern der Rundfunkaufsicht im Rahmen der strukturellen Steuerung neue Aufgaben zu, die in erster Linie mit den aus dem Marktrundfunk resultierenden Vielfaltsgefahren zu tun haben. Sie sind im wesentlichen dadurch gekennzeichnet, daß sie eben nicht Zugang regulieren, sondern für Offenheit und Chancengleichheit zu den Übertragungswegen für Rundfunk und sonstigen „Bottlenecks" sorgen. Diese Aufgabe ist für das Funktionieren der Rundfunkordnung unverzichtbar[370], wenn auch zweifelsohne schwieriger erfolgreich durchzusetzen, da gerade die bisherige Marktzutrittsregulierung in Form der Lizenzierungen ein außerordentlich scharfes Regulierungsmittel war.

Mit dieser Verlagerung des Aufgabenschwerpunkts geht allerdings kein Bedeutungsverlust für die Landesmedienanstalten einher. Vielfalt wird im digitalen Rundfunk zwar nicht mehr herzustellen, dafür aber zu bewahren sein. Die Erfüllung dieser Aufgaben gilt es durch Institutionen wie die Landesmedienanstalten sicherzustellen. Ein Wandel ist allerdings in folgendem zu sehen: Die Träger der Rundfunkregulierung werden keine Kontrolleure im bisherigen Sinne mehr sein. Die Rundfunkaufsicht wird insbesondere durch den Wegfall der Lizenzierung zu einer reinen Mißbrauchsaufsicht. Durch das oben ausführlich dargestellte Hinzukommen neuer elektronischer medialer Angebote, die sich einerseits – wenn überhaupt – nur unter Schwierigkeiten vom Rundfunk unterscheiden lassen und andererseits mit dem Rundfunk um dieselben Übertragungskapazitäten konkurrieren, muß sich zusätzlich auch das Aufgabenfeld der bisherigen „Rundfunkaufsicht" erweitern. Sie muß sich von einer auf den Rundfunk beschränkten Einrichtung zu einer (Mißbrauchs-) Aufsicht für alle elektronischen medialen Angebote wandeln. Angesichts der oben aufgezeigten Notwendigkeit, die strikte Trennung der Regelungsmaterien Rundfunk und Telekommunikation zu überdenken, muß sich die Aufsichtskompetenz sowohl auf die Dienste mit Bedeutung für die individuelle und öffentliche Meinungsbildung (Massenkommunikation) als auch – zumindest begrenzt – für die Individualkommunikation beziehen.

---

[370] Vgl. dazu bereits oben 3. Kapitel, IV. 2., S. 72 f.

Festzuhalten ist damit, daß auch die bisherigen Träger der Rundfunkregulierung einem erheblichen Wandel unterzogen werden müssen. Inwieweit aus diesen Veränderungen auch Konsequenzen für die Organisation der zukünftigen Medienaufsicht zu ziehen sind oder ob sich solche bereits aus anderen Gründen ergeben, ist im folgenden zu untersuchen.

VI. Reformbedürftigkeit der Organisation der Rundfunkaufsicht

Mit den vorangegangenen Überlegungen sind die wesentlichen Grundlagen der Rundfunkregulierung, ihrer Veränderungen und ihrer Auswirkungen auf die Rundfunkaufsicht dargestellt worden. Damit ist die Reformbedürftigkeit der bestehenden Rundfunkaufsicht allerdings noch nicht vollständig untersucht. Offen ist die Frage nach der Reformbedürftigkeit der Organisation der Rundfunkaufsicht.

Ohne Vergleich in Europa ist in Deutschland die Vielfalt von insgesamt 23 mit Rundfunkaufsicht im weiteren Sinne befaßten Institutionen und Gremien[371]. Diese Situation folgt auch aus der Zuständigkeit der einzelnen Länder für den Rundfunk. Lediglich in Großbritannien gibt es nicht nur eine allzuständige Zentralbehörde wie in Frankreich, Italien und den USA, sondern noch weitere Gremien wie die Radio Authority und die Broadcasting Standard Commission. Der Grund hierfür liegt aber natürlich nicht im Föderalismus, sondern in organisatorischen Überlegungen. Die Vielfalt der Rundfunkaufsicht in Deutschland führt jedoch zu erheblichen Problemen.

1. Problem der länderübergreifenden Zusammenarbeit

Das zentrale Problem einer jeden auf Ländergrenzen beschränkten Rundfunkordnung ist, daß Grenzüberschreitung bei Hörfunk und Fernsehen systemimmanent ist. Mit den Worten des Bundesverfassungsgerichtes heißt das: „Funkwellen halten sich nicht an Ländergrenzen."[372] Das gilt heute aber nicht nur für die terrestrische Übertragung, sondern ebenso für die Satelliten- und die Kabelübertragung. Hinzu kommt, daß nicht nur die Technik, sondern auch

---

[371] Vgl. zu den Institutionen und Gremien oben unter 1. Kapitel, III. 1. – 3, S. 6 ff.

[372] BVerfGE 12, 205 [251].

der Markt (mit Ausnahmen) grenzüberschreitend ist und erst recht die Programmveranstalter länderübergreifend tätig sind. Daraus entsteht die Notwendigkeit, länderübergreifende Sachverhalte gemeinsam zu regeln, was im wesentlichen auf der Basis des Rundfunkstaatsvertrages durch die vier dafür geschaffenen Gremien geschieht[373] bzw. von den gemeinsamen Stellen, Arbeitsgruppen und Arbeitskreisen vorbereitet wird[374].

Diese notwendige Zusammenarbeit ist jedoch naturgemäß zeitraubend, aufwendig[375] und kann im Ergebnis nicht verhindern, daß die Landesmedienanstalten als die wichtigsten Institutionen der Rundfunkaufsicht längst nicht immer an einem Strang ziehen und die Grenzen der Kooperationsbereitschaft schnell offensichtlich werden. Das hat sich in der Vergangenheit besonders an den Lizenzierungsentscheidungen für bundesweite Fernsehveranstalter gezeigt, die teilweise ohne Abstimmung mit den anderen Landesmedienanstalten, bzw. ohne überhaupt mehrheitliches Einvernehmen zu erzielen, aus standortpolitischen Erwägungen etc. zugelassen wurden[376]. Meinungsverschiedenheiten dieser Art gipfelten in Klagen der Landesmedienanstalten gegeneinander[377].

Umgekehrt haben sich die Rundfunkveranstalter bei der Wahl der zulassenden Anstalt davon leiten lassen, wo sie bei der Prüfung – beispielsweise der gesellschaftlichen Beteiligungsverhältnisse oder bei der Programmüberwachung –

---

373 Die ALM, die Direktorenkonferenz, die Gremienvorsitzendenkonferenz, die Gesamtkonferenz, vgl. zu ihnen ausführlich oben 1. Kapitel, III. 2. a), S. 14 ff.

374 Vgl. zu diesen oben unter 1. Kapitel, III. 2. a) aa), S. 15.

375 Vgl. auch *Geppert*, Europäischer Rundfunkraum und nationale Rundfunkaufsicht, S. 119 f; zu den Koordinierungsproblemen vgl. schon *Wagner*, Die Landesmedienanstalten, S. 132 ff; *Ladeur*, Probleme der Koordination der Aufsicht über private Rundfunkveranstalter, in: AfP 89, 717 [717 ff].

376 Vgl. *Hess* AfP 97, 680 [681], der dies als „Windhundprinzip" bezeichnet; *Engel* AfP 94, 185 [189] spricht von „standortpolitischem Kuhhandel" und *Stock*, Medienkonzentration und föderative Rundfunkaufsicht, in: NWVBl. 94, 321 [324], beschreibt es als „standortpolitisch motivierter landesstaatlicher Eifer"; siehe auch *Geppert*, Europäischer Rundfunkraum und nationale Rundfunkaufsicht, S. 120; *Hoffmann-Riem*, Erosionen des Rundfunkrechts, S. 47; siehe auch *Bertelsmann-Stiftung*, Kommunikationsordnung 2000, Grundsatzpapier der Bertelsmann-Stiftung, 1997, S. 30.

377 Ein Beispiel hierfür ist der Streit um die Zulassung des Deutschen Sportfernsehens durch die Bayerische Landeszentrale für neue Medien, gegen die die Medienanstalt Berlin-Brandenburg erfolgreich geklagt hat, vgl. BVerwG AfP 97, 742 [742 ff]; die vorangegangenen Entscheidungen in dieser Sache sind VG München epd/kifu, 43/94, 12; BVerfG NVwZ-RR 93, 549; BayVerfG ZUM 93, 304; BayVGH ZUM 93, 296; VG München ZUM 93, 294.

den geringsten Widerstand zu erwarten hatten und haben[378]. Es festzuhalten, daß die Landesmedienanstalten instrumentalisiert wurden und sich teilweise mit sachfremden Erwägungen sogar freiwillig haben instrumentalisieren lassen[379]. Mit der Einführung der KEK und der KDLM weiteten sich die Kooperations- und Koordinationsprobleme umgehend auf diese Gremien aus. Über die für die Rundfunkanbieter positiven Möglichkeiten hinaus, aus der Kompetenzvielfalt Vorteile zu erhalten, ist die Zersplitterung in ihrer bestehenden Form im internationalen Zusammenhang aber auch als Gefahr für den Standort Deutschland und somit als Wettbewerbsnachteil für deutsche Medienunternehmen zu sehen[380]. Diese Situation ist auf Dauer untragbar und schon dieser Grund bedingt eine Reform des Systems der Organisation der Rundfunkaufsicht.

2. Problem der Konzentrationskontrolle

Das Problem der Zusammenarbeit hat sich jedoch auch auf die Konzentrationskontrolle ausgewirkt. Die Kompetenzzuweisung der Aufsicht über die bundesweiten Fernsehprogrammveranstalter an die aufsichtführende Landesmedienanstalt durch den 1. und 2. Rundfunkstaatsvertrag mit dem damit zusammenhängenden Standortwettbewerb[381] war neben den komplizierten Regeln dieser Staatsverträge Ursache dafür, daß die Aufsicht nach wohl allgemeiner Ansicht, sogar nach dem Eingeständnis der Landesmedienanstalten selbst[382], nicht funktioniert hat[383]. Mit dem 3. Rundfunkänderungsstaatsvertrag haben die Landesmedienanstalten diese Kompetenz als ei-

378 Vgl. dazu auch *Hess* AfP 97, 680 [681]; *Kübler*, Medienkonzentrationskontrolle im Streit, in: MP 99, 379 [381].

379 Ebenso *Kruse*, Konzentration und Regulierung privater Rundfunkanbieter, in: *Kohl* (Hg.), Vielfalt im Rundfunk, S. 115.

380 Beispielsweise könnten Fernseh-Programmanbieter ihren Sitz auch im benachbarten europäischen Ausland nehmen, um von dort nach Deutschland zu senden. Sie müßten in Deutschland nach den Vorschriften der EG-Fernsehrichtlinie weiterverbreitet werden. Siehe auch *Hoffmann-Riem*, Erosionen des Rundfunkrechts, S. 58; *VPRT*, Rahmenkonzept für eine Medienordnung 2000plus, S. 23; zum Problem der Umgehung von Rundfunkordnungen siehe unten unter 5. Kapitel, V. 2. b), S. 168 ff.

381 So *Kübler* MP 99, 379 [381].

382 Siehe den Rechenschaftsbericht der Hamburgischen Anstalt für neue Medien für das Haushaltsjahr 1996, 1996, S. 26.

383 Vgl. nur *Hess* AfP 97, 680 [681].

genständige Aufgabe an die KEK verloren. Doch dieses Gremium wird wieder nur als Wanderorgan[384] der beispielsweise für die Lizenzierung zuständigen Landesmedienanstalt tätig und ist damit in gewisser Weise wieder in das System der Medienzulassung und –aufsicht der 15 Landesmedienanstalten eingebunden[385]. Die KEK ersetzt nichts, sondern wurde als weiteres Gremium zu der Vielzahl der bestehenden hinzugefügt.

Wegen der im wesentlichen fehlenden Eigenständigkeit der KEK sind erneut Abstimmungsprozesse notwendig. Maßnahmen, die zu einer eigenen Identität bzw. zu einem eigenständigem Profil der KEK führen könnten, werden von den Landesmedienanstalten scharf kritisiert.[386] Die KEK werde in diesen Fällen nicht als Organ tätig und handele damit letztlich ohne gesetzlichen Auftrag. Hinzu kommt, daß zur KEK noch als „Revisionsinstanz"][387] die KDLM hinzu kommt, die Entscheidungen der KEK wieder aufheben kann. Hier sind Auseinandersetzungen, wie sie sich auch bald nach Einsetzung der beiden Einrichtungen ergeben haben[388], vorprogrammiert. Es darf bezweifelt werden, daß dieses System auf Dauer sinnvoll ist und daher Bestand hat und dadurch tatsächlich eine Verbesserung und „Professionalisierung der Konzentrationskontrolle"[389] geglückt ist[390]. Allerdings dürfte eine Rückkehr zum alten System noch weniger wünschenswert sein[391].

3. Problem der Programmaufsicht

Die Programmaufsicht der Landesmedienanstalten ist auf Stichproben und auf Hinweise aus den Reihen der Nutzer beschränkt. An diesem Grundproblem

---

[384] Begriff von *Hess* AfP 97, 777 [777].

[385] Vgl. dazu *Dörr* MP 98, 54 [56].

[386] Siehe z. B. „DLM fühlt sich von der KEK übergangen", in: epd medien v. 22.01.2000, S. 13 f.

[387] So *Clausen-Muradian*, Konzentrationskontrolle im privaten Rundfunk, in: ZUM 96, 934 [942].

[388] Siehe dazu *Kübler* MP 99, 379 [379 ff]; zum Problem der Haftung der KEK siehe *Bamberger*, Haftung der Konzentrationswächter gegenüber den Landesmedienanstalten, in: AfP 2000, 313 [131 ff].

[389] So die Zielvorgabe nach der amtlichen Begründung zu § 35 RStV, abgedruckt u. a. bei *Hartstein/Ring/Kreile/Dörr/Stettner*, Rundfunkstaatsvertrag, Bd. II, C-0.3, § 35.

[390] Zweifelnd auch *Neft* ZUM 99, 97 [104]; *Hess* AfP 97, 777 [784].

[391] Zutreffend *Kübler* MP 99, 379 [384].

wird sich auch in Zukunft nichts ändern können, weil der dazu erforderliche Aufwand unverhältnismäßig wäre. Es darf daher auch angesichts der insgesamt geringen Anzahl von Verstößen gegen Programmvorschriften bestritten werden, daß es einer laufenden Aufsicht bedürfte. Jedoch ist die Möglichkeit der Programmbeschwerde nur wenigen bekannt[392]. Erst recht ist für Außenstehende nicht ersichtlich, welche der 15 Landesmedienanstalten für welchen bundesweiten Fernsehanbieter zuständig ist. Die Landesmedienanstalten haben bisher nicht annähernd die Funktion und Bedeutung, wie sie – bei allen Mängeln – der Deutsche Presserat hat. Weiterhin ist die Programmaufsicht zwischen den Landesmedienanstalten mit Ausnahme von einigen auf Ebene der DLM getroffenen Absprachen weitgehend unkoordiniert. Gegensätzliche Entscheidungen sind damit vorprogrammiert, Unsicherheiten bei den Programmveranstaltern die Folge. Nur ein Beispiel von vielen ist der mittlerweile abgeschlossene Streit um die Frage des Brutto-/Nettoprinzips bei Werbeunterbrechungen[393].

4. Kosten

Die Vielfalt der Rundfunkaufsicht hat schließlich ihren hohen Preis. Die zwei Prozent der Rundfunkgebühren, die den Landesmedienanstalten jährlich zur Verfügung stehen, bringen insgesamt rund 223 Millionen Mark ein[394]. Einerseits ist dies eine insgesamt hohe Summe für Aufsicht über den privaten Rundfunk. Andererseits handelt es sich nach offenbar übereinstimmender Ansicht der zuständigen Landesrechnungshöfe dabei um mehr Finanzmittel, als zur Aufgabenerfüllung tatsächlich erforderlich wäre[395]. Damit widerstehen gerade

[392] Das beklagt zu Recht das Mitglied der Niedersächsischen Landesmedienanstalt *Vultejus*, siehe *Vultejus*, „Zwei wären genug“, in: FAZ v. 19.07.1999.

[393] Mit der Neufassung des § 44 des Rundfunkstaatsvertrages durch den 4. Rundfunkänderungsstaatsvertrag wurde das Brutto-Prinzip für Werbeunterbrechungen eingeführt. Der EuGH hatte zuvor den Streit über die Anwendung des Brutto-Prinzips nach der EG-Fernsehrichtlinie durch den Sender ProSieben, wogegen die ARD geklagt hatte, entschieden. Danach gilt das Brutto-Prinzip, wobei die EU-Mitgliedstaaten trotzdem das Nettoprinzip vorschreiben können; siehe EuZW 2000, 81 mit Anmerkung *Dörr*; zur Problematik siehe auch *Lercara/Scheuer*, Im Prinzip „brutto“?, in: ZUM 99, 719 [719 ff].

[394] Details über Haushalte und Mitarbeiterzahlen der einzelnen Landesmedienanstalten in: „Landesmedienanstalten kosten 223 Millionen DM im Jahr“, FAZ v. 08.02.1999.

[395] Siehe „Landesmedienanstalten kosten 223 Millionen DM im Jahr“, FAZ v. 08.02.1999; für die NLM siehe „Rechnungshof: Landesmedienanstalten zusammenlegen“, in: Nord-Report v. 18.05.2000.

die Landesmedienanstalten bzw. die Rundfunkaufsicht generell dem allgemein anerkannten und geforderten Trend zur Verwaltungsreform mit schlankeren und transparenteren Strukturen. In Anbetracht dieser Feststellungen und unter Berücksichtigung der notwendigen Sparmaßnahmen der öffentlichen Kassen sind auch die Kosten der zersplitterten Aufsicht ein weiterer Grund, Reformbedürftigkeit anzunehmen.

5. Schlußfolgerungen

Die „Vielfalt" der mit Rundfunkaufsicht befaßten Institutionen und Gremien in ihren bestehenden Form ist keine Vielfalt, sondern tatsächlich nur eine Vielzahl. Durch die Zersplitterung können die anstehenden Aufgaben nur unter Schwierigkeiten erledigt werden. Die derzeitige Organisation führt zu gegenseitiger Behinderung auf allen Gebieten. Sie ist dadurch ineffektiv[396], ihre Arbeit wenig transparent und Entscheidungsprozesse zu langwierig. Für Nichtfachleute sind die Struktur und die Zuständigkeiten der Rundfunk- und Medienaufsicht in Deutschland so gut wie nicht mehr durchschaubar. Der Vorschlag aus den Reihen der Landesmedienanstalten, deswegen eine „Clearing- und Servicestelle" zu schaffen[397], ist kein wirklich ernstzunehmender Vorschlag zur Verbesserung, sondern das getarnte Eingeständnis eines nicht mehr hinnehmbaren Zustands. Gerade in Zeiten eines sich immer schneller ändernden Ordnungsgegenstandes ist jedoch eine flexible und effektive Aufsicht notwendig und verfassungsrechtlich gefordert. Dazu kommt ein gewaltiger Verwaltungsapparat mit erheblichen Kosten, der heute schon nicht mehr gerechtfertigt und angesichts der sich verändernden Aufgaben erst recht nicht mehr akzeptabel ist. Im Hinblick auf die geschilderten Veränderungen für die Medienregulierung durch die Digitalisierung und Konvergenz sind Zweifel angebracht, ob der verfassungsrechtliche Auftrag zur Sicherung von Angebotsvielfalt auch in Zukunft wirksam erfüllt werden kann. Die Rundfunkaufsicht in Deutschland ist im Ergebnis schon aus jedem einzelnen der geschilderten Gründe und erst recht in ihrer Gesamtheit reformbedürftig.

---

[396] Das räumen die Landesmedienanstalten sogar selbst ein, vgl. die Äußerungen des früheren DLM-Vorsitzenden *Hochstein* in: „Geschlossen und handlungsfähig", Funkkorrespondenz 48/98, S. 6.

4. Kapitel: Organisation einer zukünftigen Aufsicht über den privaten Rundfunk

Während über eine grundsätzliche Reformbürftigkeit der Aufsicht über den privaten Rundfunk in Deutschland sowohl in organisatorischer Hinsicht als auch bezüglich der Aufgabenzuweisungen annähernd Übereinstimmung herrscht, gehen die Ansichten über das „Wie" weit auseinander[398].

Überlegungen zu einer Reform der Organisation der Aufsicht über den privaten Rundfunk haben sich an den dargestellten Zielen von Rundfunk- bzw. Medienaufsicht, insbesondere an der Sicherung der freien individuellen und öffentlichen Meinungsbildung auszurichten. Das Ergebnis ist daran zu messen, ob es – entsprechend des verfassungsrechtlichen Gebots – zu einer effektiven Medienaufsicht führt und vor allem zu einer Verbesserung im Vergleich zur bestehenden Struktur.

Bei der Frage nach einer Neuorganisation der Aufsicht lassen sich verschiedene Modelle konstruieren[399]. Diese können grob dadurch unterschieden werden, daß sie entweder eine Weiterentwicklung der bisherigen Struktur sind oder einen völligen organisatorischen Neuanfang darstellen[400], der dann allerdings

---

397 So der ehemalige DLM-Vorsitzenden *Hochstein* in: „Geschlossen und handlungsfähig", Funkkorrespondenz 48/98, S. 6.

398 Siehe dazu bereits oben die Einführung, S. 1, und dort insbesondere die Nachweise in Fn. 5.

399 Erste Anhaltspunkte hierfür bietet die Studie der Unternehmensberatung *Booz Allen & Hamilton* im Auftrag der Bertelsmann Stiftung, Aufsicht auf dem Prüfstand, 1999, S. 4 ff und *Scherer/Hölscher*, Gestaltungsspielräume für eine Reform der Organisation der Telekommunikations- und Medienaufsicht unter dem Grundgesetz, S. 36 ff, sowie *Holznagel*, Mischungsverhältnis, in: epd medien v. 09.12.2000. S. 8 ff.

400 Nicht weiter Gegenstand dieser Untersuchung soll ein Organisationsvorschlag von *Koenig*, Regulierungsoptionen für die Neuen Medien in Deutschland, in: Beilage zu MMR 12/1998, S. 1 ff und *ders./Röder*, Plädoyer zur Überwindung der zersplitterten Aufsicht über neue Informations- und Kommunikationsmedien, in: K&R 98, 417 [420 ff] sein, weil er die in dieser Arbeit betrachtete Rundfunkaufsicht so gut wie nicht erfaßt. Nach Koenigs Konstruktion soll die bisherige Aufsichtsstruktur aus Landesmedienanstalten und Regulierungsbehörde durch eine zentrale Länderanstalt mit der Bezeichnung „Länderbüro Neue Medien" (siehe Beilage MMR 12/98, S. 12 ff), die für Mediendienste und Teledienste zuständig sein soll, ergänzt werden. Die Zuständigkeit für die Teledienste, die nach der bisherigen Rechtslage beim Bund liegt und daher im Teledienstegesetz geregelt ist, soll an die Länder abgegeben werden, um die vorgeschlagene einheitliche Behörde für die neuen Medien zu ermöglichen (vgl. Beilage MMR 12/98, S. 9). Dieser Or-

Fußnote wird fortgesetzt

nach der derzeitigen Rechtslage verfassungsrechtlich bedenklich, wenn nicht sogar ausgeschlossen ist.

I. Weiterentwicklung der bisherigen (föderalen) Strukturen

Auf der Grundlage der bestehenden föderalen Strukturen sind eine Vielzahl von Modellen für eine Neuorganisation der Rundfunk- bzw. Medienaufsicht denkbar. Im folgenden sollen nur die Grundstrukturen derjenigen Modellvarianten untersucht werden, die sich deutlich voneinander unterscheiden lassen und die auch – zumindest vereinzelt – diskutiert werden.

1. Modell 1: Aufwertung der DLM

Zunächst ließe sich als am wenigsten einschneidende Möglichkeit einer Reform an eine grundsätzliche Beibehaltung der bisherigen föderalen Struktur in der Form denken, daß es zwar bei der Organisation in 15 selbständige Landesmedienanstalten bliebe, aber die Kompetenzen von Kooperationsgremien gestärkt werden. Hier kommt vor allem die DLM[401] in Betracht.

---

ganisationsvorschlag ist sicherlich eine Verbesserung für Anbieter neuer elektronischer Medien, da er Kompetenzabgrenzungen zwischen den Aufsichtsinstitutionen erleichtert. Jedoch werden diese Abgrenzungen auch nicht überflüssig, so daß es auch bei diesem Modell bei Unsicherheiten bleibt. Das gilt auch dann, wenn man im Sinne Koenigs die Definitionen und Abgrenzungskriterien für Rundfunk, Mediendienste und Teledienste änderte (vgl. Beilage MMR 12/98, die Ausführungen auf den S. 2 - 9). Angesichts der fortschreitenden Konvergenz der Angebote (siehe dazu oben unter 3. Kapitel, III. 3., S. 67 ff) ist ohnehin fraglich, ob es dauerhaft bei einer Differenzierung bleibt. Eine sektorspezifische Aufsicht erscheint hierbei als ein verfehlter Regulierungsansatz. Bedenklich ist letztlich auch, daß die deutsche Aufsichtsvielfalt mit diesem Modell erneut vergrößert, die Zersplitterung dadurch zementiert würde. Diesem Modell, dem keine ersichtlichen rechtlichen Umsetzungshindernisse entgegenstehen, dürfte daher allerdings auch politisch kaum Verwirklichungschancen einzuräumen sein. Zustimmend für den Vorschlag *Holznagel* ZUM 99, 425 [435].

401 So der Vorschlag der Landesmedienanstalten selbst, in: Positionspapier der ALM „Medienregulierung im Wandel – Zum Rang und zur Rolle der Landesmedienanstalten" v. 23.03.1999, Abschnitt 2.3.2; ebenso *Kleist*, Die Zusammenarbeit der Landesmedienanstalten im europäischen Kontext, in: ZUM 95, 266 [267]; siehe auch *Hartstein/Ring/Kreile/Dörr/Stettner*, Rundfunkstaatsvertrag, Bd. II, C-0.3, § 38, Rdnr. 2.

a) Konstruktion

Die Befugnisse dieses Gremiums könnten auf Gebieten mit besonderer überregionaler Bedeutung, die auch eine einheitliche Bewertung erfordern, von Empfehlungs- zu Entscheidungskompetenzen verbessert werden. Zu diesen Bereichen wären im wesentlichen die Lizenzierung von bundesweiten Rundfunk- bzw. gegebenenfalls Diensteanbietern[402], Fragen des Jugendschutzes und der Werbung sowie der diskriminierungsfreie Zugang zu den Übertragungsmedien bzw. generell die Offenheitspflege[403] zu zählen. Auf diesen Gebieten müßten allerdings umgekehrt die einzelnen Landesmedienanstalten Entscheidungskompetenzen zu Gunsten dieses Kooperationsgremiums abgeben bzw. müßte der entsprechende Landesgesetzgeber ihnen solche entziehen. Verbunden wäre damit zwangsläufig ein Machtzuwachs für die Direktoren der Landesmedienanstalten im Verhältnis zu den in der Regel plural zusammengesetzten Versammlungen bzw. Medienräten. Damit die DLM auch wirklich arbeitsfähig wäre, müßte sie ihre Entscheidungen nach dem einfachen Mehrheitsprinzip fällen können. Im Falle des Einstimmigkeitsprinzips wäre damit zu rechnen, daß sie sich selbst blockiert.

Mehr als zweifelhaft wäre bei diesem Modell, ob es dann eigentlich noch der KDLM bedürfte, da diese personalgleich mit der DLM wäre, so daß die formale Abschaffung der KDLM und die ausdrückliche Übertragung der Kompetenzen an die DLM sinnvoll erschiene. Problematisch wäre dann auch das Verhältnis dieser DLM zur KEK. Die Stellung der KEK im Aufsichtsgefüge wäre deutlicher als bisher zu bestimmen, und sie müßte klar umrissene Kompetenzen bekommen, die sie von der DLM abgrenzen, um Kompetenzgerangel und Zuständigkeitsdiskussionen, wie sie das Verhältnis zwischen Landesmedienanstalten/KDLM und KEK prägen[404], zu vermeiden.

---

402 Soweit überhaupt am Lizenzierungserfordernis für vor allem Rundfunk auch zukünftig festgehalten wird, was abzulehnen ist; siehe dazu bereits oben unter 3. Kapitel, IV. 1., S. 70 ff.

403 Siehe dazu oben unter 3. Kapitel, IV. 2., S. 72 ff.

404 Siehe auch die Anspielungen in: Positionspapier der ALM „Medienregulierung im Wandel – Zum Rang und zur Rolle der Landesmedienanstalten“ v. 23.03.1999, Abschnitt 2.3.2, sowie die Äußerungen des früheren DLM-Vorsitzenden *Hochstein* im Funkkorrespondenz-Interview, „Geschlossen und handlungsfähig“, Funkkorrespondenz 48/89, S. 9; zu den „Spannungen“ auch *Bumke*, Die Klagebefugnis der Landesmedienanstalten und das Gebot der präventiven Konzentrationskontrolle, in: ZUM 98, 121 [127].

b) Rechtliche Umsetzung

Eine Umsetzung dieses Modells müßte durch eine Änderung des Rundfunkstaatsvertrages erfolgen[405]. Verfassungsrechtliche Bedenken sind bei dem begrenzten Ausmaß der Reform nicht ersichtlich.

c) Bewertung und Einschätzung der politischen Machbarkeit

Mit diesem Modell wäre auf den Gebieten der Behandlung bundesweiter Rundfunkanbieter in den oben aufgezählten Sachbereichen eine Verbesserung bei der Gleichbehandlung, Verfahrensbeschleunigung und Effektivität zu erwarten. Langwierige und vom Ergebnis her unsichere Abstimmungsprozesse zwischen den Landesmedienanstalten mit den Problemen der Standortpolitik in diesen Teilbereichen fielen weg. An den Grundproblemen der bisherigen Aufsicht würde sich jedoch nichts wirklich entscheidendes ändern. Es bliebe die grundsätzliche Zersplitterung der Aufsicht mit all ihren Problemen auch bei Reduzierung um eine Stelle (KDLM). Das Aufsichtsproblem der konvergierenden Regulierungsfelder Rundfunk und Telekommunikation bliebe ungeklärt und in dem Zusammenhang auch die Frage der Regulierung der elektronischen Medienangebote in ihrer Gesamtheit, da sich dieses Modell nur auf den Rundfunk im klassischen Sinne beziehen kann. Es bliebe Rundfunkaufsicht und würde nicht Medienaufsicht. Im Ergebnis wäre wohl eine Verbesserung zur bisherigen Struktur anzunehmen – allerdings auf niedrigem Niveau. Die Probleme, die sich aus dem Phänomen der Konvergenz ergeben, blieben allerdings weitgehend ungeklärt.

Die Chancen für die Umsetzung dieses Modells und einen entsprechenden politischen Willen dazu dürften wegen weitergehender Forderungen nach Reformen als relativ gut zu bewerten sein. Ernsthafter und dauerhafter politischer Widerstand ist angesichts der grundsätzlich nur geringen und wenig einschneidenden Änderungen an der Struktur der Aufsicht nicht zu erwarten. Nicht zu unterschätzen ist für die politische Machbarkeit schließlich, daß die Landesmedienanstalten selbst in ihrem Positionspapier einheitlich ein ähnli-

---

[405] Dies nur über eine Selbstbindung der Landesmedienanstalten zu erreichen, wie es die ALM u. a. in ihrem Positionspapier vorschlägt (siehe vorhergehende Fn.), was aber abzulehnen ist. Dieses System wäre zu instabil. Das Ausscheren einer Landesmedienanstalt brächte es zum Zusammenbruch. Angesichts der Streitigkeiten und Meinungsverschiedenheiten in der Vergangenheit vor allem vor dem Hintergrund der Durchsetzung von Länder- und Standortinteressen wäre damit jederzeit zu rechnen.

ches Modell vorgeschlagen haben, was auf die politischen Entscheidungsträger nicht ohne Eindruck bleiben dürfte.

2. Modell 2: Regionale Neugliederung der Landesmedienanstalten

Als weitere Variante bei der Reform der Rundfunk- bzw. Medienaufsicht kommt eine regionale Neugliederung der Landesmedienanstalten in der Form in Frage, daß – wie teilweise vergleichbar mit den ARD-Rundfunkanstalten – Mehrländeranstalten geschaffen werden.

a) Konstruktion

Ein erster Ansatz für eine regionale Neugliederung war die Gründung der Medienanstalt Berlin-Brandenburg. Ein Zusammenschluß der Landesmedienanstalten der fünf norddeutschen Länder Bremen, Niedersachsen, Hamburg, Schleswig-Holstein und Mecklenburg-Vorpommern ist Ende 1999 zum wiederholten Male an der Absage Niedersachsens gescheitert[406], obwohl die Länder erst Mitte 1999 auf Veranlassung ihrer Ministerpräsidenten eine Arbeitsgruppe eingesetzt hatten, um Wege zu einem Zusammenschluß der nördlichen Landesmedienanstalten zu einer Behörde zu prüfen[407]. Nach dem Vorbild der Pläne der Nordstaaten (und begrenzt Berlin-Brandenburgs) ließe sich an eine Neugliederung zu insgesamt fünf Landesmedienanstalten denken[408]. Neben der Zusammenfassung der Landesmedienanstalten der fünf benannten Nordstaaten ließe sich überlegen, daß die Länder Berlin, Brandenburg, Sachsen-Anhalt und Thüringen, die Länder Sachsen und Bayern, die Länder Hessen und Nordrhein-Westfalen, die Länder Rheinland-Pfalz, Saarland und Baden-Württemberg je eine gemeinsame Landesmedienanstalt errichten. Die Ein-

---

406 Vgl. „Medienanstalt bleibt solo“, HAZ v. 05.11.1999.

407 Vgl. „Norddeutsche Medienanstalt steht weiterhin zur Diskussion“, Funkkorrespondenz 20/99, S. 17 f. Im Jahr 1997 waren die Pläne für einen Zusammenschluß erstmals gescheitert; siehe „Thema“, Magazin des DJV-Landesverbandes Niedersachsen, Nr. 3 v. 20.08.1997, S. 2.

408 Das Mitglied der Versammlung der Niedersächsischen Landesmedienanstalt *Vultejus* hält sogar nur zwei für ausreichend, eine für Nord- und Ostdeutschland in Berlin und eine für Süddeutschland in München, vgl. *Vultejus*, „Zwei wären genug“, FAZ v. 19.07.1999.

richtung von Regionalbüros für den lokalen bzw. regionalen Rundfunk oder entsprechende Dienste in den beteiligten Ländern erscheint bei dieser Form der Neugliederung nicht erforderlich. Darüber hinaus würde es bei der übrigen institutionellen Rundfunk- und Telekommunikationsaufsicht bleiben.

b) Rechtliche Umsetzung

Zur Verwirklichung dieses Modells wären Staatsverträge zwischen den Ländern erforderlich, die eine gemeinsame Landesmedienanstalt einrichten wollen. Vorbild ist hier der Staatsvertrag zwischen den Ländern Berlin und Brandenburg[409]. Ein solcher Staatsvertrag dürfte nicht nur Regeln zur Organisation der Anstalt enthalten, sondern müßte darüber hinaus auch alle sonstigen rundfunkrechtlichen Bereiche (von Lizenzierung bis Kabelbelegung) organisieren und bestimmen. Denn für die Arbeit der Behörde ist eine einheitliche Rechtsgrundlage erforderlich; Raum für eigenständige Landesmediengesetze besteht dann nicht mehr. Das gilt grundsätzlich auch für die Frage der Rechtsaufsicht und der Anwendung eines Verwaltungsverfahrensgesetzes der beteiligten Länder. Die Anstalt könnte zur Vereinfachung der organisationsrechtlichen Konstruktion als solche eines Bundeslandes behandelt werden, wodurch auch das anzuwendende Verwaltungsverfahrensgesetz bestimmt wäre. Verfassungsrechtliche Bedenken gegen dieses Modell bestehen nicht.

c) Bewertung und Einschätzung der politischen Machbarkeit

Mit der Reduzierung der Anzahl der Landesmedienanstalten würde die Rundfunkaufsicht in Deutschland zunächst ein wenig überschaubarer, da sich die Zahl der Gremien und Institutionen auf 13 verringerte. Weiterhin wäre mit einer deutlichen Verbesserung der Abstimmungsprozesse sowohl zwischen den einzelnen Landesmedienanstalten in grenzüberschreitenden Angelegenheiten (beispielsweise bei der Kabelbelegung für gemeinsame Kommunikationsräume) als auch auf der gesamtdeutschen Ebene (DLM, ALM, Gremienvorsitzende, Gesamtkonferenz) zu rechnen. Es käme zwangsläufig zu einer Vereinheitlichung des Medienrechts der jeweilig beteiligten Länder im Staats-

---

[409] Staatsvertrag über die Zusammenarbeit zwischen Berlin und Brandenburg im Bereich des Rundfunks v. 29.02.1992; Berlin GVBl. 1992, S. 150, Brandenburg GVBl. 1992, S. 142.

vertrag[410]. Das führte zu einer gesteigerten Übersichtlichkeit und Rechtsklarheit für die Rundfunkanbieter. Bei der vorgeschlagenen regionalen Aufteilung (oder natürlich auch bei einer vergleichbaren) wäre weiterhin das medienpolitische Gewicht der Anstalten ausgewogener als es bisher der Fall ist; eine deutliche Dominanz einer Anstalt und der hinter ihr stehenden Länder wäre nicht so sehr zu befürchten. Mit diesem Modell dürfte auch ein erhebliches finanzielles Einsparpotential verbunden sein. Das ergibt sich zunächst rein praktisch aus einer zwangsläufig verringerten Mitarbeiterzahl und nur einem Behördensitz mit entsprechend weniger Fixkosten. Weiterhin folgt dies aber auch zwangsläufig aus den Regeln des Rundfunkfinanzierungsstaatsvertrags, wonach eine gemeinsame Anstalt vier Millionen Mark weniger als Sockelbetrag bekäme als die fünf Anstalten einzeln[411]. Im Grundsatz bleiben jedoch die Abstimmungsprobleme für bundesweit zu regelnde Problemkreise wie Lizenzierung bundesweiter Veranstalter, Jugendschutz und Werbung etc. bestehen. Im übrigen ergäben sich dieselben Defizite wie auch im vorherigen Modell. Auch dieses Reformmodell bliebe reine Rundfunkaufsicht.

Die politische Machbarkeit ist kritisch einzuschätzen, wie sich schon am Scheitern der Pläne der norddeutschen Länder zeigt. Die Gründe sind der generell fehlende politische Wille[412], der seine Ursache in der Angst vor dem Verlust medien- und standortpolitischer Bedeutung hat[413] (sog. Kompetenzegoismen[414]) und die Frage, wie das „pluralistische" Hauptorgan zu besetzen wäre, insbesondere mit wievielen Politikern bzw. den Parteien nahestehenden

---

410 Diese Vereinheitlichung des Medienrechts ist offenbar ein Ziel bei den Plänen für die Fusion der Nordanstalten, siehe „Stärker in der Gemeinschaft", journalist 6/99, S. 7.

411 Das ist ein Kritikpunkt der Hamburgischen Anstalt für neue Medien (HAM), siehe „Norddeutsche Medienanstalt steht weiter zur Diskussion", Funkkorrespondenz 20/99, S. 17. Gem. § 10 I RFinStV erhält jede Landesmedienanstalt einen Sockelbetrag von einer Millionen Mark, bisher also fünf Millionen Mark für alle fünf. Bei einer Zusammenlegung der Nordanstalten würde sich dieser zwangsläufig um ein Fünftel auf eine Million Mark verringern. Das würde allerdings erst nach drei Jahren passieren, da gem. § 10 II RFinStV eine gemeinsame Landesmedienanstalt noch drei Jahre lang den Betrag erhält, den die einzelnen Landesmedienanstalten zusammen ausgezahlt bekommen hätten.

412 Siehe z. B. für die Medienanstalt der Nordländer: „Norddeutsche Medienanstalt steht weiter zur Diskussion", Funkkorrespondenz 20/99, S. 18; „Hickhack um Fusion der Medienaufsicht", Neue Presse (Hannover) v. 04.08.1999.

413 Standortpolitische Einwände machen besonders auch die Medienanstalten selbst geltend, vgl. Positionspapier der HAM zur Frage der Gründung einer norddeutschen Medienanstalt, Beschluß des Vorstandes v. 14.07.1999; S. 10 ff; „HAM hält Gründung einer norddeutschen Medienanstalt für wenig sinnvoll", in: AfP 99, 344 [344].

414 Begriff von *Geppert*, Europäischer Rundfunkraum und nationale Rundfunkaufsicht, S. 143.

Institutionen aus welchen Ländern gegen welche Entschädigung. Hinzu kommt für den Fall, daß sich – wie im Fall der Nordländer – nur einige Bundesländer für eine Reform entschließen und ihre Landesmedienanstalten zusammenschließen, die Befürchtung, an Einfluß vor allem in der DLM zu verlieren. Denn ohne Änderung der Geschäftsordnung würde sich die Stimmenzahl der zusammengeschlossenen Länder auf eine in dem Gremium verringern[415]. Die Chancen dieses Modells sind daher offensichtlich nur dann gut, wenn sich alle Bundesländer gleichzeitig für eine Umsetzung entschieden und parallel Probleme des Einflusses in gemeinsamen Gremien etc. regelten.

3. Modell 3: Einrichtung eines Kommunikationsrates

Ein weiteres die bisherige Aufsichtsstruktur lediglich ergänzendes Modell wäre die Schaffung eines Kommunikationsrates als neuem Gremium für die Lösung von Koordinationsproblemen zwischen den Landesmedienanstalten und der Regulierungsbehörde für Telekommunikation[416].

a) Konstruktion

Dieses Gremium müßte sich aus Vertretern der Landesmedienanstalten und der Regulierungsbehörde sowie gegebenenfalls des Bundeskartellamtes zusammensetzen. Vorbild könnte die britische „Dreiergruppe" sein. Diese setzt sich zusammen aus Gesandten der ITC, der OFTEL und zusätzlich des Office for Fair Trading (Amt für Wettbewerbsfragen und Verbraucherschutz)[417]. Einen Ansatz für ein solches Gremium gibt es bereits mit der „digitalen Arbeitsgruppe" aus Vertretern der Landesmedienanstalten, der Regulierungsbehörde

---

[415] Ein entsprechender Einwand erfolgte auch durch die HAM für die Nordländer, in: „Norddeutsche Medienanstalt steht weiter zur Diskussion", Funkkorrespondenz 20/99, S. 17.

[416] So wohl ein Vorschlag des nordrhein-westfälischen Ministerpräsidenten *Clement*, siehe „Fusion der Medienaufsicht", in: journalist 10/98, S. 6; ähnlich auch *Holznagel*, Rechtsprobleme der Konvergenz von Rundfunk und Telekommunikation, in: Beilage MMR 9/1998, S. 12 [17] u. *ders.*, Vernetzt, in: epd medien 31/32/99, S. 3 [7 f].

[417] Siehe *Redley*, in: *Bundeskanzleramt-Verfassungsdienst* (Hg.), „Audiovisuelle Medien und Behörden", S. 17.

und dem Bundeskartellamt[418]. Gegenstand der Arbeit eines Kommunikationsrates wären Fragen im Schnittbereich zwischen Rundfunk und Telekommunikation. Der Rat hätte jedoch keine eigenen Entscheidungskompetenzen, sondern könnte nur Absprachen treffen, an die sich die Beteiligten im Wege der freiwilligen Selbstbindung halten.

b) Rechtliche Umsetzung

Einer besonderen gesetzlichen Grundlage bedürfte ein solcher Kommunikationsrat nicht zwingend. Es ließe sich lediglich daran denken, einerseits eine Regelung in den Rundfunkstaatsvertrag aufzunehmen, wonach ein gemeinsames Koordinationsgremium mit der Regulierungsbehörde gebildet wird, und andererseits eine entsprechende Bestimmung in das Telekommunikationsgesetz einzufügen. Verfassungsrechtliche Bedenken bestünden bei dieser Lösung nicht. Sollte der Kommunikationsrat allerdings mit eigenen Entscheidungskompetenzen ausgestattet werden, dann wäre das als eine Form der Mischverwaltung zwischen Bund und Ländern anzusehen, die verfassungsrechtlich außerordentlich bedenklich wäre[419]. Ansonsten ließe sich dieses Gremium grundsätzlich auch auf einer reinen Verwaltungsebene bilden. Dann hätte es allerdings mehr den Charakter einer Gesprächsgruppe, wie das bei der „digitalen Arbeitsgruppe“ der Fall ist.

c) Bewertung und Einschätzung der politischen Machbarkeit

Der Kommunikationsrat würde sicherlich eine Verbesserung des Verhältnisses zwischen Landesmedienanstalten und Regulierungsbehörde bewirken und zu einer besseren Verzahnung und Abstimmung der Entscheidungsprozesse führen. Die generelle Notwendigkeit eines solchen Gremiums ist bei nicht weitergehender Reform daher nicht von der Hand zu weisen. Dennoch würde der ohnehin schon institutionell überfrachteten Aufsicht in Deutschland noch ein

---

[418] Siehe den Hinweis auf die „digitale Arbeitsgruppe“ im Diskussionsbeitrag von *Henle*, in: *Bundeskanzleramt-Verfassungsdienst* (Hg.), „Audiovisuelle Medien und Behörden“, S. 22.

[419] Vgl. *Degenhart*, Staatsrecht I, 13. Auflage, 1997, Rdnr. 144 a; diese Problematik soll an dieser Stelle nicht weiter vertieft werden. Siehe dazu ausführlich unten 4. Kapitel, II. 1. g) aa), S. 137 f.

weiteres Gremium hinzugefügt, das letztlich keine eigenen Kompetenzen hätte. Dasselbe Ergebnis würde sich ebenso ohne neuartiges Gremium durch mehr oder weniger regelmäßige Kontakttreffen zwischen den Beteiligten erreichen lassen [420]. An den aufgezeigten strukturellen Problemen der Rundfunkaufsicht würde sich schließlich nichts ändern.

Letztlich ist für die ausdrückliche Schaffung eines völlig neuen Gremiums ohne Veränderung der sonstigen Aufsichtsstruktur kein überzeugender übergreifender politischer Wille erkennbar. Eines solchen Willens bedarf es für die Begründung von Gesprächs- und Kontaktgruppen dagegen nicht, da dies im Ermessen der Landesmedienanstalten im Rahmen ihres Selbstverwaltungsrechts bzw. im Ermessen der Regulierungsbehörde im Rahmen ihrer Organisationsgewalt liegt.

4. Modell 4: Kombination der Modelle 1 und 2 („Kombinationsmodell")

Es ist vorstellbar, die beiden oben unter I. und II. dargestellten Modelle zu kombinieren.

a) Konstruktion

Für ein solches „Kombinationsmodell" müßten die Landesmedienanstalten in oben beschriebener Form bei gleichzeitiger Aufwertung der DLM neu gegliedert werden.

b) Rechtliche Umsetzung

Verfassungsrechtliche Bedenken bestehen – wie oben bereits festgestellt – nicht.

---

[420] Das haben die Landesmedienanstalten offenbar auch bereits initiiert, vgl. Positionspapier der ALM „Medienregulierung im Wandel – Zum Rang und zur Rolle der Landesmedienanstalten" v. 23.03.1999, Abschnitt 2.3.4.

c) Bewertung und Einschätzung der politischen Machbarkeit

Dieses Modell wäre bereits als verhältnismäßig einschneidender Reformschritt anzusehen. Mit ihm würden sich die oben beschriebenen positiven Aspekte der beiden Modelle kombinieren lassen. Es wäre mit einem erheblichen Maß an Rechtsvereinfachung bzw. -vereinheitlichung und Verfahrensbeschleunigung und damit Effektivitätsverbesserung zu rechnen. Die gesamte Aufsichtsstruktur würde deutlich transparenter. Zusätzlich dürfte das Einsparungspotential nicht unerheblich sein. Jedoch ist auch hierbei festzustellen, daß das Problem der Behördenvielfalt für Rundfunkaufsicht letztlich nur verringert und nicht beseitigt wird. Es bleibt die Notwendigkeit, sich in bestimmten Sachfragen abzustimmen, mit allen geschilderten Problemen, die damit verbunden sind. Letztlich bliebe auch dieses Modell nur eine Rundfunkaufsicht.

Ob sich aber dieses Modell politisch verwirklichen läßt, muß aus den oben für die jeweiligen Modellvarianten dargestellten Gründen außerordentlich vorsichtig beurteilt werden. In der Kombination dieser Modelle würde den Ländern ein noch größerer Reform- und Kompromißwille abverlangt werden, der so generell nicht erkennbar ist.

5. Modell 5: Gemeinsame Anstalt der Länder („Ländermedienanstalt")

Das am meisten diskutierte Modell zur Reform der Rundfunkaufsicht ist das einer zentralen Institution. Jedoch sind einerseits die für diese Variante verwendeten Bezeichnungen uneinheitlich[421] und andererseits weichen die Vor-

[421] Die Bezeichnung reichen von „Bundesmedienanstalt" (vgl. *Tabbara* ZUM 96, 378) über „Länderanstalt für die Medienaufsicht" (vgl. *Scherer/Hölscher*, Gestaltungsspielräume, S. 4) bzw. „Medienanstalt der Länder" (vgl. *Verheugen*, Wesen und Wirken der Rundfunkgremien in Deutschland, in: *Berg* (Hg.), Rundfunk-Gremien in Deutschland, S. 130) bis hin zu „Kommunikationsrat" (vgl. Positionspapier der ALM „Medienregulierung im Wandel – Zum Rang und zur Rolle der Landesmedienanstalten" v. 23.03.1999, Abschnitt 2.3.1.2) bzw. „Medien- und Kommunikationsrat" (so die IG Medien, vgl. „IG Medien: Konzept zu Medien- und Kommunikationsrat", in: Funkkorrespondenz 22/99, S. 16); siehe auch *Hartstein/Ring/Kreile/Dörr/Stettner*, Rundfunkstaatsvertrag, Bd. II, C-0.3, § 38, Rdnr. 2, sowie *Kreile*, Kompetenz und kooperativer Föderalismus im Bereich des Kabel- und Satellitenrundfunks, 1986, S. 289 ff, der von „Ländersatellitenanstalt" spricht.

stellungen bezüglich der Konstruktion voneinander ab[422]. Während die unterschiedlichen Bezeichnungen für dieselbe Sache juristisch weniger bedeutend sind, muß hinsichtlich der beiden unterschiedlichen Konstruktionsvarianten streng unterschieden werden. Zunächst ist daher eine gemeinsame Anstalt der Länder genauer zu untersuchen. Vorbild für gemeinsame Einrichtungen der Länder ist beispielsweise die Zentralstelle für die Vergabe von Studienplätzen (ZVS)[423].

a) Konstruktion

Im Unterschied zu Modell 1 hätte diese Variante die grundsätzliche Auflösung der Landesmedienanstalten und die Übertragung der Aufgaben und Kompetenzen auf eine zentrale Institution zur Folge. Lediglich Angelegenheiten des lokalen und regionalen Rundfunks und entsprechender Dienste sowie Offener Kanäle, die möglicherweise unter die Kompetenz der Anstalt fallen, lassen einen völligen Verzicht auf Regionalbüros bzw. Außenstellen und damit einer Art „Verwaltungsunterbaus" als nicht sinnvoll erscheinen. Die Kompetenzen dieser Regionalbüros müßten aber klar eingegrenzt sein, um dieses Modell nicht wieder zu konterkarieren. Dies dürfte am besten zu erreichen sein, wenn ihre Gründung nicht aufgrund von Landesmediengesetzen erfolgte, sondern ebenfalls im Rundfunkstaatsvertrag geregelt würde. Es ist auch nicht ersichtlich, daß ein solches Regionalbüro in jedem Bundesland erforderlich ist. Zu denken wäre an eine regionale Verteilung wie sie im Modell 2 für die Neugliederung der Landesmedienanstalten ins Auge gefaßt worden ist.

Eine Notwendigkeit für die Institution der KEK (die KDLM fiele zwangsläufig weg) bestünde nicht mehr. Sie könnte zeitgleich aufgelöst werden; ihre Aufgaben gingen auf die Länderanstalt über. Im Gegensatz zu den vorangegangenen Modellen, die im wesentlichen nur eine Weiterentwicklung der bisherigen Situation darstellen, ist diese Variante eine völlige organisatorische

---

422 Während die einen von einer gemeinsamen Einrichtung der Länder ausgehen (so u.a. Gestaltungsoption 2 von *Scherer/Hölscher*, Gestaltungsoptionen, S. 4), sehen andere diese Institution als Bund-/Länder-Konstruktion (so u. a. die Vorstellung der IG Medien, vgl. „IG Medien: Konzept zu Medien- und Kommunikationsrat", in: Funkkorrespondenz 22/99, S. 16); siehe auch die Konstruktion bei *Kreile*, Kompetenz und kooperativer Föderalismus im Bereich des Kabel- und Satellitenrundfunks, S. 289 ff.

423 Vgl. Staatsvertrag über die Vergabe von Studienplätzen v. 04.04.1973, Hessisches GVBl. I 1973, S. 135.

Reformierung. Es daher notwendig, detaillierter als bei den anderen Modellen auf Fragen der Organisation und Aufgaben einzugehen.

b) Stellung im Staatsaufbau

Das Bundesverfassungsgericht hat – wie bereits oben festgestellt – für eine Rundfunkaufsicht bzw. eine Medienaufsicht über private Veranstalter so gut wie keine ausdrücklichen Vorgaben gemacht. Allerdings wirken sich die allgemeinen Strukturprinzipien für die Rundfunkordnung auch auf die Aufsicht aus, da diese Teil der Ordnung ist. Die Prinzipien, die zur Organisation der Landesmedienanstalten geführt haben, beanspruchen auch Geltung für eine Ländermedienanstalt, da sich an den Grundlagen, d. h. vor allem an der Bedeutung des Rundfunks, nichts geändert hat.

Bei der Ländermedienanstalt muß es sich um eine rechtsfähige Anstalt des öffentlichen Rechts mit dem Recht auf Selbstverwaltung handeln. Eine organisatorische Ausgliederung aus dem staatlichen Verwaltungsaufbau ist eine notwendige Voraussetzung zur Wahrung der Staatsfreiheit. Diese schließt eine beherrschende Einflußnahme des Staates und damit eine Wahrnehmung dieser Aufgabe in staatlicher Verantwortung aus[424]. Der Staat darf nur eine beschränkte Rechtsaufsicht ausüben. Eine Fachaufsicht, die zu einem ins einzelne gehende Weisungsrecht führen würde, ist wegen der gebotenen Staatsfreiheit ausgeschlossen[425].

Bei einer Ländermedienanstalt stellt sich dann die Frage, wer die Rechtsaufsicht ausüben soll. Das hängt wiederum davon ab, in welcher Weise die Anstalt begründet ist. Zwei Möglichkeiten dafür gibt es: Erstens, die Ländermedienanstalt wird – wie bei der ZVS[426] – zu einer Einrichtung ihres Sitzlandes. Die anderen Bundesländer übertragen diesem ihre diesbezüglichen Kompeten-

---

424 BVerfGE 73, 118 [165 u. 183 ff]; *Gersdorf*, Staatsfreiheit des Rundfunks in der dualen Rundfunkordnung der Bundesrepublik Deutschland, 1991, S. 114 f; siehe auch *Hoffmann-Riem*, Personalrecht der Rundfunkaufsicht, 1991, S. 80 f; *Hesse*, Rundfunkrecht, S. 214, Rdnr. 15.

425 Zur Rechtslage für die Landesmedienanstalten, die auf die Ländermedienanstalt übertragbar ist *Hesse*, Rundfunkrecht, S. 221, Rdnr. 31; *Martin* ZUM 93, 515 [515 ff]; *Knothe/Wanckel* DÖV 95, 365 [368 ff].

426 Vgl. Art. 3 Staatsvertrag über die Vergabe von Studienplätzen v. 04.04.1973, Hessisches GVBl. I 1973, S. 135.

zen[427]. Das hätte den Vorteil, daß dadurch die Bediensteten zu solchen des Sitzlandes würden. Auch die Frage nach dem anzuwendenden Verwaltungsverfahrensrecht ergäbe sich auf diese Weise zwangsläufig. Beteiligungsmöglichkeiten und -rechte der übrigen Bundesländer könnten durch Einvernehmenserfordernisse gewahrt werden. Oder zweitens, es wird ein eigenständiger Rechtsträger gegründet. Er ist keinem Land zugeordnet, besitzt die Dienstherrenfähigkeit und stellt seinen eigenen Haushalt auf[428]. Beispiele hierfür sind die ARD-Rundfunkanstalten oder das ZDF. Die Rechtsaufsicht wird vorbehaltlich einer anderen Regelung im Staatsvertrag durch die Länder gemeinsam ausgeübt. Im Staatsvertrag wäre dann auch eine Regelung bezüglich des anzuwendenden Verwaltungsverfahrensgesetzes zu treffen.

Im Ergebnis dürfte mehr für die erste Möglichkeit sprechen.[429] Sie ist einfacher umzusetzen, weil es nicht so vieler Regelungen im Staatsvertrag bedarf, und sie schafft auch eine größere Rechtsklarheit, da in Zweifelsfällen die entsprechenden Landesregelungen gelten. Schließlich ergäbe sich auch zwangsläufig, welche Gerichte bei Rechtsstreitigkeiten mit der Ländermedienanstalt zuständig wären.

c) Innere Organisation

Bei der inneren Organisation dürfte außer Frage stehen, daß es grundsätzlich zweier Organe bedarf, wie es ganz überwiegend bei den Landesmedienanstalten der Fall ist[430].

---

[427] Zu dieser Form der Länderkooperation vgl. *Rudolf*, Kooperation im Bundesstaat, in: *Isensee/Kirchhof*, Handbuch des Staatsrechts, Bd. IV, § 105, S. 1121, Rdnr. 63, mit einer Aufzählung der existierenden Einrichtungen (z. B. die Zentralstelle für die Vergabe von Studienplätzen – ZVS).

[428] Zu dieser Form der Länderkooperation vgl. *Rudolf*, in: *Isensee/Kirchhof*, Handbuch des Staatsrechts, Bd. IV, § 105, S. 1122, Rdnr. 64.

[429] Ebenso *Koenig* K&R 2000, 1 [4].

[430] Ausnahmen sind Bayern, Sachsen und Schleswig-Holstein, siehe dazu bereits oben unter 1. Kapitel, III. 1. a), S. 7, Fn. 21.

aa) Exekutiv- und Hauptorgan

An der Spitze der Ländermedienanstalt hätte ein Direktor als Exekutivorgan zu stehen, wobei diese Stelle monokratisch besetzt werden sollte. Ihm wäre ein Hauptorgan an die Seite zu stellen, das aus mehreren Personen besteht. Zu den Aufgaben des Direktors sollten die Außenvertretung der Anstalt, die laufenden Geschäfte der Verwaltung und Eilentscheidungen gehören. Grundsatzentscheidungen sollten dem Hauptorgan obliegen.

bb) Rats- oder Versammlungsmodell als Hauptorgan

Fraglich ist hierbei vor allem, wie das Hauptorgan zusammenzusetzen wäre und wie die Mitglieder bestimmt werden sollten. Grundsätzlich stehen das Versammlungsmodell[431] und das Ratsmodell zur Auswahl. Bei der Entscheidung für eines der beiden Modelle ist zweierlei zu berücksichtigen: Erstens ist zu überlegen, durch welches Modell Meinungsvielfalt im Rundfunk und – nach der hier vertretenen Ansicht – bei den neuen Medien am besten sichergestellt und vorherrschende Meinungsmacht verhindert werden kann. Zweitens ist zu fragen, ob die verfassungsrechtlich gebotene Staatsfreiheit gewährleistet ist.

(1) Versammlungsmodell als Standard bei den Landesmedienanstalten

Das Versammlungsmodell hat sich bei den meisten Landesmedienanstalten durchgesetzt, wobei dafür – wie oben ausführlich dargestellt – verschiedene Bezeichnungen bestehen[432]. Die Versammlungen mit meist einer Vielzahl von Mitgliedern werden nach dem Vorbild der Rundfunkräte der öffentlich-rechtlichen Rundfunkanstalten „gruppenplural" zusammengesetzt. Regierung, Parlament, Verbände und gesellschaftliche Gruppen dürfen Mitglieder entsenden, wodurch erreicht werden soll, daß die „gesellschaftlich relevanten Kräfte" in der Versammlung repräsentiert sind[433]. Für die Bestimmung der „gesellschaftlichen Relevanz" steht dem Gesetzgeber ein weiter Einschätzungsspielraum zu. Beim Ratsmodell mit nur wenigen Mitgliedern wird statt pluraler

---

[431] Hierfür plädiert bei einer „Gemeinschaftsanstalt der Länder" *Rossen-Stadtfeld*, Medienaufsicht unter Konvergenzbedingungen, in: ZUM 2000, 36 [45].

[432] Vgl. oben unter Fn. 23, S. 7.

[433] Siehe auch *Hesse*, Rundfunkrecht, S. 219, Rdnr. 27.

Repräsentanz Sachkunde und medienspezifische Erfahrung bevorzugt. Beispiele hierfür sind der Kabelrat in Berlin[434], der Medienrat in Sachsen[435] und letztlich auch die KEK[436]. Während die Räte in Berlin und Sachsen vom Parlament mit einer Zwei-Drittel-Mehrheit gewählt werden, werden die Mitglieder der KEK einvernehmlich von den Ministerpräsidenten der Länder bestimmt und können während ihrer Amtszeit nicht abgesetzt werden[437]. Das Ratsmodell ist auch typisch für die Aufsichtsinstitutionen in Großbritannien, Frankreich, Italien und USA[438]. Das deutsche Versammlungsmodell ist in seiner in den meisten Bundesländern bestehenden Form in ganz Europa ein Sonderweg und ohne Vergleich.

(2) Verfassungsmäßigkeit und Geeignetheit des Versammlungsmodells

Die hinter dem Versammlungsmodell stehende Idee ist, daß Vielfalt und Ausgewogenheit des Programmangebots am besten durch gesellschaftliche Vielfalt im Hauptorgan sichergestellt werden können[439], da es bei Lizenzierungs- und Belegungsfragen die Entscheidungskompetenz hat. Staatlicher und einseitiger Einfluß von privater Seite auf das Rundfunkangebot soll dadurch ebenso verhindert werden. Da die Verfassungskonformität vom Bundesverfassungsgericht ausdrücklich bestätigt worden ist[440], könnte das Versammlungsmodell auf eine Ländermedienanstalt übertragen werden. Gegen das Versammlungsmodell sprechen jedoch eine Reihe von Gründen, die vor allem auf die dauerhafte Eignung abzielen. Zunächst ist der Einfluß der Parteien und somit der mittelbare Staatseinfluß ein ständig beklagtes Problem[441]. Die tatsächliche Staats- bzw. Gruppenferne dieses Modells ist angesichts der entsendungsberechtigten gesellschaftlichen Gruppierungen regelmäßig erheblich in Frage zu stellen, auch wenn gerichtlich wegen des weiten Gestaltungsspielraumes des

---

434 § 9 StV BB.

435 § 31 I SPRG.

436 § 35 III RStV.

437 Vgl. § 35 III, V RStV.

438 Siehe dazu oben Darstellungen der Vergleichsstaaten unter 1. Kapitel, V. – VI, S. 25 ff.

439 *Dörr* MP 98, 54 [56]; *Hoffmann-Riem*, Rundfunkfreiheit zwischen Staatsfreiheit und Staatseinfluß, S. 47.

440 BVerfGE 73, 118 [164 ff]; 83, 238 [333 ff].

441 Siehe *Kops*, Prinzipien der Gestaltung von Rundfunkordnungen, in: *Berg* (Hg.), Rundfunk-Gremien in Deutschland, S. 86 f; *Astheimer*, Institutionelle Politiksteuerung: Gremienstrukturen bei den Landesmedienanstalten, in: RuF 91, 185 [189].

Gesetzgebers bei der Zusammensetzung keine entsprechende Gerichtsentscheidung ergangen ist[442]. Indiz für die bestehenden und gewollten Einflußmöglichkeiten der Parteien und damit in der Konsequenz auch des Staates auf die Zusammensetzungen der Gremien ist die regelmäßig zu beobachtende Neufassung der Landesmediengesetze vor allem mit Veränderung der entsendungsberechtigten Gruppen nach einem Regierungswechsel[443].

In der Praxis zeigt sich weiterhin, daß die großen Versammlungen trotz entsprechender Vorbereitung durch die jeweilige Verwaltung auch wegen ihrer nur seltenen Zusammentreffen langsam und ineffizient arbeiten[444] und dabei hohe Kosten verursachen[445]. Hinzu kommt, daß bei den zu treffenden Entscheidungen – vor allem auch in einer Ländermedienanstalt – zum Teil schwierige Rechtsfragen im Vordergrund stehen. Ehrenamtliche Mitglieder ohne oder ohne besondere Sachkenntnis sind mit solchen Entscheidungen schlicht überfordert[446]. Sinn einer solchen Versammlung kann es nicht sein, aufgrund dieses Tatbestands die vom Exekutivorgan und seiner Verwaltung vorbereiteten Entscheidungen einfach nur abzusegnen oder sich dem Votum der wenigen kompetenten Mitglieder anzuschließen. Bezieht man in die Überlegungen zusätzlich die sich verändernden Aufgaben einer Medienaufsicht ein[447], bei denen es immer weniger um Lizenzierung oder Belegung und den damit verbundenen pluralistischen Prüfungen und Auswahlentscheidungen nach Vielfaltsgesichtspunkten geht, dann verliert das Versammlungsmodell endgültig seine ideologische Rechtfertigung. Die zukünftig neben der

---

442 Siehe zur Bildung der Aufsichtsgremien von WDR und den privaten Veranstaltergemeinschaften in Nordrhein-Westfalen BVerfGE 83, 238 [332 ff]; zur fehlenden Verpflichtung des Gesetzgebers, eine bestimmte Gruppe bei der Zusammensetzung des Rundfunkrates zu berücksichtigen BVerfG AfP 92, 131 [131 f] („Landessportbund"); siehe auch BVerfG NJW 90, 311 [311].

443 So ist beispielsweise der Streit um einen Wechsel vom Versammlungs- zum Ratsmodell in Sachsen und der mögliche sinkende oder steigende politische Einfluß auf die Landesmedienanstalt auch der Hintergrund für das Gutachten von *Hoffmann-Riem*, Rundfunkaufsicht zwischen Staatsfreiheit und Staatseinfluß, das von der Sächsischen Landesanstalt für privaten Rundfunk und neue Medien (SLM) in Auftrag gegeben wurde.

444 Ebenso *Wagner*, Die Landesmedienanstalten, S. 131 f.

445 *Astheimer* RuF 91, 185 [189]; ausdrückliche Kritik an den Kosten der Versammlung der NLM wegen ihrer Größe übt der Niedersächsische Landesrechnungshof, siehe „Rechnungshof: Landesmedienanstalten zusammenlegen", in: Nord-Report v. 18.05.2000.

446 „Laienspielschar" ist zwar ein polemischer, aber vielfach durchaus zutreffender Ausdruck; gegen diesen Ausdruck *Hochstein*, Mediensymposium Speyer, in: ZUM 95, 268 [268].

447 Vgl. dazu ausführlich oben unter 3. Kapitel, V., S. 81 ff.

Konzentrationskontrolle vor allem notwendige Offenheitspflege ist zwar ein Vielfaltsproblem, das sich jedoch im ganz wesentlichen als ein Rechtsproblem darstellt. Man könnte daher sogar sagen, daß das Versammlungsmodell für die zukünftigen komplexen Aufgaben der Medienregulierung unter Berücksichtigung der Forderung des Bundesverfassungsgerichtes nach einer effektiven Aufsicht ungeeignet ist.

Offenbar hat der Gesetzgeber dies zumindest für die Konzentrationskontrolle bereits auch so gesehen. Denn anders wäre die Einrichtung der KEK als Sachverständigengremium nicht zu erklären. Soweit Aufsicht noch Programmüberwachung und inhaltliche Bewertungsfragen beinhaltet, ließe sich allenfalls daran denken, eine Art beratenden „Programmbeirat" einzurichten. Ungefähres Vorbild könnte die britische Broadcasting Standard Commission sein[448].

(3) Verfassungsmäßigkeit und Geeignetheit des Ratsmodells

Fraglich ist, ob das Ratsmodell rechtmäßig und geeigneter als das Versammlungsmodell wäre. Im Gegensatz zum Versammlungsmodell ist seine Verfassungsmäßigkeit umstritten. Das Bundesverfassungsgericht hat dazu bisher nicht ausdrücklich Stellung genommen. In seiner 5. Rundfunkentscheidung hat es an der baden-württembergischen Variante des Ratsmodells keinen Anstoß genommen, brauchte sich dazu allerdings auch nicht zu äußern[449]. Der 4. Rundfunkentscheidung („Niedersachsen-Entscheidung") läßt sich wohl entnehmen, daß ein Ratsmodell nicht von vornherein auszuschließen ist[450]. Die Bedenken der Rechtswissenschaft am Ratsmodell betreffen die grundsätzliche verfassungsrechtliche Zulässigkeit. Aus Art. 5 Abs. 1 S. 2 GG wird das Gebot abgeleitet, daß die Aufsicht über den privaten Rundfunk nach dem Modell des organisatorischen Pluralismus auszugestalten sei[451]. Die gesellschaftliche

---

448 Vgl. dazu oben unter 1. Kapitel, V. 2. c), S. 33.

449 Vgl. BVerfGE 74, 297 ff.

450 BVerfGE 73, 118 [171]; allerdings ist *Hoffmann-Riem*, Rundfunkaufsicht zwischen Staatsfreiheit und Staatseinfluß, S. 49, zuzugestehen, daß das Gericht zum Zeitpunkt des Urteils das Versammlungsmodell für die Vielfaltssicherung für sehr geeignet hielt.

451 *Bumke*, Die öffentliche Aufgabe der Landesmedienanstalten, S. 126 ff; *Rossen*, Selbststeuerung im Rundfunk – Modell „FSK" für kommerzielles Fernsehen?, in: ZUM 94, 224 [230]; *Gebel*, Zusammensetzung des Medienrates Berlin-Brandenburg verfassungsgemäß?, in: ZUM 93, 394 [395 ff]; *Stender-Vorwachs*, „Staatsferne" und „Gruppenfer-

Fußnote wird fortgesetzt

Kontrolle des Rundfunks müsse gewährleistet sein[452], was organisatorisch in Form des Versammlungsmodells abgesichert werden müsse[453]. Dieser Ansicht ist jedoch folgendes entgegenzuhalten: „Gruppenpluralität" bei der Aufsicht ist kein Selbstzweck, sondern soll Pluralismus im medialen Angebot gewährleisten. Ist dieses Modell dafür zunehmend ungeeignet, dann kann es für diese Organisationsform kein ungeschriebenes verfassungsrechtliches Gebot geben.

Zu Recht wird auch eingewandt, daß sich die Frage stelle, wie die Kontrolle des Rundfunks überhaupt Vertretern von Partikularinteressen überlassen werden könne, obwohl sie bzw. der Rundfunk doch gerade Sache der Allgemeinheit sei[454]. Hinsichtlich der im zukünftigen digitalen Rundfunk und den neuen Diensten anstehenden Aufgaben, Vielfalt zu bewahren und nicht wie bisher zu erzeugen, ist absehbar, daß gerade Expertenwissen erforderlich ist, um Bedrohungen der Vielfalt zu erkennen und schnell und effektiv zu bekämpfen[455]. Weiterhin ist bezüglich einseitiger staatlicher oder gesellschaftlicher Einflußnahme nicht ersichtlich, daß ein kleines Expertengremium von vornherein dafür anfälliger ist. Dafür sind jedoch gewisse Sicherungen erforderlich, auf die bei einem Ratsmodell für eine Ländermedienanstalt zu achten wäre. Das Ratsmodell ist damit verfassungsrechtlich zulässig[456]. Darüber hinaus ist es angesichts der Schwächen des Versammlungsmodells und der eigenen Stärken dem Versammlungsmodell grundsätzlich überlegen.

(4) Sicherstellung der Staatsfreiheit beim Ratsmodell

Die größten Gefahren im Hinblick auf einen Staatseinfluß liegen für das Ratsmodell beim Berufungsverfahren für die Mitglieder. Für die Ländermedienanstalt ließe sich an eine Übernahme des Verfahrens denken, das bei der KEK angewandt wird. Dieses Verfahren ist allerdings als zu wenig staatsfern

---

ne", S. 153 f; *Bethge*, Verfassungsrechtsprobleme der Privatfunkgesetzgebung, in: JZ 85, 308 [311]; *Stock*, Medienfreiheit als Funktionsgrundrecht, 1985, S. 529 f.

452 *Bethge* JZ 85, 308 [311].

453 *Rossen* ZUM 94, 224 [230]; *Bumke*, Die öffentliche Aufgabe der Landesmedienanstalten, S. 127 f.; ähnlich *Ricker*, Privatrundfunk-Gesetze im Bundesstaat, S. 86.

454 *Wagner*, Die Landesmedienanstalten, S. 126.

455 Ähnlich *Dörr* MP 98, 52 [56].

456 Die verfassungsrechtliche Zulässigkeit bejahen auch *Gersdorf*, Staatsfreiheit des Rundfunks, S. 173 f [insb. 179]; *Dörr* MP 98, 54 [56]; *Wagner*, Die Landesmedienanstalten, S. 129; i. E. auch *Hoffmann-Riem*, Rundfunkaufsicht, S. 56 f; wohl auch *Bullinger*, Zugang der Presse zu den elektronischen Medien, in: AfP 83, 319 [325].

kritisiert worden[457], weil die Berufung durch die Ministerpräsidenten erfolgt. Zusätzlich sei es im Hinblick auf die Vielfaltssicherung problematisch, da die einvernehmliche Berufung zur Folge habe, daß sich das Gremium aus einem gesellschaftlichen „Mainstream“ zusammensetze[458].

Beiden Einwänden ist jedoch folgendes entgegenzuhalten: Da die Berufung einvernehmlich erfolgen muß, haben politische „Hardliner“ und für Einflußnahme empfindliche Personen so gut wie keine Chance. Vielmehr haben diejenigen die besten Aussichten, auch von der „Gegenseite“ akzeptiert zu werden, die sich gerade durch ihre Kompetenz und „Unbestechlichkeit“ auszeichnen[459]. Auch ist die Gefahr einer Einflußnahme auf programmbezogene Entscheidungen nur durch das System der Ernennung bei entsprechender Weisungsfreiheit und Unabsetzbarkeit der Mitglieder einer Ländermedienanstalt nicht erkennbar[460]. Das Gebot der Staatsferne der Rundfunkaufsicht wäre gewahrt.

Weiterhin ist eine „Pluralität“ für das Gremium nicht notwendig, wenn nicht gar unerwünscht, zumindest sollte ein solches Kriterium (wie auch das des „Mainstream“) bei der Auswahl der Mitglieder keine Rolle spielen[461]. Es geht um Sachkunde und Unabhängigkeit und nicht um gesellschaftliche oder politische Zuordnung. Anderenfalls ergäbe sich auch ein verkapptes Versammlungsmodell. Schließlich ist auch nach möglichen Alternativen für ein Berufungsverfahren zu fragen[462]. Eine Wahl der Mitglieder durch die Landtage scheidet als zu umständlich und langwierig aus. Bliebe letztlich nur die Schaffung eines speziellen Wahlgremiums, möglicherweise vergleichbar mit dem für die Wahl der Richter zum Bundesverfassungsgericht. Ein solches Verfahren dürfte aber aus denselben Gründen kritisiert werden[463]. Ein entscheidender

---

457 *Hartstein/Ring/Kreile/Dörr/Stettner*, Rundfunkstaatsvertrag, Bd. II, C-0.3, § 35, Rdnr. 6 f; *Dörr* MP 98, 54 [56]; *ders.* MP 96, 621 [624]; *Neft* ZUM 99, 97 [98 f]; siehe auch *Knothe*, Novellierung des Rundfunkstaatsvertrages, in: ZUM 97, 6 [11].

458 *Dörr* MP 98, 54 [56]; *ders.* MP 96, 621 [624].

459 Sogar eine „politikfreie“ Zusammensetzung bei einem Modell wie der KEK erwartet *Bumke* ZUM 98, 121 [127, Fn. 69].

460 So aber *Neft* ZUM 99, 97 [98]; *Dörr* MP 98, 54 [56]; wie hier *Knothe* ZUM 97, 6 [11].

461 A.A. *Dörr* MP 96, 621 [625], der auch bei einem Expertenmodell einen „kleinen Pluralismus“ für nötig hält.

462 Interessanterweise wird das Verfahren bei der KEK – soweit ersichtlich – nur kritisiert, ohne daß praktische Änderungsvorschläge gemacht werden.

463 Vgl. zur Kritik am Wahlverfahren der Bundesverfassungsrichter *Geck*, Wahl und Status der Bundesverfassungsrichter, in: *Isensee/Kirchhof* (Hg.), Handbuch des Staatsrechts, Bd. II, § 55, S. 706 ff, Rdnr. 14 ff mwN.

Vorteil ist damit in einem Wahlgremium nicht zu erkennen. Im Ergebnis ist somit eine Übertragung des Berufungsverfahrens, wie es für die KEK existiert, auf eine Ländermedienanstalt rechtlich nicht zu beanstanden und auch praktisch durchaus sinnvoll. Zur Sicherstellung der Staatsfreiheit wie auch der Gruppenfreiheit erscheint es schließlich notwendig, die Amtszeit der Mitglieder zu begrenzen und gewisse Inkompatibilitäten vorzuschreiben[464].

d) Aufgaben

Zu den Aufgaben der Ländermedienanstalt müßten zunächst prinzipiell die gehören, die bislang von den einzelnen Landesmedienanstalten wahrgenommen werden. Im Rahmen der Diskussion um eine Reform der Aufsicht in Deutschland wurde dieser Aufgabenkatalog wiederholt in Frage gestellt[465]. Deswegen soll auf einzelne umstrittene Aufgabenbereiche im folgenden insoweit eingegangen werden, als sie nicht bereits oben bei der Frage nach den Veränderungen bei der künftigen Rundfunk- bzw. Medienregulierung (allgemein) diskutiert worden sind[466].

aa) Keine Aufsichtskompetenz über den öffentlich-rechtlichen Rundfunk

Im Rahmen der Reformvorschläge wird immer wieder auch die Zusammenlegung der Aufsicht über den privaten Rundfunk und die der öffentlich-rechtlichen Anbieter unter Abschaffung ihrer Rundfunk- und Verwaltungsräte gefordert[467], wie es in Frankreich durch den CSA und prinzipiell in den USA durch die FCC der Fall ist. Unabhängig von der Frage, ob nicht auch die Aufsicht über die öffentlich-rechtlichen Rundfunkanstalten grundsätzlich reform-

---

464 Beispielhaft könnte die Regelung für die Unvereinbarkeiten mit einem Amt in der KEK gelten, vgl. § 35 III RStV.

465 Vgl. *Booz Allen & Hamilton*, Aufsicht auf dem Prüfstand, insb. S. 6 u. 22 f.

466 Vgl. oben unter 3. Kapitel, IV. 1. – 3, S. 70 ff.

467 So u. a. sächsische Ministerpräsident *Biedenkopf*, vgl. „ARD weist Über-Gremium für Rundfunkaufsicht zurück", in: epd medien 43/99, S. 14; die Forderung kommt immer wieder auch aus den Reihen der LMA, vgl. *Haeckel*, Vielfaltssicherung im privaten Rundfunk, in: Jahrbuch der Landesmedienanstalten 1993/94, S. 82; ähnlich das Modell „Erweiterte Konvergenzlösung" von *Booz Allen & Hamilton*, Aufsicht auf dem Prüfstand, S. 6.

bedürftig ist[468] – die im Rahmen dieser Untersuchung offen bleiben kann –, ist dieser Vorschlag abzulehnen. Die Grundentscheidung für ein duales Rundfunksystem, das hier nicht in Frage gestellt wird, mit einem besonderen, wie auch immer tatsächlich gearteten Auftrag[469] erfordert eine Trennung der Systeme auch und gerade auf der Ebene der Aufsicht. Beide Seiten unterliegen grundsätzlich und ganz bewußt unterschiedlichen Gesetzmäßigkeiten[470] und Verantwortungsbereichen. Allein die Existenz von Überschneidungen bei den Aufgabenbereichen (z. B. bei den Jugendschutzbestimmungen) erfordert daher noch keine Zusammenlegung.

Eine gemeinsame Aufsicht, auch nur in Teilbereichen, wäre als schleichender Beginn einer Aufgabe der dualen Rundfunkordnung anzusehen. Gerade die Programmanforderungen an den öffentlich-rechtlichen Rundfunk sind andere als die für die privaten Anbieter. Aus den anderen programmlichen Verpflichtungen folgen zwingend andere Anforderungen an eine Aufsicht. Hinzu kommt, daß die Landesmedienanstalten sich bisher auch als „Kämpfer“ für die privaten Rundfunkanbieter und die private Rundfunkordnung dargestellt haben. Ein Eintreten nunmehr auch für den öffentlich-rechtlichen Rundfunk erforderte eine gewisse Schizophrenie bei den Verantwortlichen. Das würde am deutlichsten, wenn auch die Kommission zur Ermittlung des Finanzbedarfs der öffentlich-rechtlichen Rundfunkanstalten (KEF) in eine solche Aufsichtsanstalt für beide Säulen der dualen Rundfunkordnung eingefügt würde.

bb) Fortbestehen der Kompetenz für die rundfunkrechtliche Konzentrationskontrolle

Mit der Einrichtung einer gemeinsamen Anstalt der Länder wäre auch – wie oben bereits gesagt – ein Wegfall der KDLM und eine Integration der KEK als das bisherige zentrale Organ für die rundfunkrechtliche Konzentrationskon-

---

468 Insofern hat *Haeckel*, in: Jahrbuch der Landesmedienanstalten 1993/94, S. 82, recht, wenn er feststellt, daß der derzeitigen Aufsichtsstrukturen auf keiner Seite des dualen Systems „unter Denkmalschutz“ stehen dürften.

469 Der Streit um den Auftrag der öffentlich-rechtlichen Rundfunkanstalten ist alt und wird immer wieder neu belebt. Eine Begrenzung des bisherigen „Grundversorgungsauftrages“ zu einem „Funktionsauftrag“ versucht im Auftrag der Bertelsmann Stiftung *Bullinger*, Die Aufgaben des öffentlich-rechtlichen Rundfunks, 1998. Dies greift in einem Gutachten für das ZDF auf *Holznagel*, Der spezifische Funktionsauftrag des Zweiten Deutschen Fernsehens, 1999.

470 So auch *Hoffmann-Riem*, in: *Prinz/Peters* (Hg.), Medienrecht im Wandel, S. 80.

trolle verbunden. Das macht Überlegungen auch vor dem Hintergrund von Kompetenzkonflikten zwischen dem Bundeskartellamt und der KEK erforderlich, ob eine Konzentrationskontrolle überhaupt noch von einer solchen Institution wie der KEK bzw. von einer „Ländermedienanstalt" wahrgenommen werden sollte. Es ließe sich daran denken, diese Aufgabe beim Bundeskartellamt zu vereinheitlichen[471] oder sie vollständig der Ländermedienanstalt zuzuweisen [472].

Zunächst ist damit die grundlegende Frage nach der Notwendigkeit von spezieller rundfunkrechtlicher Konzentrationskontrolle zu stellen. Diese Notwendigkeit wird zunehmend bestritten, da mit den technischen Veränderungen die „Sondersituation" des Rundfunks wegfalle und daher eine ungerechtfertigte Ungleichbehandlung von Pressefusion, für die es nur einige Sonderregelungen im Bundeskartellrecht gibt, und Rundfunkfusion erfolge[473]. Dieser Ansicht ist aber prinzipiell mit denselben Argumenten zu begegnen, die oben für die Notwendigkeit einer Rundfunkaufsicht ausführlich dargestellt wurden[474]. Da die Sondersituation des Rundfunks nach der hier vertretenen Ansicht weiterbesteht, wenn auch mit anderer Begründung, ist an einen Wegfall besonderer rundfunkrechtlicher Konzentrationskontrolle nicht zu denken. Nach der ausführlich geschilderten Auffassung des Bundesverfassungsgerichtes kann die Erhaltung der Meinungsfreiheit nicht dadurch erreicht werden, daß der private Rundfunk allein den Marktkräften überlassen wird. Der Landesgesetzgeber sei daher verpflichtet, neben dem Kartellrecht noch Vorkehrungen zu treffen, um eine durch eine Fusion von Rundfunkveranstaltern entstehende vorherrschende Meinungsmacht zu verhindern[475], zumal Fehlentwicklungen auf diesem Gebiet nur schwer rückgängig gemacht werden können[476].

---

471 Dies wird immer wieder gefordert, vgl. *Weisser* ZUM 97, 877 [883 u. 894 f] u. *Bremer/Esser/Hoffmann*, Der Rundfunk in der Verfassungs- und Wirtschaftsordnung in Deutschland, 1992, S. 70 u. 92 f; siehe auch *Knothe/Lebens*, Rundfunkspezifische Konzentrationskontrolle des Bundeskartellamtes, in: AfP 2000, 125 [125 ff]; zur ähnlichen Problematik auf dem Gebiet der Telekommunikation *Martenczuk*, Regulierungsbehörde contra Bundeskartellamt?, in: CR 99, 363 [363 ff].

472 Für eine Spezialität und damit Vorrang des Rundfunkrechts zum Kartellrecht wohl im Ergebnis *Bethge*, Landesrundfunkordnung und Bundeskartellrecht, 1991, S. 11 f.

473 So *Engel*, Verbreitung digitaler Pay-TV-Pakete in Fernsehkabelnetzen, in: ZUM Sonderheft 97, 309 [326].

474 Vgl. dazu oben unter 2. Kapitel, IV. 1 – 3, S. 51 ff.

475 BVerfGE 73, 118 [174 f].

476 BVerfGE 57, 295 [323]; 73, 118 [160].

Vor diesem verfassungsrechtlichen Hintergrund ist nach den institutionellen Möglichkeiten zu fragen. Die Trennung in Bundeskartellamt und KEK ist Folge der grundgesetzlichen Kompetenzaufteilung zwischen Bund und Ländern. Der Bund hat seine konkurrierende Gesetzgebungskompetenz gemäß Art. 74 Abs. 1 Nr. 11 (Recht der Wirtschaft) und Nr. 16 GG (Verhütung des Mißbrauchs wirtschaftlicher Machtstellung) durch das Kartellrecht wahrgenommen und damit die Gesetzgebungskompetenz für Marktvielfalt. Seine Verwaltungskompetenz auf diesem Gebiet übt er gemäß Art. 86, 87 Abs. 3 GG durch das Bundeskartellamt aus. Die Gesetzgebungskompetenz für den Rundfunk liegt gemäß Art. 70 GG bei den Ländern, da dieser unter die Kulturhoheit fällt, so daß die Länder für die publizistische Vielfalt zuständig sind. Ihre Verwaltungskompetenz gemäß Art. 30 GG üben sie durch die KEK aus. Bereits auf der Ebene der Gesetzgebungszuständigkeit kann es zu Kompetenzkonflikten kommen, da Bund und Länder denselben Sachverhalt normativ erfassen, wenn auch verschiedene Aspekte desselben. Ob und wie ein solcher Konflikt vermieden wird, ist in der Rechtslehre umstritten. Einige wollen ihn dadurch lösen, daß sie einen Anwendungsvorrang des Medienrechts annehmen[477]. Andere vertreten vergleichend zur Pressefusion, für die nur spezielle („bundes"-) kartellrechtliche Bestimmungen gelten, einen Vorrang des Wettbewerbsrechtes gegenüber dem Rundfunk[478].

Beides ist jedoch abzulehnen, da nicht genügend zwischen reinem ökonomischen und publizistischem Wettbewerb unterschieden wird. Bei der Rundfunkkonzentrationskontrolle ergänzen sich vielmehr Bundes- und Länderkompetenzen[479], da jeweils andere inhaltliche Regelungen zu treffen sind. Zusam-

---

[477] Vgl. z. B. *Stock*, Rundfunkrecht und Wettbewerbsrecht im dualen Rundfunksystem, in: *Hoffmann-Riem* (Hg.), Rundfunk im Wettbewerbsrecht, 1988, S. 42 f; etwas differenzierender *ders.*, Rundfunkrecht und Kartellrecht, in: AfP 89, 627 [630 f]; wohl auch *Bethge*, Landesrundfunkordnung und Bundeskartellrecht, S. 30 u. 34 f; ausdrücklich gegen die Position von *Stock* argumentiert *Stockmann*, Privater Rundfunk – ein Ausnahmebereich der Fusionskontrolle?, in: AfP 98, 634 [636].

[478] Vgl. z. B. *Kantzenbach*, Zum Verhältnis von publizistischem und ökonomischem Wettbewerb aus ökonomischer Sicht, in: *Hoffmann-Riem* (Hg.), Rundfunk im Wettbewerbsrecht, S. 78 u. 82 f; ähnlich, aber differenzierend zwischen „Kompetenzqualifikation" und „Kompetenzausübung" *Jarass*, Kartellrecht und Landesrundfunkrecht, 1991, S. 388 ff; ausführlich zu diesen Positionen *Brenner*, Fusionskontrolle bei privaten Rundfunkveranstaltern, in: ZUM 98, 877 [878 ff].

[479] Ebenso *Holznagel*, Konzentrationsbekämpfung im privaten Rundfunk, in: ZUM 91, 263 [265 f]; *Hoffmann-Riem*, Rundfunkrecht neben Wirtschaftsrecht, S. 65 ff; *Stockmann* AfP 98, 634 [636]; ähnlich *Oppermann*, Medienrecht, Privatrundfunk und Wettbewerb, in: ZUM 90, 376 [386]; siehe auch *Hartstein/Ring/Kreile/Dörr/Stettner*, Rundfunkstaatsvertrag, Bd. I, C-0.3, Allgemeine Erläuterungen, Rdnr. 64.

menschlüsse von Rundfunkveranstaltern sind danach sowohl nach dem (Bundes-) Gesetz gegen Wettbewerbsbeschränkungen zu beurteilen als auch nach den Regelungen der Landesgesetzgeber zur Verhinderung vorherrschender Meinungsmacht[480]. Das Kartellrecht ist letztlich auch nicht auf die Besonderheiten der Rundfunkmärkte abgestimmt[481]. Einem internen Wachstum, das vielfaltsgefährdend werden kann, hat es beispielsweise nichts entgegenzusetzen[482]. Auf der Gesetzgebungsebene ist damit die organisatorische Trennung nicht aufzuheben.

Damit läßt sich nur noch auf der Verwaltungs- bzw. Prüfungskompetenzebene prüfen, ob eine Vereinheitlichung möglich ist. Es ließe sich daran denken, daß das Bundeskartellamt sowohl unter wettbewerbs- als auch unter medienrechtlichen Gesichtspunkten prüft. Die Untersuchung der Meinungskonzentration könnte unmittelbar bei der kartellrechtlichen Interessenabwägung erfolgen[483]. Soweit man überhaupt an der KEK bzw. der Ländermedienanstalt auf diesem Gebiet festhielte, ließe sich deren Konzentrationskontrollkompetenz auf die Beurteilung des inneren Wachstums eines Unternehmens beschränken[484]. Dies ist im Ergebnis abzulehnen. Eine weitgehende Ausübung der landesrechtlichen rundfunkrechtlichen Konzentrationskontrolle durch das Bundeskartellamt wäre ein Eingriff des Bundes in die Verwaltungskompetenz der Länder. Eine solche Konstellation kennt das Grundgesetz nicht und läßt auch die Systematik nicht zu, da äußerste Grenze für seine Verwaltungsbefugnisse die Gesetzgebungskompetenzen sind[485].

Schließlich bliebe noch die Möglichkeit, der Ländermedienanstalt umfassend die rundfunkrechtliche Konzentrationskontrolle zu übertragen[486]. Dies ergäbe jedoch vor dem Hintergrund, daß Bund und Länder für diese Regelungsmate-

---

480 Vgl. auch BVerfGE 73, 118 [174 f].

481 *Stammler* ZUM 95, 104 [111]; *Holznagel* ZUM 91, 263 [266 ff]; siehe auch *Hege*, Digitale Zukunftstechniken und ordnungspolitischer Regelungsbedarf, in: Jahrbuch der Landesmedienanstalten 1993/94, S. 41 f.

482 Ausführlich *Holznagel* ZUM 91, 263 [266 ff]; ebenso *Kübler* MP 99, 379 [383]; siehe auch das Beispiel für internes Wachstum bei *Hesse*, Rundfunkrecht, S. 250, Rdnr. 92.

483 *Engel* ZUM Sonderheft 97, 309 [326].

484 *Engels*, Verfassungsrechtliche Strukturvorgaben für Rundfunkkonzentrationsregelungen, in: ZUM 96, 44 [56]; *Wagner*, Rechtsfragen digitalen Kabelfernsehens, 1996, S. 78 f.

485 Ebenso *Brenner* ZUM 98, 877 [887].

486 So für den vergleichbaren Bereich Telekommunikation und Rundfunk *Ladeur*, Zur Notwendigkeit einer flexiblen Abstimmung von Bundes- und Landeskompetenzen auf den Gebieten des Telekommunikations- und des Rundfunkrechts, in: ZUM 98, 261 [264 f]; ähnlich *Bullinger/Mestmäcker*, Multimediadienste, 1997, S. 167 f.

rie eigenständige Verwaltungskompetenzen haben, eine Form der sogenannten Mischverwaltung. Die in den Art. 83 ff GG aufgeführten Verwaltungstypen sind jedoch abschließend. Die Schaffung neuer oder weiterer Kombinationsformen auch durch einvernehmliches Zusammenwirken von Bund und Ländern ist ausgeschlossen. Ein einheitliches Verwaltungsverfahren durch die Ländermedienanstalt würde jedenfalls gegen das Verbot der Mischverwaltung verstoßen[487]. Damit ist festzustellen, daß auch auf der Ebene der Verwaltungs- und Prüfungskompetenz keine Vereinheitlichung möglich ist.

Eine grundlegende Veränderung des Verhältnisses zwischen KEK/Ländermedienanstalt und Bundeskartellamt dürfte auch unter praktischen Gesichtspunkten nicht erforderlich sein. Letztlich handelt es sich um eine Medaille, bei der jede Institutionen eine andere Seite prüft[488]. Eine bessere Abstimmung bei der Zusammenarbeit der Behörden lediglich auf verwaltungsinterner Ebene dürfte deutliche und völlig ausreichende Verbesserungen der Arbeit auf dem Gebiet der (rundfunkrechtlichen) Konzentrationskontrolle bewirken, ohne daß an „revolutionäre" Neuorganisationen gedacht werden müßte[489].

Ob die bestehenden rundfunkrechtlichen Konzentrationsbestimmungen, insbesondere das Zuschauermarktanteilsmodell[490], ausreichend und wirksam sind, soll nicht weiter Gegenstand dieser Untersuchung sein[491]. Es soll an dieser Stelle nur zu bedenken gegeben werden, ob der bisherige sehr auf den Rundfunk fixierte Ansatz bei der Konzentrationskontrolle nicht zu überdenken ist. In den Landesmediengesetzen finden sich nur sehr eingeschränkt Ansätze, einen angebotsübergreifenden Blickwinkel einzunehmen[492]. Im Hinblick auf die Veränderung bei den elektronischen medialen Angeboten und deren wachsende Bedeutung für die persönliche und öffentliche Meinungsbildung ist zu überlegen, ob das Zuschauermarktanteilsmodell in Form eines „User-

---

487 Ebenso *Brenner* ZUM 98, 887 [889]; zum Problem der Mischverwaltung ausführlich unten unter 4. Kapitel, II. 1. g) aa), S. 137 ff.

488 Ebenso *Hesse*, Rundfunkrecht, S. 251, Rdnr. 93; *Kübler* MP 99, 379 [384] spricht von der „prinzipiellen Zieldivergenz".

489 Zum Koordinationsbedarf siehe auch *Schuler-Harms*, Rundfunkaufsicht im Bundesstaat, S. 14 f.

490 Vgl. dazu u. a. *Kreile*, Medienkonzentration in Deutschland, in: CR 98, 24.

491 Vgl. dazu *Clausen-Muradian*, Konzentrationstendenzen und Wettbewerb; *Hess* AfP 97, 680 u. AfP 97, 777; *Pelny*, Konzentrationskontrolle für den privaten Rundfunk, in: AfP 98, 35.

492 Vgl. § 51 VI LRG Saarl.; § 35 II Nr. 4 StV BB.

Marktanteilsmodells“ nicht auf die neuen Angebote auszudehnen ist[493]. Intermediale Konzentrationen im Sinne von unternehmerischen Verflechtungen zwischen Rundfunk und neuen Diensten sowie hinzukommend den Printmedien und Nachrichtenagenturen sind vielfaltsbedrohend. Die Bewertung von vorherrschender Meinungsmacht darf schließlich auch nicht beim konkreten Angebot haltmachen, sondern hat verstärkt die gesamte Wertschöpfungskette zu erfassen[494].

cc) Kompetenz für Rundfunk, Mediendienste und Teledienste

Im Rahmen des Modells „Ländermedienanstalt“ bleibt das Problem der getrennten Regulierung von Rundfunk und Telekommunikation offensichtlich prinzipiell bestehen. Die beiden Regelungsbereiche lassen sich nach der derzeitigen Verfassungslage ohne eine Grundgesetzänderung nicht zusammenfassen[495]. Zu überlegen ist jedoch, ob sich nicht zumindest das Problem der verschiedenen behördlichen Zuständigkeiten[496] aufgrund der getrennten gesetzgeberischen Kompetenzen für Rundfunk, Mediendienste und Teledienste auf anderem Wege vereinfachen läßt. Der Ansatz hierfür wäre, die Regelungskompetenzen für die mittels Telekommunikation übertragenen Inhalte bei den Ländern zu bündeln[497]. In der Konsequenz könnte die Ländermedienanstalt

---

493 Ähnlich *Eberle* GRUR 95, 790 [796], *ders.*, Neue Übertragungstechniken und Verfassungsrecht, in: ZUM 95, 249 [253]; siehe auch *Sporn*, Vielfalt im digitalen Rundfunk, S. 58.

494 *Hoffmann-Riem*, Rundfunkrecht im Wandel, in: *Fünfgeld/Mast*, Massenkommunikation, 1997, S. 270 f; *Hochstein* AfP 97, 770 [771]; *Sporn*, Vielfalt im digitalen Rundfunk, S. 58; *Stammler* ZUM 95, 104 [110]; siehe auch ausführlich *Ladeur*, Die vertikale Integration von Film-, Fernseh- und Videowirtschaft als Herausforderung der Medienregulierung, in: RuF 98, 5; zu den Problemen des „Multiple-Ownership“ und „Cross-Ownership“ siehe *Prognos AG*, Digitales Fernsehen und ordnungspolitischer Regelungsbedarf, 1995, S. 134 ff.

495 Siehe dazu auch unten die Ausführungen zur Bund-/Länderanstalt unter 4. Kapitel, II. 1. g), S. 137 ff.

496 Siehe dazu bereits oben unter 4. Kapitel, I. 5. d) cc), S. 116 ff.

497 Dafür plädiert *Koenig* Beilage zu MMR 12/98, 1 [9], wenn auch mit einer anderen Zielrichtung.

insbesondere in Form einer Marktaufsicht für Rundfunk, Mediendienste sowie Teledienste zuständig sein[498].

Der notwendige Schritt von der reinen Rundfunk- zur Medienaufsicht für elektronische Angebote[499] könnte auf diese Weise vollzogen werden. Dadurch ließe sich das ganz überwiegend als unnötig und kompliziert angesehene Problem der Abgrenzung zwischen Mediendiensten und Telediensten lösen, da es einer strikten Abgrenzung aufgrund unterschiedlicher Kompetenzstränge nicht mehr bedürfte. Die seltsame Rechtslage mit zwei Gesetzen von unterschiedlichen Gesetzgebern, aber nahezu gleichem Wortlaut, wäre überwunden. Anbieter von „Nichtrundfunk" hätten einen Ansprechpartner und nicht die bisherige Vielzahl[500]. Insgesamt würde auch die Zahl der mit der Regulierung von Rundfunk und elektronischen medialen Angebote befaßten Stellen verringert. Eine Bündelung wäre besonders auch deswegen sinnvoll, weil die Anbieter der unterschiedlichen Dienste alle über dieselben Medien übertragen werden können und wollen und daher um die Kapazitäten konkurrieren. Darüber hinaus könnte die wichtige Aufgabe der Offenheitspflege bei den Übertragungswegen von der Ländermedienanstalt umfassend erledigt werden, auch wenn die Vorzeichen bei den Angeboten grundsätzlich etwas anders sind. Spielt bei den Telediensten und im wesentlichen auch bei den Mediendiensten hierbei die Wahrung von wirtschaftlicher Konkurrenz die entscheidende Rolle, geht es beim Rundfunk vor allem um Meinungsvielfalt im Sinne von Programmangebotsvielfalt. Schließlich wären auch angebotsübergreifende konzentrationsrechtliche Probleme leichter zu lösen.

Für die Umsetzung dieser Kompetenzbündelung ist zweierlei erforderlich: Die Teledienste müssen sich von der Regelungsmaterie Telekommunikation trennen lassen. Es darf sich nicht um eine einheitliche Sache handeln. Es muß außerdem eine Möglichkeit geben, daß der Bund die Gesetzgebungskompetenz für die Teledienste an die Länder freigibt.

Hinsichtlich der Trennung der Regelungsgegenstände ist das Verhältnis von Telekommunikation und Telediensten in der Weise zu bestimmen, daß die Telekommunikation Grundlage für die Teledienste ist. Die Teledienste bauen auf einer übertragungstechnischen Telekommunikationsplattform auf, sie und

---

498 In Anlehnung an den Ansatz von *Koenig/Röder* K & R 98, 417 [421] ließe sich diese Lösung als „kleine Konvergenz" bezeichnen; in diesem Sinne auch *Rossen-Stadtfeld* ZUM 2000, 36 [44].

499 Siehe dazu den Problemaufriß oben unter 3. Kapitel, V., S. 81 f.

500 Siehe auch *Koenig/Röder* K & R 98, 417 [417].

damit das Teledienstegesetz (TDG) setzen Telekommunikation voraus. Darüber hinaus haben sie aber weitere Merkmale, die einer inhaltlichen Regulierung unterliegen können[501]. Das TDG regelt die inhaltliche Komponente der Angebote[502]. Das TKG bezieht sich dagegen auf die technischen Grundlagen der Telekommunikation, auf die reine Transportdienstleistung und ist somit inhaltsneutral[503]. TKG und TDG haben also zwei unterschiedliche Regelungsgegenstände[504]. Eine Notwendigkeit für eine einheitliche Regelungskompetenz bei einem Gesetzgeber ergibt sich aus den Inhalten nicht.

Zu klären ist somit, ob und wie die Länder die Kompetenz zur Regelung der Teledienste ausüben könnten. Hierfür soll von der bestehenden (Gesetzes-) Lage ausgegangen werden, ohne daß Kompetenzstreitereien für Mediendienstestaatsvertrag und Teledienstegesetz erneut diskutiert werden sollen[505]. Die Gesetzgebungskompetenz des Bundes für das Teledienstegesetz, das wiederum Teil des Informations- und Kommunikationsdienstegesetzes ist[506], beruht auf Art. 74 Abs. 1 Nr. 11 GG (Recht der Wirtschaft)[507]. Es handelt sich dabei um eine Kompetenznorm im Bereich der konkurrierenden Gesetzgebung, die der Bund wahrgenommen hat, weil er gemäß Art. 72 Abs. 2 GG eine Regelung zur Wahrung der Rechts- und Wirtschaftseinheit im gesamtstaatlichen

---

501 Ebenso *Koenig* Beilage zu MMR 12/98, 1 [4 f], der zur Klarstellung eine Präzisierung von § 2 IV Nr. 1 TDG vorschlägt.

502 *Engel-Flechsig/Maennel/Tettenborn*, Neue gesetzliche Rahmenbedingungen für Multimedia, 1998, S. 14.

503 Begründung zum Gesetzentwurf des TKG, BT-Drs. 13/3609, S. 37 zu § 3; siehe auch *Schuster*, in: Beck'scher TKG Kommentar, 1. Auflage, 1997, § 1, Rdnr. 22; *Engel-Flechsig/Maennel/Tettenborn*, Neue gesetzliche Rahmenbedingungen für Multimedia, S. 14.

504 Ausführlich zum Ganzen *Engel-Flechsig/Maennel/Tettenborn*, Neue gesetzliche Rahmenbedingungen für Multimedia, S. 14 f; dort auch Ausführungen zum Sonderfall der Internet-Telefonie.

505 Vgl. dazu *Bullinger/Mestmäcker*, Multimediadienste, S. 135 ff.

506 Art. 1 IuKDG ist das Gesetz über die Nutzung von Telediensten – Teledienstegesetz (TDG).

507 Vgl. die Begründung zum IuKDG, BT-Drs. 13/7385, S. 17; siehe dazu auch *Engel-Flechsig/Maennel/Tettenborn*, Neue gesetzliche Rahmenbedingungen für Multimedia, S. 10.

Interesse für erforderlich hielt[508]. Eine Regelung durch die Länder ist damit nicht mehr zulässig[509].

Den Ländern ist die Möglichkeit zur Gesetzgebung erst über die Rückholklausel des Art. 72 Abs. 3 GG wieder eröffnet. Danach kann, wenn die Bundesregelung nicht mehr nur zur Herstellung, sondern auch zur Wahrung der einheitlichen Lebensverhältnisse nicht mehr erforderlich ist, der Landesgesetzgeber tätig werden[510]. Das muß ausdrücklich in einem Bundesgesetz bestimmt werden. Ob die Erforderlichkeit weggefallen ist, liegt im Ermessen des Bundesgesetzgebers[511]. Dadurch, daß das Teledienstegesetz durch einen entsprechenden Staatsvertrag der Länder ausgetauscht würde, wäre eine Bundesregelung weder zur Herstellung noch zur Wahrung einheitlicher Lebensverhältnisse erforderlich. Der Staatsvertrag könnte diesbezüglich dasselbe leisten wie eine Bundesregelung. Der Rundfunkstaatsvertrag als eine vergleichbare Regelung deutet an, in welchem Umfang die Länder bereits auf dem Gebiet des Rundfunks für „Vereinheitlichung" gesorgt haben[512] bzw. im Rahmen dieses Aufsichtsmodellvorschlages sorgen müßten. Für den Bund gibt es daher keinen Grund, den Ländern ein Rückholrecht zu verweigern. Der Bund könnte durch Bundesgesetz das Teledienstegesetz außer Kraft setzen und gleichzeitig den Ländern die Regelungsbefugnis einräumen. Zur Vermeidung von Rechtsunsicherheiten sollte ein entsprechender Staatsvertrag der Länder am Tag der Außerkraftsetzung des Teledienstegesetzes wirksam werden. Die Ländermedienanstalt könnte somit für im wesentlichen alle mittels Telekommunikation übertragenen medialen Inhalte verantwortlich sein.

e) *Kompetenzen und Aufsichtsmittel*

Um den Ansprüchen der Verfassungsrechtsprechung nach einer effektiven Aufsicht gerecht zu werden, braucht die Ländermedienanstalt entsprechende

---

[508] Vgl. die Begründung zum IuKDG, BT-Drs. 13/7385, S. 17.

[509] *v. Mangold/Klein/Pestalozza*, Das Bonner Grundgesetz, 3. Auflage, Bd. 8, Art. 72 II, Rdnr. 372.

[510] *Degenhart*, in: *Sachs*, Grundgesetz, 1996, Art. 72, Rdnr. 35; *Kunig*, in: *v. Münch/Kunig* (Hg.), Grundgesetz-Kommentar, 3. Auflage, 1996, Bd. 3, Art. 72, Rdnr. 31.

[511] *Kunig*, in: *v. Münch/Kunig* (Hg.), Grundgesetz-Kommentar, Art. 72, Rdnr. 31 u. 33.

[512] Siehe dazu auch oben unter 1. Kapitel, IV., S. 21 ff.

Kompetenzen und neben solchen informeller Art[513] entsprechende formelle Aufsichtsmittel zur Durchsetzung ihrer Aufgaben.

aa) Kompetenzen

Zu den Kompetenzen, insbesondere für die Konzentrationskontrolle, ist das Recht auf Auskunft und Vorlage von Unterlagen zu zählen[514]. Dazu muß zukünftig die Möglichkeit gehören, daß die Landesmedienanstalten oder die Direktorenkonferenz in größerem Umfang als bisher Richtlinien im Sinne von abstrakt-generellen Regelungen mit rechtsverbindlichem Charakter zur Konkretisierung von Normen des Rundfunkstaatsvertrages ausarbeiten können[515]. Diese Richtlinien sind entweder einheitlich in Form von Verwaltungsvorschriften oder in Form einer Satzung zu erlassen[516].

bb) Aufsichtsmittel

Solange am Lizenzierungserfordernis festgehalten wird und die Ländermedienanstalt die einzelnen Landesmedienanstalten im wesentlichen nur ersetzt, ist deren Aufsichtsinstrumentarium zu übertragen. Auf Einzelheiten braucht daher hier nicht eingegangen zu werden, weil Prinzip und Wirkung dieser Aufsichtsmittel hinlänglich bekannt und diskutiert sind[517]. Schwieriger wird es, wenn die Aufsicht tatsächlich nur noch eine Mißbrauchsaufsicht ist, also nicht

---

513 Vgl. zur Wirkung von informellen Aufsichtsmitteln *Clausen-Muradian* ZUM 97, 800 [801 f]; *Vahrenhold*, Die Stellung der Privatfunkaufsicht im System staatlicher Aufsicht, S. 121.

514 Siehe *Hesse*, Rundfunkrecht, S. 225, Fn. 96, mit den Nachweisen der diesbezüglich bestehenden Regelungen für die Landesmedienanstalten.

515 Siehe zu dieser Notwendigkeit oben unter 3. Kapitel, IV. 2, S. 72; Kompetenzermächtigung zum Erlaß von Richtlinien war für die Landesmedienanstalten bisher § 46 RStV; zur Problematik der Richtlinien siehe *Schuler-Harms*, Rundfunkaufsicht im Bundesstaat, S. 193 ff.

516 Für die Schaffung einer Rechtsnatur sui generis besteht kein Grund, vgl. dazu *Herkströter* ZUM 92, 395 [396 f].

517 Hierzu sollen nicht nur die verwaltungsrechtlichen Möglichkeiten gezählt werden, sondern auch die nach dem Ordnungswidrigkeitenrecht, vgl. zum Ganzen mit Nachweisen auf die landesgesetzlichen Bestimmungen *Hesse*, Rundfunkrecht, S. 225, Rdnr. 39 ff; siehe zu den Besonderheiten der Sanktionen nach dem OWiG *Clausen-Muradian* ZUM 97, 800 [804 ff].

mehr das scharfe (präventive) Lizenzierungsschwert zur Verfügung hat und Programmveranstaltung nicht mehr unter einem Verbot mit Erlaubnisvorbehalt, sondern nur noch unter einem Verbotsvorbehalt steht. Auch dann muß es der Ländermedienanstalt als repressive Aufsicht möglich sein, bei Verstößen gegen Bestimmungen des Rundfunkstaatsvertrages bzw. sonstiger Staatsverträge (möglicherweise in der Ausformung durch eine Richtlinie der Ländermedienanstalt) oder gegen andere einschlägige gesetzliche Bestimmungen – wie bisher die Landesmedienanstalten – Beanstandungen und Unterlassungsanordnungen in der Form des Verwaltungsaktes vorzunehmen. Ultima ratio der Aufsichtsmittel müßte dann die Möglichkeit einer Untersagung des Sendebetriebs vergleichbar mit einer Untersagungsverfügung im Gewerberecht[518] sein. In Anbetracht der Aufgabe „Offenheitspflege" müßten sich Aufsichtsmittel nicht nur gegen Veranstalter, sondern auch gegen sonstige Dienstleister richten können. Das Instrumentarium wäre daher insofern zu erweitern, daß die Ländermedienanstalt Anordnungen erlassen könnte, mit denen Diskriminierungen von Angeboten nicht nur untersagt, sondern auch direkt korrigiert werden könnten.

f) Finanzierung

Die Ländermedienanstalt bedarf als Teil der staatlichen Aufgabe zur Gewährleistung der Funktionsfähigkeit der Rundfunkordnung einer ausreichenden finanziellen Ausstattung[519]. Diese ist durch die Länder als Rundfunkgesetzgeber sicherzustellen, da die Einnahmen aus Verwaltungsgebühren allein bei weitem nicht zur Aufgabenerfüllung ausreichen dürften. Als Folge ihrer rechtlichen Selbständigkeit wäre die Ländermedienanstalt aus dem Staatshaushalt der Länder ausgegliedert.

aa) Finanzierung durch Abgaben der Veranstalter

Zunächst ließe sich an eine Finanzierung durch Abgaben der Rundfunkveranstalter denken. Diese Möglichkeit haben einige Länder für ihre Landesmedi-

---

518 Siehe dazu *Badura*, in: *Schmidt-Aßmann* (Hg.), Besonderes Verwaltungsrecht, 10. Auflage, 1995, S. 289, Rdnr. 132.

519 So für die Parallelproblematik bei den Landesmedienanstalten *Hoffmann-Riem*, Finanzierung und Finanzkontrolle, S. 62.

enanstalten vorgesehen[520], wenn auch nicht alle davon Gebrauch machen[521]. Die durch die Abgaben erzielten Einnahmen haben aber nur einen untergeordneten Anteil am Gesamtetat der betroffenen Landesmedienanstalten ausgemacht[522]. Diese Form der Finanzierung ist einerseits eine seltsame Konstruktion, weil auf diese Weise die privaten Anbieter für ihre eigene Aufsicht zahlen[523], was zu Recht auf scharfe Kritik bei den Veranstaltern gestoßen ist. Hinzu käme die kuriose Folge, daß die Finanzausstattung der Ländermedienanstalt vom wirtschaftlichen Erfolg der Beaufsichtigten abhinge[524]. Andererseits unterläge eine Abgabenpflicht zur Finanzierung der Ländermedienanstalt schwerwiegenden verfassungsrechtlichen Bedenken, weil durch sie möglicherweise die vom Bundesverfassungsgericht statuierten Grenzen für Sonderabgaben überschritten würden[525]. Auch vor dem Hintergrund des mit der Erhebung der Abgabe entstehenden Verwaltungsaufwandes ist diese Form der Finanzierung zumindest als in der Praxis ungeeignet abzulehnen[526], von dem wahrscheinlich fehlenden notwendigen politischen Durchsetzungswillen gegen die Interessen der Veranstalter und deren Einfluß auf die Politiker einmal abgesehen[527].

---

520 Vgl. u. a. § 33 II LMedG HH; § 57 II RGMV; §§ 65 I, 66 I LRG Saarl.; § 52 I PRG LSA, § 65 III LRG Schl.-H.; § 58 I HPRG.

521 Dazu gehören das Saarland und Mecklenburg-Vorpommern.

522 Vgl. *Hoffmann-Riem*, Finanzierung und Finanzkontrolle, S. 70.

523 Siehe auch *Hesse*, Rundfunkrecht, S. 221, Rdnr. 32; *Hoffmann-Riem*, Finanzierung und Finanzkontrolle, S. 70; für eine Finanzierungspflicht der „Veranlasser" *Oppermann/Kilian*, Rechtsgrundsätze der Finanzierung öffentlich-rechtlichen Rundfunks in der dualen Rundfunkverfassung der Bundesrepublik Deutschland, Beiträge zum Rundfunkrecht, Heft 41, 1989, S. 97 f.

524 So für entsprechende Regelungen bei den Landesmedienanstalten *Hartstein/Ring/Kreile/Dörr/Stettner*, Rundfunkstaatsvertrag, Bd. II, C-0.3, § 40, Rdnr. 24.

525 So ausdrücklich für die Landesmedienanstalten *Arnold/Becker*, Die Konzessionsabgabe: eine rechtswidrige Belastung der privaten Rundfunkveranstalter, in: ZUM 98, 465 [474]; differenzierend, aber im Ergebnis ebenso *Schuppert*, Zur verfassungsrechtlichen Zulässigkeit von Zwangsabgaben privater Sender, in: ZUM 95, 1 [14].

526 Im Ergebnis wohl ebenso *Hesse*, Rundfunkrecht, S. 221, Rdnr. 32; *Hoffmann-Riem*, Finanzierung und Finanzkontrolle, S. 70.

527 Bereits gegen die existierenden Regelungen zur Finanzierung der Landesmedienanstalten hat sich erheblicher Widerstand formiert, vgl. die Nachweise bei *Hoffmann-Riem*, Finanzierung und Finanzkontrolle, S. 70, Fn. 2.

bb) Finanzierung durch staatliche Finanzzuschüsse

Denkbar ist es weiterhin, die Ländermedienanstalt durch staatliche Zuschüsse der Länder zu finanzieren[528]. In der Anfangsphase des privaten Rundfunks sahen die Landesmediengesetze teilweise diese Möglichkeit tatsächlich vor[529]. Wegen der verfassungsrechtlich gebotenen Staatsferne der Rundfunk- bzw. Medienaufsicht als einer grundrechtssichernder Anstalt und der Möglichkeiten der mittelbaren Einflußnahme auf die Arbeit der Institution über die Finanzierung in dieser Form ist diese Finanzierungsvariante als verfassungswidrig abzulehnen[530].

cc) Finanzierung durch die Rundfunkgebühr

Es bleibt schließlich die Möglichkeit, die Ländermedienanstalt – wie im wesentlichen die Landesmedienanstalten[531] – durch eine Beteiligung an der allgemeinen Rundfunkgebühr zu finanzieren. In welcher Höhe dieser Anteil zu bemessen wäre, braucht hier nicht näher erörtert zu werden. Da durch eine Ländermedienanstalt Einsparungen im Vergleich zu den bisherigen Aufsichtskosten erzielt werden sollten, dürfte ein zweiprozentiger Anteil wie derzeit nicht in Frage kommen. Die verfassungsrechtliche Grenze ist aber eine finanzielle Beschneidung mit dem Ziel, die Ländermedienanstalt politisch zu disziplinieren, oder eine Finanzausstattung mit dem Ergebnis, daß sie ihre gesetzlichen Aufgaben bei objektiver Betrachtung nicht effektiv erfüllen könnte[532]. Bei einer Regelung in einem Staatsvertrag muß darauf geachtet werden, für die Verwendung der Einnahmen aus der Rundfunkgebühr keine so konkreten Zweckbestimmungen vorzuschreiben, daß nicht die Annahme einer verdeck-

---

528 Die Finanzierung durch den Staatshaushalt ist mit Ausnahme Großbritannien typisch für Rundfunkaufsichtsbehörden in Europa, wie oben an den Beispielen Italien und Frankreich gezeigt wurde.

529 Vgl. dazu *Hoffmann-Riem*, Finanzierung und Finanzkontrolle, S. 70.

530 Ebenso für die Landesmedienanstalten *Hoffmann-Riem*, Finanzierung und Finanzkontrolle, S. 70; ablehnend auch *Hesse*, Rundfunkrecht, S. 221, Rdnr. 32, aber deswegen, weil er die ausreichende Verfügbarkeit von Haushaltsmitteln für nicht gegeben hält; a. A. *Oppermann/Kilian*, Rechtsgrundsätze der Finanzierung öffentlich-rechtlichen Rundfunks, S. 97 f.

531 Siehe dazu bereits oben unter 1. Kapitel, III. 1. a), S. 6, und die in Fn. 27 angegebenen Literaturnachweise.

532 Für die Landesmedienanstalten *Hartstein/Ring/Kreile/Dörr/Stettner*, Rundfunkstaatsvertrag, Bd. II, C-0.3, § 40, Rdnr. 24.

ten politischen Einflußnahme naheliegt, bei der die notwendige Staatsfreiheit der Aufsicht verletzt wäre[533].

Grundsätzlich bietet aber diese Form der Finanzierung bei Berücksichtigung der eben genannten Einschränkungen die beste Gewähr für Unabhängigkeit und Staatsfreiheit der Ländermedienanstalt. Durchgreifende verfassungsrechtliche Bedenken bestehen gegen diese Form der Finanzierung bei einer Ländermedienanstalt nicht[534]. Das Bundesverfassungsgericht mußte sich zur generellen Problematik bisher nicht äußern. Bei der – allerdings nur begrenzt vergleichbaren – Problematik des sogenannten Kabelgroschens für die Kabelpilotprojekte hat das Gericht diesen für verfassungsgemäß erachtet, weil dieser „Groschen" auch Teil der Gesamtfinanzierung des Rundfunks sei[535]. Die Rundfunkgebühr ist eben keine Gegenleistung für bestimmte öffentlich-rechtliche Programme, sondern dient der „Gesamtveranstaltung Rundfunk". Es wäre also konsequent, sie auch für die Ländermedienanstalt als Aufsicht über den privaten Rundfunk und anderer Dienste einzusetzen, die sich grundsätzlich an die Allgemeinheit richten. Die Aufsicht erfolgt im Interesse aller, so daß es gerechtfertigt wäre, alle Rundfunkteilnehmer zur Finanzierung heranzuziehen[536].

g) Rechtliche Umsetzung

Wie bereits mehrfach angedeutet, ist eine Ländermedienanstalt nur über einen Staatsvertrag der Bundesländer zu verwirklichen, der von den Landesparlamenten zu billigen wäre, weil der Regelungsgegenstand „Ländermedienan-

---

533 Zur Problematik der Zweckbestimmung bei den Landesmedienanstalten siehe *Ring*, Gefährdung der Rundfunkfreiheit, in: *Badura/Scholz,* Wege und Verfahren des Verfassungslebens, Festschrift für Peter Lerche, 1993, S. 707 [714 f].

534 Zur Rechtmäßigkeit der Rundfunkgebühr und des zweiprozentigen Anteils für die Landesmedienanstalten BVerwG MP Dokumentation I/99, 1 [7 ff] = NJW 99, 33 [33 ff]; vgl. ausführlich zur Problematik *Hoffmann-Riem*, Finanzierung und Finanzkontrolle, S. 80 ff.

535 BVerfGE 90, 60 [106 f]; zu der damals in der Literatur geführten Diskussion vgl. die Nachweise bei *Herrmann*, Rundfunkrecht, S. 705, Rdnr. 45; zur Problematik des Kabelgroschens siehe auch *Hartstein/Ring/Kreile/Dörr/Stettner*, Rundfunkstaatsvertrag, Bd. II, C-0.3, § 40, Rdnr. 45.

536 In diesem Sinne zutreffend *Hartstein/Ring/Kreile/Dörr/Stettner*, Rundfunkstaatsvertrag, Bd. II, C-0.3, § 40, Rdnr. 45.

stalt“ unter einem Parlamentsvorbehalt steht[537]. Zu prüfen ist, ob ein Staatsvertrag in einem solchen Umfang und mit bisher nicht vergleichbaren Konsequenzen verfassungsgemäß wäre.

aa) *Keine Grenzen für die Kompetenzübertragungen auf die Gemeinschaftseinrichtung „Ländermedienanstalt“*

Die Frage ist, ob nicht der Kompetenzübertragung auf Gemeinschaftseinrichtungen der Länder Grenzen gesetzt sind und ob diese bei der Ländermedienanstalt möglicherweise überschritten werden. Zweifel an der grundsätzlichen Zulässigkeit von Kooperationen der Länder auf dem Gebiet des Rundfunks, wie sie bei der Gründung des Zweiten Deutschen Fernsehens geäußert wurden[538], können als überholt angesehen werden[539]. Kooperationen durch die Länder werden im wesentlichen durch die bundesstaatliche Ordnung, das Demokratie- und das Rechtsstaatsprinzip begrenzt[540].

Bedenken gegen einen Staatsvertrag ergeben sich hinsichtlich der bundesstaatlichen Ordnung auch nicht unter dem Gesichtspunkt der Mischverwaltung[541], da es sich nur um eine Ländergemeinschaftseinrichtung ohne Beteiligung des Bundes handelt.

Fraglich könnte allerdings sein, ob mit der Kompetenzübertragung auf eine Gemeinschaftseinrichtung der Grenzbereich einer unzulässigen Preisgabe der Eigenstaatlichkeit der Länder erreicht ist, die mit dem durch Art. 79 Abs. 3 GG geschützten bundesstaatlichen Prinzip aus Art. 20 Abs. 1 GG nicht ver-

---

537 Zum Terminus und zur Notwendigkeit eines Staatsvertrages siehe ausführlich *Rudolf*, in: *Isensee/Kirchhof*, Handbuch des Staatsrechts, Bd. IV, 1990, § 105, S. 1115 ff, Rdnr. 52 ff.

538 Siehe nur *Kölble*, „Gemeinschaftsaufgaben“ der Länder und ihre Grenzen, in: NJW 62, 1081 [1084]; *Haegert*, Verfassungsrechtliche Fragen des Zweiten Deutschen Fernsehens, in: NJW 64, 12 [15].

539 Ebenso *Tabbara* ZUM 96, 378 [382 f] mwN.; siehe auch *Pietzcker*, Zusammenarbeit der Gliedstaaten im Bundesstaat, in: *Starck* (Hg.), Zusammenarbeit der Gliedstaaten im Bundesstaat, 1988, S. 46 ff; zu den ablehnenden Stimmen gehörte u . a. *Kratzer*, Die Mainzer Fernsehanstalt, in: DVBl. 63, 309 [312 f].

540 *Rudolf*, in: *Isensee/Kirchhof*, Handbuch des Staatsrechts, Bd. IV, § 105, S. 1129 f, Rdnr. 79 ff.

541 Ebenso *Koenig* K&R 2000, 1 [4] und für die in diesem Punkt vergleichbare Konstruktion des „Länderbüros Neue Medien“ *ders.* Beilage zu MMR 12/1998, 1 [13].

einbar ist[542], bzw. ob eine unzulässige „dritte staatliche Ebene" gebildet wird[543].

Das bundesstaatliche Prinzip setzt voraus, daß den Ländern ein unentziehbarer Kern von eigenen Aufgaben verbleibt, wobei sich diese Garantie in erster Linie gegen den Bund richtet[544]. Das Bundesverfassungsgericht hat bisher offengelassen, ob eine Verletzung auch durch Selbstbindung der Länder möglich ist[545]. Im HR-3-Beschluß verzichtete das Gericht nur wegen der geringen Bedeutung der Werbeverbote für die dritten Fernsehprogramme der Landesrundfunkanstalten auf eine diesbezügliche Entscheidung und weil hierbei der Gestaltungsrahmen des Landesgesetzgebers nicht unerträglich eingeengt sei[546]. Dadurch kam es auch nicht auf die Frage an, ob es sich bei den Werbeverboten um eine bundesweit vereinheitlichungsbedürftige Regelung handelt[547]. Dem Urteil lassen sich jedoch wegen seiner Begründung, warum keine Entscheidung nötig war, Anhaltspunkte für eine zu weitgehende Selbstbindung der Länder entnehmen:

Danach muß wohl einerseits ein Gestaltungsrahmen für den Landesgesetzgeber erhalten bleiben. Andererseits ist für die Übertragung auf eine Gemeinschaftseinrichtung bei einer bedeutenden Kompetenz entscheidend, ob ein Bedürfnis nach bundeseinheitlicher Regelung besteht[548]. Mit der Aufgabe der Landesmediengesetze zu Gunsten einer staatsvertraglichen Regelung und durch die Übertragung der Kompetenzen der Landesmedienanstalten auf eine

---

542 Ausführlich zur konkreten Problematik *Tabbara* ZUM 96, 378 [383]; allgemein *Rudolf*, in: *Isensee/Kirchhof*, Handbuch des Staatsrechts, Bd. IV, § 105, S. 1129 f, Rdnr. 80 f.

543 Nach der heute absolut herrschenden zweigliederigen Bundesstaatstheorie besteht die Bundesrepublik Deutschland aus zwei Ebenen: diejenige des Bundes und diejenige der Länder. Dieses Prinzip darf nicht durch die Schaffung einer weiteren, „dritten", Ebene gestört werden, vgl. BVerfGE 13, 54 [74 u. 77 f]; siehe auch *Kimminich*, Der Bundesstaat, in: *Isensee/Kirchhof* (Hg.), Handbuch des Staatsrechts, Bd. I, 1987, § 26, S. 1137 f, Rdnr. 44 ff u. S. 1146, Rdnr. 55; ausführlich zur gemeinsamen Kompetenzwahrnehmung der Länder durch eine Gemeinschaftseinrichtung und deren Zulässigkeit *Pietzcker*, in: *Starck* (Hg.), Zusammenarbeit der Gliedstaaten im Bundesstaat, S. 60 ff; für das ZDF hat *Kratzer* DVBl. 63, 309 [313] allerdings eine unzulässige dritte Ebene angenommen; für sein in diesem Punkt vergleichbaren Aufsichtsmodell lehnt *Koenig* Beilage zu MMR 12/1998, 1 [13] dies dagegen ab.

544 BVerfGE 87, 181 [196].

545 BVerfGE 87, 181 [196 f]; dafür *Rudolf*, in: *Isensee/Kirchhof*, Handbuch des Staatsrechts, Bd. IV, § 105, S. 1129 f, Rdnr. 80.

546 BVerfGE 87, 181 [197].

547 BVerfGE 87, 181 [197].

548 Siehe auch *Tabbara* ZUM 96, 378 [383].

zentrale Institution wird der Gestaltungsrahmen der Länder um ein vielfaches mehr eingeschränkt als dies durch die Werbeverbote der Fall war. Hinzu kommt, daß es sich bei diesem Gestaltungsrecht ohne Zweifel um eine bedeutende Länderkompetenz handelt. Dennoch verliert das einzelne Land nicht völlig an Einfluß. Die Ländermedienanstalt bietet beispielsweise jedem einzelnen Land die Möglichkeit, sowohl bei der Lizenzierung als auch bei Überwachung auf alle bundesweit verbreiteten Programme Einfluß zu nehmen, was nach dem bisherigen Verfahren nicht der Fall ist[549]. Das gilt ähnlich für programm- und konzentrationsrechtliche Entscheidungen.

Dieser Kompetenzgewinn gleicht nicht völlig den Kompetenzverlust aus. Festzuhalten ist jedoch, daß den Ländern Regelungs- und Einflußmöglichkeiten erhalten bleiben. Das gilt um so mehr, wenn man nicht nur den privaten Rundfunk, sondern den Rundfunk insgesamt und damit den öffentlich-rechtlichen Bereich in die Betrachtung miteinbezieht. Schließlich ist für den Regelungsbereich von einem ganz überwiegenden Bedürfnis nach bundeseinheitlicher Regelung auszugehen[550]. Damit ist eine Preisgabe der Eigenstaatlichkeit ebenso abzulehnen wie die Annahme einer „dritten staatlichen Ebene", weil mit der Ländermedienanstalt kein staatliches Gebilde entsteht, das die Grenzen der die Gesamtverfassung der Bundesrepublik tragenden Prinzipien überschreitet bzw. eine staatenbündische Ordnung[551] begründet.

Hinsichtlich des Demokratieprinzips ließe sich daran denken, daß die Ländermedienanstalt ein Demokratiedefizit haben könnte, da möglicherweise die Landtage übermäßig an (politischem) Einfluß verlieren[552]. Hierbei ist jedoch einerseits zu berücksichtigen, daß die Landtage verfassungsrechtlich in ihrem Gesetzgebungsrecht uneingeschränkt blieben. Denn die gesetzgeberischen Akte würden von ihnen gesetzt, auch wenn bei Staatsverträgen nur Zustimmung oder Ablehnung möglich ist. Andererseits könnten die Kompetenzen der Ländermedienanstalt zur normativen Regelung von Problemkreisen nur die

---

549 Bisher wird jeder Sender von der Landesmedienanstalt eines Bundeslandes lizenziert und damit auch überwacht. Die anderen Landesmedienanstalten können beispielsweise bei Verstößen gegen Jugendschutzbestimmungen nur über die Regeln der DLM Einfluß nehmen.

550 Ebenso *Tabbara* ZUM 96, 378 [384]; siehe dazu die vorangegangenen Ausführungen zur Bewertung der Ländermedienanstalt oben unter 4. Kapitel, I. 5. h) aa), S. 128 ff.

551 Zu diesem Merkmal *Rudolf*, in: *Isensee/Kirchhof*, Handbuch des Staatsrechts, Bd. IV, § 105, S. 1129 f, Rdnr. 80.

552 Vgl. zu dieser Problematik *Rudolf*, in: *Isensee/Kirchhof*, Handbuch des Staatsrechts, Bd. IV, § 105, S. 1129 ff, Rdnr. 80 f.

Bereiche erfassen, die ihr ausdrücklich per Staatsvertrag zugewiesen wären oder nicht gegen den Grundsatz vom Vorbehalt des Gesetzes verstießen.

Da schließlich durch die Gemeinschaftseinrichtung der Länder für den Rundfunk ebensowenig der (Grund-) Rechtsschutz[553] eingeschränkt würde, ergäben sich auch dadurch für die Kompetenzübertragung auf die Ländermedienanstalt in ihrer dargestellten Konstruktion keine Grenzen.

bb) Notwendigkeit einer Verfassungsänderung in Bayern

Der Abschluß eines Staatsvertrages über eine Ländermedienanstalt ist in allen Bundesländern unproblematisch mit Ausnahme Bayerns. Dies hat mit der bayerischen Sonderform der Rundfunkorganisation zu tun[554]. Gemäß Art. 111 a Abs. 2 S. 1 Bayerische Verfassung heißt es: „Rundfunk wird in öffentlicher Verantwortung und in öffentlich-rechtlicher Trägerschaft betrieben." Ohne auf die sich hieraus ergebende Problematik näher eingehen zu müssen, ist festzustellen, daß sich diese landesverfassungsrechtliche Bestimmung nicht mit dem hier dargestellten Modell einer Ländermedienanstalt als reine (Lizenzierungs- und) Aufsichtsinstitution vereinbaren läßt. Da die Ländermedienanstalt natürlich auch für die nur in Bayern veranstalteten Programme zuständig wäre, ohne deren öffentlich-rechtlicher Träger zu sein, wäre eine diesbezügliche Änderung der bayerischen Landesverfassung offensichtlich notwendig.

h) Bewertung und Einschätzung der politischen Machbarkeit

aa) Bewertung

Im Verhältnis zu den anderen beschriebenen Modellen ist die Ländermedienanstalt die radikalste Weiterentwicklung der Rundfunkaufsicht auf den durch das Grundgesetz vorgegebenen föderalen Strukturen. Angesichts der oben ausführlich beschriebenen Tendenzen[555] und den Zwängen und Anforderungen,

---

[553] Zu diesem Merkmal *Rudolf*, in: *Isensee/Kirchhof*, Handbuch des Staatsrechts, Bd. IV, § 105, S. 1129 f, Rdnr. 80.

[554] Vgl. zu der bayerischen Sonderform der Rundfunkorganisation ausführlich *Hesse*, Rundfunkrecht, S. 260 ff, Rdnr. 114 ff; *Herrmann*, Rundfunkrecht, S. 431, Rdnr. 8 ff.

[555] Siehe oben unter 1. Kapitel, IV., S. 21 ff.

denen die Medienregulierung in Zukunft unterliegen wird, ist sie als zentrale Einrichtung im Vergleich zu den vorangegangenen Modellen die konsequenteste Lösung der Frage nach einer effektiven Medienaufsicht. Mit ihr würde bei kompromißloser Umsetzung der in den vorangegangenen Abschnitten dargestellten organisatorischen Lösungen die überwiegende Zahl der Probleme und Schwachstellen der bisherigen Aufsicht beseitigt werden. Mit der Ländermedienanstalt wäre zunächst eine erhebliche Effektivitätssteigerung in sachlicher wie in zeitlicher Hinsicht zu erwarten[556]. Diese resultiert im wesentlichen aus dem Wegfall der regionalen Zersplitterung mit seinen dargestellten Begleiterscheinungen wie der Notwendigkeit zur Kooperation und Koordination, der möglichen gegensätzlichen Entscheidungen in Sach- und Rechtsfragen sowie generellen Zuständigkeitsproblemen. Die Zahl der Regulierungsbehörden für elektronische mediale Angebote wäre auf eine überschaubare Zahl reduziert[557]. Das bedeutete eine erheblich gesteigerte Transparenz bei den Entscheidungsabläufen. Ein gegenseitiges Ausspielen von verschiedenen Institutionen vor dem Hintergrund standortpolitischer Rücksichtnahmen durch die Veranstalter wäre ausgeschlossen. Mit der Vereinheitlichung der Rundfunk- und Mediengesetze käme es zu einer bundesweiten Rechtsgleichheit mit der Folge einer verbesserten Rechtssicherheit und -klarheit bei den Programm- und Diensteanbietern. Dadurch würde nicht zuletzt auch Deutschland als Wirtschaftsstandort für Unternehmen der Medien- und Telekommunikationsbranche an Bedeutung gewinnen, in den vergangenen Jahren verlorenes Terrain könnte möglicherweise wiedergutgemacht werden.

Mit der Ländermedienanstalt in ihrer hier vorgeschlagenen Form wäre auch das Problem der strikten Trennung von Rundfunk und Telekommunikation ohne Grundgesetzänderung in akzeptabler, wenn natürlich auch nicht in umfassender Weise gelöst. Der Schritt von der reinen Rundfunkaufsicht zur Medienaufsicht könnte vollzogen werden. Die Telekommunikation wäre wieder erkennbarer auf ihre „dienende" Funktion reduziert. Die bestehenden Reibungsprobleme zwischen den Landesmedienanstalten und der Regulierungsbehörde für Telekommunikation ließen sich auf eine Minimum zurückführen, da die Regulierung der Inhalte im ganz wesentlichen – wie dargestellt – bei der Ländermedienanstalt konzentriert wäre.

---

556 Siehe zu den Vorteilen einer einheitlichen Institution auch *Tabbara* ZUM 96, 378 [388 ff].

557 Es blieben mit der Regulierungsbehörde und dem Bundeskartellamt drei Institutionen.

Durch eine zentrale Einrichtung könnte auch die Programmaufsicht erheblich an Durchsetzungskraft und öffentlicher Wirkung gegenüber der bisherigen Situation gewinnen. Es kann einerseits nicht mehr zu einer unterschiedlichen Aufsichtspraxis mit unter Umständen gegensätzlichen Entscheidungen kommen. Andererseits könnte die Ländermedienanstalt auf dem Gebiet des Rundfunks bzw. der elektronischen Medien Funktionen ausüben wie der Presserat für die gedruckten Publikationen[558].

Für eine Ländermedienanstalt sprechen auch Wirtschaftlichkeitsüberlegungen. So dürfte sich ein erhebliches Einsparpotential allein dadurch ergeben, daß durch die Zusammenlegung der 15 Verwaltungen der Landesmedienanstalten Doppel- und Mehrfacharbeit vermieden wird. Eine gemeinsame Einrichtung bräuchte erheblich weniger Personal und sonstige Mittel als die Gesamtheit der Aufsichtsbehörden. Sicherlich ist kurzfristig nicht mit Einsparungen zu rechnen. Nach einer längeren Gründungs- und Einarbeitungsphase dürfte daran aber nicht wirklich ein Zweifel bestehen[559].

Mit der Ländermedienanstalt und einem Hauptorgan in Form des Ratsmodells könnte zusätzlich der Einfluß der Politik auf die Aufsicht über den privaten Rundfunk zurückgedrängt werden. Politische Einflußnahmen über in ein Hauptgremium entsandte Abgeordnete oder über Vertreter von Parteien nahestehenden „pluralen" Gruppen wäre ausgeschlossen. Zusätzlich könnte erst recht durch das oben präferierte Ernennungsverfahren für die Mitglieder der Ländermedienanstalt der Ruf erworben werden, politisch weitgehend unabhängig und nicht wie die Landesmedienanstalten unter deutlichem politischen Einfluß zu sein.

Mit dem Modell der Ländermedienanstalt als zentrale Behörde würde die Bundesrepublik mit den Entwicklungen in den europäischen Vergleichsstaaten Frankreich, Großbritannien und Italien in etwa gleichziehen. Die meisten Parallelen hätte die Konstruktion aus Ländermedienanstalt und Regulierungsbe-

---

558 Hierfür könnte auch die britische BSC Vorbild sein; siehe zu ihr oben unter 1. Kapitel, V. 2. c), S. 33.

559 Die Erklärung Niedersachsens für die Aufgabe der Pläne für eine gemeinsame Landesmedienanstalt der Nordländer war unter anderem, die wirtschaftlichen Vorteile seien nicht überzeugend gewesen, weil sich Kürzungen bei den Personalausgaben erst nach Jahren auswirkten (vgl. „Medienanstalt bleibt solo", HAZ v. 05.11.1999). Eine solche Begründung vermag jedoch nicht zu überzeugen. Denn damit wird ausdrücklich Sparpontential eingeräumt. Daß eine Neuorganisation auf Dauer angelegt ist, sollte selbstverständlich sein, so daß davon auszugehen ist, daß der Grund der Wirtschaftlichkeit vorgeschoben ist.

hörde mit dem Dualismus ITC und OFTEL in Großbritannien, wenn die ITC natürlich auch keine föderale Grundlage hat[560]. Im Konzert der europäischen Aufsichtsstellen wie gegenüber den Institutionen der Europäischen Gemeinschaften würde eine vereinheitlichte deutsche Medienaufsicht erheblich an Bedeutung gewinnen, da sie mit einer Stimme sprechen kann und nicht wie die DLM bisher letztlich immer der Rückversicherung durch die 15 Landesmedienanstalten bedarf[561].

Gegen die Einrichtung einer Ländermedienanstalt wird in praktischer Hinsicht eingewandt, daß lokale und regionale Vielfalt nicht durch eine bundesweit einheitliche Institution gewährleistet werden könne. Das könne nur „vor Ort" geleistet werden[562]. Selbst wenn man dies zunächst so annähme, dann ließe sich dieses Problem ohne Zweifel durch regionale Büros – wie bereits oben vorgeschlagen[563] – lösen. Weiterhin wird diese Annahme auch durch die Beispiele aus den Vergleichsländern widerlegt, in denen es – vor allem in den USA – trotz einer Zentralbehörde ein umfangreiches Angebot an lokalen und regionalen Rundfunkprogrammen gibt. Und schließlich geht diese Auffassung noch davon aus, daß Vielfalt durch Belegung hergestellt werden muß. Im digitalen Rundfunk mit seiner Kapazitätsvervielfachung ist Vielfalt jedoch durch Offenheitspflege zu bewahren. Diese geschieht unabhängig von Fragen eines lokalen, regionalen oder bundesweiten Programmangebots.

Es wird weiterhin gegen eine zentrale Einrichtung eingewandt, daß mit ihr ein weitgehender Verlust föderaler Strukturen einhergehe. Diese bisherigen Strukturen hätten sich eben auch in der Vielzahl der Landesmedienanstalten abgebildet, die dadurch als „Pluralismusreserve" anzusehen gewesen seien, die dann aber verloren gehe[564]. Hiergegen ist einzuwenden, daß der Föderalismus an sich kein Selbstzweck ist. Angesichts der ohnehin bestehenden und oben geschilderten Zentralisierungstendenzen, dem vorhandenen Stand der Vereinheitlichung und den Vorteilen, die aus einer gemeinsamen Anstalt resultieren,

---

560 Vgl. zur Aufsicht in Großbritannien oben unter 1. Kapitel, V. 2., S. 29 ff.

561 In diesem Sinne, aber ohne konkreten Bezug zu einem Ordnungsmodell *Geppert*, Europäischer Rundfunkraum und nationale Rundfunkaufsicht, S. 140 u. 142.

562 So der ehemalige DLM-Vorsitzende *Hochstein* in: „Geschlossen und handlungsfähig", Funkkorrespondenz 48/98, S. 6.

563 Siehe oben unter 4. Kapitel, I. 5. a), S. 101.

564 *Tabbara* ZUM 96, 378 [387]; so wohl auch *Kleist* ZUM 95, 266 [267]; *Dörr*, Medienkonzentration und föderalistische Steuerung, in: Medienvielfalt ohne Kontrolle? Vom Bayerischen Medienführerschein zur Kieler Unbedenklichkeit, EMR-Schriftenreihe, Bd. 13, S. 33.

ist dieser Verlust hinnehmbar, wenn man einen solchen denn überhaupt annehmen will.

Gegen die Ländermedienanstalt werden schließlich auch „demokratiepolitische Gründe“ ins Feld geführt. Eine solche Einrichtung würde zu einem Macht- und Gestaltungszentrum, das demokratisch kaum noch zu kontrollieren wäre[565]. Auch dieser Einwand vermag nicht überzeugen, weil überzeugende Gründe dafür nicht ersichtlich sind. Einerseits zeigen die Beispiele aus den Vergleichsstaaten mit ihren im Verhältnis zur Ländermedienanstalt noch eher demokratisch „bedenklicheren“ Konstruktionen, daß keine unkontrollierbaren, sich verselbständigenden „Machtzentren“ entstanden sind. Andererseits kann neben der Rechtsaufsicht auch eine demokratische Kontrolle – wenn auch nur mittelbar – über die Landesparlamente und in gewisser Weise ebenso über die Ernennung der Mitglieder der Anstalt erfolgen. Eine andere Form der „Kontrolle“ wäre aber weder wünschenswert noch verfassungsrechtlich zulässig. Bei aller Vorsicht hinsichtlich der Vergleichbarkeit würde auch niemand beispielsweise der Bundesbank oder den Landesrechnungshöfen vorwerfen, ein nicht demokratisch zu kontrollierendes Machtzentrum zu sein.

bb) Einschätzung der politischen Machbarkeit

Das Modell der Ländermedienanstalt gehört wohl zu den am meisten genannten und auch politisch diskutierten Reform-Modellvarianten. Überzeugende Anstrengungen in diese Richtung wurden bisher jedoch nicht unternommen. Das liegt nicht zuletzt am heftigen Widerstand der Bundesländer Bayern und Baden-Württemberg, die einer wie auch immer gearteten Vereinheitlichung der Rundfunk- und Medienaufsicht ablehnend gegenüber stehen. Die Haltung der anderen Bundesländer ist dagegen eher positiv, wenn auch sehr zurückhaltend[566]. Desto mehr jedoch der Druck wächst, die Rundfunkaufsicht zu reformieren, desto mehr dürften die Bundesländer ihre von Besitzstandswahrung geprägte Einstellung aufgeben. Dieses Modell könnte dann auch eher Zustimmung finden als die vorangegangenen, weil alle Länder mit Ausnahme des Sitzlandes der Ländermedienanstalt auf ihre Rundfunkpfründe verzichten

565 So der ehemalige DLM-Vorsitzende *Hochstein* in: „Geschlossen und handlungsfähig“, Funkkorrespondenz 48/98, S. 6.

566 Der niedersächsische Chef der Staatskanzlei, Schneider, hat in seiner Ablehnung der „Nordländermedienanstalt“ gleichzeitig eine Ländermedienanstalt nicht ausgeschlossen,
Fußnote wird fortgesetzt

müßten und nicht nur einige zu Gunsten anderer wie im Modell 2 („Regionale Neugliederung“) und 4 („Kombinationsmodell“).

Angesichts der leichten formellen Umsetzung könnte dieses Modell gegenüber den anderen Varianten einer Zentralinstanz[567] (auch weil es keiner Grundgesetzänderung bedarf) eine nicht zu unterschätzende Chance haben. Das gilt auch deswegen, weil mit ihm – wie dargestellt – eine wesentliche Verbesserung bei der Aufsicht im Verhältnis zur bestehenden Organisation erreicht werden kann. Schwierigkeiten sind für dieses Modell, wenn die Länder bezüglich der Gründung grundsätzlich übereinstimmen, vor allem in den materiellen Problemen zu sehen, die oben ausführlich dargestellt worden sind. Besonders die Frage des Sitzlandes für eine solche Anstalt dürfte ein Problem sein, an der eine Gründung immer wieder Scheitern könnte. Das gilt auch für die Frage der Besetzung des Präsidentenamtes wie für das Hauptorgan. Im Ergebnis ist die Verwirklichung dieses Modells politisch nicht unwahrscheinlich. Es dürfte jedoch nicht mit einer baldigen Gründung zu rechnen sein[568].

II. Zentralistische Modelle

Während die bisher diskutierten Organisationsmodelle nur mehr oder weniger konsequente Weiterentwicklungen auf der Grundlage der vom Grundgesetz vorgegebenen föderalen Strukturen waren, so sind doch darüber hinaus auch zwei Modelle denkbar, die aus diesem Schema ausbrechen: Das Modell der Bund-/Länderanstalt und das Modell der Bundesmedienanstalt.

1. Modell 6: Bund-/Länderanstalt

Als erstes zentralistisches Organisationsmodell ist an eine Gemeinschaftseinrichtung von Bund und Ländern als Bund-/Länderanstalt zu denken[569].

---

indem er erklärte, es spreche viel für eine Medienanstalt aller Länder; siehe „Medienanstalt bleibt solo“, HAZ v. 05.11.1999.

[567] Dazu im folgenden ausführlich, siehe unter 4. Kapitel, II., S. 133 ff.

[568] So bereits die Einschätzung von *Geppert*, Europäischer Rundfunkraum und nationale Rundfunkaufsicht, S. 143.

[569] So *Scholz* AfP 95, 357 [360]; siehe auch die Gestaltungsoption 1 bei *Scherer/Hölscher*, Gestaltungsspielräume, S. 49 ff; *Koenig* K&R 2000, 1 [5]; *Rossen-Stadtfeld* ZUM 2000,

Fußnote wird fortgesetzt

a) Konstruktion

In dieser Anstalt könnten die Landesmedienanstalten (sowie KEK und KDLM) und die Regulierungsbehörde für Telekommunikation und Post zu einer einheitlichen Institution zusammengeführt werden. Das hätte grundsätzlich eine Auflösung der Landesmedienanstalten und der Regulierungsbehörde zur Folge.

In einer abgemilderten Form ließe sich daran denken, Landesmedienanstalten in Form der oben dargestellten Ländermedienanstalt und die Regulierungsbehörde lediglich unter das Dach eines gemeinsamen Leitungsgremiums mit Entscheidungskompetenzen zu fassen[570]. Für die letztlich nachher entscheidende Frage nach der rechtlichen Umsetzbarkeit macht dies jedoch keinen Unterschied, da es sich in beiden Fällen um Gemeinschaftseinrichtungen von Bund und Ländern handelt. In der Sache ist zusätzlich nicht erkennbar, welche Vorteile eine solche Zwitterinstitution im Verhältnis zu einer „monolithischen" Einrichtung haben soll. Eher sind sogar Nachteile darin zu sehen, daß dabei unnötiger Koordinierungs- und Kooperationsbedarf besteht.

b) Stellung im Staatsaufbau

Eine Institution wie die Bund-/Länderanstalt ist bisher ohne Vorbild in Deutschland. Bezüglich ihrer Stellung im Staatsaufbau ist daher – unabhängig der Realisierungsmöglichkeit nach der Verfassungslage[571] – nach den zwingenden Notwendigkeiten aufgrund der Regelungsmaterie zu fragen. Hier spielt der Rundfunk die ausschlaggebende Rolle. Nach der Rechtsprechung des Bundesverfassungsgerichtes ist dieser staatsfrei bzw. staatsfern zu halten, was

---

36 [43 f]; dazu ebenso *Hartstein/Ring/Kreile/Dörr/Stettner*, Rundfunkstaatsvertrag, Bd. II, C-0.3, § 38, Rdnr. 3 sowie der Ansatz von *Kreile*, Kompetenz und kooperativer Föderalismus im Bereich des Kabel- und Satellitenrundfunks, S. 294 ff, der allerdings nur von einer „Bund-Länder-Satellitenanstalt" spricht; gegen eine Zusammenfassung von Medien- und Telekommunikationsaufsicht in jeder Organisationsform *Paulweber*, Eine Super-Medienbehörde in Deutschland?, in: AfP 99, 439 [448].

570 So *Scherer/Hölscher*, Gestaltungsspielräume, S. 36, in ihrer Gestaltungsoption 1, wobei sie die völlige Auflösung der Institutionen zu Gunsten einer „monolithischen Superbehörde" ablehnen; ähnlich *Rossen-Stadtfeld* ZUM 2000, 36 [43].

571 Dazu ausführlich unten 4. Kapitel, II. 1. g), S. 137 ff.

sich entsprechend auf die Organisation der Rundfunkaufsicht auswirkt[572]. Das bedeutet, eine vergleichbare Organisationsform wie sie für die Regulierungsbehörde in Form der Bundesoberbehörde[573] gewählt wurde, scheidet unbedingt aus. Denn hierbei handelt es sich um bundeseigene Verwaltung, die einer umfassenden Direktionsmacht des Bundes unterliegt, die aus dem hierarchischen Aufbau der Verwaltungseinheiten folgt. Die Regulierungsbehörde ist damit weisungsabhängig und unterliegt nicht nur einer Rechtsaufsicht, sondern ebenso einer – wenn auch faktisch eingeschränkten – Fachaufsicht[574]. Für die Bund-/Länderanstalt kommt allerdings nur eine Rechtsaufsicht in Frage, die durch den Bund oder die Länder ausgeübt wird. Als Organisationsform ließe sich daher nur an eine oberste Bundesbehörde wie die Bundesbank[575] oder den Bundesrechnungshof denken. Möglich wäre auch die Gründung einer Anstalt des öffentlichen Rechts[576]. Diese Lösung dürfte für Bund und Länder am ehesten akzeptabel sein. Zu entscheiden wäre nur, ob es sich um eine bundeszugehörige oder um eine länderzugehörige Anstalt handeln soll. Je nach dem sind die Verwaltungskompetenzen auf diese zu übertragen.

c) *Innere Organisation*

Für die Bund-/Länderanstalt bietet sich eine grundsätzliche Übertragung der Konstruktion an, wie sie für die Ländermedienanstalt gefunden wurde, so daß insoweit darauf verwiesen werden kann. Bei der Besetzung des Exekutivorgans wäre jedoch ein paritätisches Verhältnis zwischen Vertretern des Bundes und denen der Länder festzulegen. Hinsichtlich der notwendigen Staatsferne des Berufungsverfahrens ist allerdings eine Benennung der Mitglieder des Bundes allein durch den Bundeskanzler oder den Bundeswirtschaftsminister abzulehnen. Hier dürfte eine Wahl durch den Bundestag bei gleichzeitiger Festlegung der Höchstzahl von Vertretern der Regierung nach dem Vorbild der FCC in den USA oder der AGCOM in Italien der einzige verfassungsgemäße Weg sein.

---

[572] Siehe dazu bereits ausführlich oben unter 2. Kapitel, II., S. 45 f.

[573] Vgl. § 66 I TKG.

[574] Siehe ausführlich *Ulmen/Gump* CR 97, 396 [401]; *Gramlich* CR 98, 463 [464 f].

[575] Vgl. zum Rechtsstatus von Bundesbank und Bundesrechnungshof *Stern*, Das Staatsrecht der Bundesrepublik Deutschland, Bd. II, 1980, S. 491 ff u. 443 ff.

Eine Übernahme der Organisation der Regulierungsbehörde scheidet dagegen weitgehend aus, weil entweder mit ihr die erforderliche Staatsferne nicht sichergestellt wäre oder keine Notwendigkeit für bestimmte Organe bestünde. Das gilt besonders für die gerichtsähnlichen Beschlußkammern, die gemäß § 73 I TKG in den dort aufgeführten Fällen zu entscheiden haben. Sinn der Einführung von Beschlußkammern war, die Regulierung von politischen Einflüssen unabhängig zu machen[577]. Das wird einerseits in Frage gestellt, weil dies unter anderem mit dem generellen Weisungsrecht des Bundeswirtschaftsministers nicht zusammenpaßt[578]. Andererseits bedarf es bei der vorgeschlagenen Organisation keiner besonderen Spruchkörper mehr, um die Unabhängigkeit sicherzustellen, weil das gesamte System darauf ausgerichtet ist. Abzulehnen ist auch die Einrichtung eines Beirates in der Form, wie ihn § 67 I TGK vorschreibt. Dieser hat bei der RegTP die Funktion, die Länderbeteiligung an Entscheidungen der Behörde zu verbessern[579]. Das ist bei der Bund-/Länderanstalt grundsätzlich nicht nötig. Hinzu kommt, daß der Beirat ausschließlich mit Politikern des Bundestages und des Bundesrates besetzt ist, was offensichtlich dem Gebot der Staatsferne zuwiderlaufen würde.

d) Aufgaben

Die Bund-/Länderanstalt wäre umfassend für die elektronischen Medien wie Rundfunk und sonstigen Dienste sowie für die Telekommunikation zuständig. Bezüglich einer nicht sinnvollen Aufsichtskompetenz über den öffentlich-rechtlichen Rundfunk und dem Fortbestehen der Kompetenz für die rundfunkrechtliche Konzentrationskontrolle wird auf die Ausführungen zur Ländermedienanstalt verwiesen[580].

---

576 Dies wurde – wenn auch nicht ausdrücklich – auch für die Regulierungsbehörde vorgeschlagen, vgl. den Antrag der Bundestagsfraktion BÜNDNIS 90/DIE GRÜNEN BT-Drs. 13/3920.

577 *Kerkhoff*, in: Beck'scher TKG Kommentar, § 73, Rdnr. 2.

578 *Kerkhoff*, in: Beck'scher TKG Kommentar, § 73, Rdnr. 2 f.

579 *Kerkhoff*, in: Beck'scher TKG Kommentar, § 67, Rdnr. 1.

580 Siehe dazu oben unter 4. Kapitel, I. 5. d) bb), S. 112 ff.

e) *Kompetenzen und Aufsichtsmittel*

Für die notwendigen Kompetenzen und Aufsichtsmittel einer Medienaufsicht ist erneut auf die Ausführungen zur Ländermedienanstalt zu verweisen. Durch die Organisationsform ändert sich daran nichts. Hinsichtlich der Kompetenzen und Aufsichtsmittel auf dem Telekommunikationssektor wären die Regelungen des TKG für die Regulierungsbehörde maßgebend und insoweit zu übertragen.

f) *Finanzierung*

Bei der Finanzierung gibt es keine Veranlassung, vom dem vorgeschlagenen Weg der Finanzierung durch einen Anteil an der Rundfunkgebühr wie bei der Ländermedienanstalt abzuweichen.

g) *Rechtliche Umsetzung*

Die Bund-/Länderanstalt ist als gemeinsame Einrichtung zu gründen. Dazu wäre ein Staatsvertrag zwischen den Ländern auf der einen Seite und dem Bund auf der anderen Seite erforderlich. Dieser unterläge jedoch schwerwiegenden verfassungsrechtlichen Bedenken.

aa) *Verbot der Mischverwaltung*

Das erste Problem ergibt sich aus der grundgesetzlichen Aufteilung der Verwaltungskompetenzen an Bund und Länder. Nach der Systematik des Grundgesetzes werden die Verwaltungskompetenzen prinzipiell entweder von den Ländern oder vom Bund ausgeübt[581]. Das Grundgesetz teilt die Verwaltungszuständigkeit zwischen dem Bund und den Ländern auf und läßt für die Ausführung von Gesetzen nur eine bestimmte Anzahl von Verwaltungsformen zu[582]. Das schließt nicht grundsätzlich aus, daß Bund und Länder im Bereich

---

[581] *Schmidt-Bleibtreu/Klein*, Grundgesetz, 8. Auflage, Vorbem. v. Art. 83, Rdnr. 8.

[582] *Schmidt-Bleibtreu/Klein*, Grundgesetz, Vorbem. v. Art. 83, Rdnr. 8.

der Verwaltung überhaupt zusammenwirken könnten[583]. Die Grenze des zulässigen Zusammenwirkens gilt jedoch dann als überschritten, wenn dieses in Form der sogenannten Mischverwaltung erfolgt. Unter Mischverwaltung wird unter Zugrundelegung eines engen Begriffsverständnisses ein Zusammenwirken verstanden, bei dem zwingende Kompetenz- oder Organisationsnormen des Grundgesetzes entgegenstehen[584]. Das ist unter anderem dann der Fall, wenn sachliche Entscheidungen im tatsächlichen Zusammenwirken von Bundes- und Landesbehörden erfolgen, oder Mitplanungs-, Mitverwaltungs- oder Mitentscheidungsbefugnisse des Bundes im Aufgabenbereich der Länder bestehen, für die das Grundgesetz dem Bund nicht entsprechende Sachkompetenzen übertragen hat[585]. Die einzigen Ausnahmen vom Verbot der Mischverwaltung werden im Grundgesetz ausdrücklich und abschließend (numerus clausus[586]) aufgeführt[587].

Bei der Bund-/Länderanstalt stellte sich die Situation wie folgt dar: Dem Bund obliegt nach der diesbezüglich grundlegenden Rechtsprechung des Bundesverfassungsgerichtes im 1. Fernsehurteil[588] gemäß Art. 73 Nr. 7, 87 f GG die Gesetzgebungskompetenz für die damals noch als Fernmeldewesen bezeichnete Telekommunikation und in der Folge die Verwaltungskompetenz, die bisher durch die Regulierungsbehörde für Telekommunikation und Post ausgeübt wird. Den Ländern steht dagegen die Gesetzgebungskompetenz und die Verwaltungskompetenz für den Rundfunk zu. Mit der Bund-/Länderanstalt würden diese getrennten Verwaltungskompetenzen mit der Folge zusammengefaßt, daß sowohl der Bund auf dem Kompetenzgebiet der Länder zwangsläufig Mitplanungs-, Mitverwaltungs- oder Mitentscheidungsbefugnisse erhielte, als auch umgekehrt die Länder im Bereich der Bundeskompetenz. Es handelte sich nicht mehr nur um Kooperation von landeseigener und bundeseigener Verwaltung, sondern um eine institutionalisierte Zusammenfassung und damit um Zusammenarbeit auf nach dem Grundgesetz getrennten Gebieten. Damit

---

583 Vgl. BVerfGE 63, 1 [39 f]; siehe auch ausführlich *Oeter*, Integration und Subsidiarität im deutschen Bundesstaatsrecht, 1998, S. 452 ff.

584 BVerfGE 32, 145 [156]; ausführlich zum Begriff *Lerche*, in: *Maunz/Dürig/Herzog/Scholz*, Grundgesetz, Bd. IV, Stand: 35. Ergänzungslieferung, Art. 83, Rdnr. 85; siehe auch *Stern*, Das Staatsrecht der Bundesrepublik Deutschland, Bd. II, S. 833; *Schmidt-Bleibtreu/ Klein*, Grundgesetz, Vorbem. v. Art. 83, Rdnr. 8.

585 BVerfGE 32, 145 [156]; 39, 96 [120]; 41, 291 [311]; 63, 1 [39]; *Schmidt-Bleibtreu/Klein*, Grundgesetz, Vorbem. v. Art. 83, Rdnr. 8.

586 So *Oeter*, Integration und Subsidiarität im deutschen Bundesstaatsrecht, S. 453.

587 Siehe die Art. 91 a, 91 b, 108 IV S. 1, 108 II S. 3 GG.

588 BVerfGE 12, 205 [225 ff].

läge sogar ein Extremfall der Mischverwaltung vor. Mit der Einrichtung der Anstalt würde eine Verschiebung der Kompetenzen zwischen Bund und Ländern erfolgen. Ein solcher Vorgang ist nach der Rechtsprechung des Bundesverfassungsgerichtes nicht einmal mit Zustimmung der Beteiligten zulässig[589]. Das bedeutet, daß auch eine Ausnahme wegen der engen Verzahnung der Regelungsmaterien Rundfunk und Telekommunikation ausgeschlossen ist[590]. Eine der ausdrücklichen Ausnahmen des Grundgesetzes vom Verbot der Mischverwaltung kommt offensichtlich nicht in Frage. Die Bund-/Länderanstalt wäre somit bereits wegen des Verbotes des Mischverwaltung verfassungswidrig.

bb) Notwendigkeit der bundeseigenen Verwaltung für die Telekommunikation

Eine weitere verfassungsrechtliche Schwierigkeit ergibt sich für die Bund-/Länderanstalt aus Art. 87 f Abs. 2 S. 2 GG, wonach Hoheitsaufgaben unter anderem im Bereich der Telekommunikation in bundeseigener Verwaltung auszuführen sind. Eine entsprechende Organisationsform scheidet aber aus den oben ausgeführten Gründen unbedingt aus. Damit läßt sich die Bund-/Länderanstalt nicht mit Art. 87 f Abs. 2 S. 2 GG in Einklang bringen.

cc) Notwendigkeit einer Verfassungsänderung

Aus der vorangegangenen Prüfung ergibt sich, daß die Gründung einer Bund-/Länderanstalt nur über eine doppelte Grundgesetzänderung möglich ist. Erstens müßte durch den Verfassungsgesetzgeber die Form der Mischverwaltung von Bund und Ländern für den Bereich des Rundfunks und Telekommunikation ausdrücklich zugelassen werden. Zweitens wäre eine Änderung des Art. 87 f Abs. 2 S. 2 GG in der Form erforderlich, daß Hoheitsaufgaben im Bereich der Telekommunikation zumindest nicht in bundeseigener Verwaltung, sondern auch in anderen Rechtsformen erfüllt werden könnten.[591]

---

589 BVerfGE 32, 145 [156]; 63, 1 [39].

590 Das fordert aber *Ladeur* ZUM 98, 261 [269].

591 Ausführlich zu möglichen Änderungen *Koenig* K&R 2000, 1 [6 f].

h) Bewertung und Einschätzung der politischen Machbarkeit

aa) Bewertung

Angesichts der bestehenden und zukünftigen Anforderungen an eine Aufsicht über den Rundfunk und über die elektronischen Medien wäre durch die Bund-/Länderanstalt in vielen Punkten mit einer Verbesserung gegenüber der bestehenden Situation zu rechnen. Die regionale Zersplitterung wäre aufgehoben, wodurch eine Transparenz- und Effektivtätssteigerung zu erwarten wäre, weil Zuständigkeits- und Kooperationsprobleme wegfielen sowie die Entscheidungsabläufe für Außenstehende nachvollziehbarer abliefen. Für die Inhalteanbieter hätte das auch verbesserte Rechtssicherheit und -klarheit zur Folge. Durch die Zusammenfassung von Medienaufsicht und Telekommunikationsregulierungsbehörde wären die durch die strikte Trennung der Regulierung dieser Sektoren bestehenden Probleme weitgehend beseitigt, wenn sie auch durch die Trennung der Gesetzgebungsmaterien grundsätzlich fortbestünden. Insgesamt wäre aber die Zersplitterung der Aufsichts- und Regulierungsinstitutionen für Rundfunk, elektronischen Medien und Telekommunikation weitgehend überwunden. Schließlich wären mit einer Gemeinschaftseinrichtung auch in wirtschaftlicher Hinsicht deutliche Verbesserungen zu erzielen, da Personal und sonstige Mittel nicht annähernd in dem Umfang gebraucht werden wie bisher.

In ihrer Konstruktion wäre die Bund-/Länderanstalt ohne Vergleich in Europa. Als zentrale Einrichtung für Rundfunk bzw. elektronische Medien und Telekommunikation wäre sie hinsichtlich ihres Aufgabenbereiches vergleichbar mit der italienischen AGCOM und in gewisser Weise mit der amerikanischen FCC. Ähnlichkeiten bestünden auch zur französischen CSA, wobei aber die Kompetenzen der Bund-/Länderanstalt auf dem Gebiet der Telekommunikation deutlich weitergingen.

Die Bund-/Länderanstalt in ihrer hier diskutierten Form als Gemeinschaftseinrichtung wäre ein Novum in der Zusammenarbeit von Bund und Ländern. Mit ihr würde an dem verfassungsrechtlichen Grundprinzip der Trennung von Landes- und Bundesverwaltung gerüttelt bzw. müßte das Verbot der Mischverwaltung neben den tatsächlich als Sonderfälle anzusehenden Gebieten der Art. 91 a, b GG im Wege der Verfassungsänderung durchbrochen werden. Eine solche Lösung sollte jedoch angesichts ihrer Konsequenzen nur dann ins Auge gefaßt werden, wenn nicht auch auf anderem Wege eine entsprechende Lösung gefunden werden könnte. Das wird man wohl für das Modell der Ländermedienanstalt annehmen, die bei einigen organisatorischen Defiziten auf dem Bereich der Telekommunikationsregulierung annähernd das leisten könnte, wozu die Bund-/Länderanstalt in der Lage ist. Hinzu kommt, daß letztere in ihrem rechtlichen Bestand äußerst zerbrechlich ist. Das folgt aus ihrer Konstruktion als Gemeinschaftseinrichtung auf der Basis eines Staatsvertrages. Dieser ist prinzipiell jederzeit kündbar und das Verhältnis des Duopols Bund und Länder ist in der Regel noch gespannter und gegensätzlicher als das zwischen den Ländern, die gegenüber dem Bund doch im wesentlichen gleichgerichtete Interessen haben. Das bedeutet, daß es über die Arbeit der Gemeinschaftseinrichtung und deren Ausrichtung schnell zu Auseinandersetzungen zwischen Bund und Ländern kommen kann, die in einer Kündigung des Staatsvertrages und damit Auflösung der Einrichtung gipfeln könnten. Dies könnte vor allem auf Seiten der Länder leicht zu einem Druckmittel werden, weil – wie eben gesagt – die Aufgaben auch über eine Ländermedienanstalt befriedigend erfüllt werden können.

bb) Einschätzung der politischen Machbarkeit

Die Hürden für eine Umsetzung der Konzeption von einer Bund-/Länderanstalt sind hoch. Sie läßt sich – wie festgestellt – nicht einfach durch einen Staatsvertrag installieren, sondern erfordert eine zweifache Grundgesetzänderung. Dazu wäre wegen der Voraussetzungen für eine Verfassungsänderung ein breiter politischer Konsens nötig. Ob ein solcher zustande käme, ist jedoch außerordentlich fraglich. Denn einerseits müßten die Beteiligten vom grundsätzlichen Sinn einer zentralen Bund-/Ländereinrichtung überzeugt sein, was schon sehr problematisch sein dürfte, und andererseits müßten sie sich letztlich noch für eine entsprechende Grundgesetzänderung entscheiden. Im Vergleich zu den anderen diskutierten Modellen ist daher auch angesichts des bestehenden Beharrens einzelner Bundesländer auf dem bisherigen Modell der Landesmedienanstalten nicht von einer Umsetzung in kurzer und mittlerer Sicht auszugehen.

2. Modell 7: Bundesmedienanstalt

Die letzte Variante der zentralistischen Modelle ist das der Bundesmedienanstalt.[592]

---

[592] Zu einem solchen Modell scheint *Vesting* K&R 2000, 161 [170] zu tendieren.

a) *Konstruktion*

Die Landesmedienanstalten und die Regulierungsbehörde sowie die KEK und KDLM sind für dieses Modell aufzulösen und ihre Aufgaben der Bundesmedienanstalt zu übertragen. Bei dieser handelt es sich um eine Einrichtung des Bundes und nicht um eine Gemeinschaftseinrichtung wie bei der Bund-/Länderanstalt.

b) *Stellung im Staatsaufbau*

Als Organisationsform kommt aus den oben bei der Bund-/Länderanstalt ausgeführten Gründen[593] nur die Einrichtung einer obersten Bundesbehörde[594] oder die Gründung einer Anstalt des öffentlichen Rechts in Frage. Beide müßten jedoch – wie weiter auszuführen ist – in besonderer Weise finanziert werden.

c) *Innere Organisation*

Bezüglich der inneren Organisation sind die Überlegungen, die für die Ländermedienanstalt angestellt worden sind, auf die Bundesmedienanstalt übertragbar[595].

d) *Aufgaben*

Der Aufgabenbereich der Bundesmedienanstalt entspricht dem der Bund-/Länderanstalt[596].

---

593 Siehe oben unter 4. Kapitel, II. 1. b), S. 134 f.

594 In dieser Frage wohl a. A. *Hoffmann-Riem*, Finanzierung und Finanzkontrolle, S. 82.

595 Siehe dazu oben unter 4. Kapitel, I. 5. c), S. 103 ff.

596 Siehe dazu oben unter 4. Kapitel, II. 1. d), S. 136 f.

e) *Kompetenzen und Aufsichtsmittel*

Für die Kompetenzen und Aufsichtsmittel gilt das bei der Ländermedienanstalt Ausgeführte[597].

f) *Finanzierung*

Die Finanzierung einer Bundesmedienanstalt erscheint problematisch. Eine Finanzierung durch die existierende Rundfunkgebühr wie bei der Ländermedienanstalt wäre naturgemäß nicht möglich, da es sich hierbei um eine Einnahme der Länder handelt[598]. Grundsätzlich erforderlich wäre eine Form der Finanzausstattung, bei dem der vom Verfassungsgericht geforderte Grundsatz der Staatsfreiheit der Aufsicht gewahrt bleibt. Damit scheidet eine Finanzierung der Bundesmedienanstalt direkt durch den Bundeshaushalt[599] und eine spezielle (Rundfunk-) Steuer aus[600]. Ebenso wäre zur Finanzierung der Bundesmedienanstalt die Erhebung einer Sonderabgabe abzulehnen. Von der Notwendigkeit einer entsprechenden Sachkompetenz einmal abgesehen[601], fehlte es an der für eine Sonderabgabe erforderlichen homogenen Personengruppe, die mit ihr belegt wird. Unter Zugrundelegung der Grundsätze der „Kohlepfennig“-Entscheidung des Bundesverfassungsgerichtes[602] könnten die Rundfunkteilnehmer, um die es sich hier zur Finanzierung der Aufsicht handelte, keine „homogene“ Gruppe im Sinne eine Sonderabgabe sein, da sie nahezu konturlos ist und in der Allgemeinheit der Steuerzahler aufgeht.

Für eine Bundesmedienanstalt bliebe also nur der Weg über eine Bundesrundfunkgebühr oder einen -beitrag ähnlich der bestehenden Rundfunkgebühr der Länder. Auf den Streit über die Rechtsnatur der Rundfunkgebühr der Länder,

---

597 Siehe dazu oben unter 4. Kapitel, I. 5. e), S. 120 ff.

598 Siehe dazu ausführlich *Hümmerich/Beucher*, Rundfunkfinanzierung auf dem Prüfstand, in: AfP 89, 708 [708 f].

599 Siehe zum Parallelproblem die Ausführungen zur Ländermedienanstalt oben unter 4. Kapitel, I. 5. f) bb), S. 123.

600 Siehe ausführlich zur verfassungsrechtlichen Problematik einer Rundfunksteuer *Kollek*, Rechtsfragen der Rundfunkfinanzierung, 1987, S. 60 ff; siehe auch *Hoffmann-Riem*, Finanzierung und Finanzkontrolle, S. 78.

601 Diese kann natürlich ohne Kompetenz für den Rundfunk und damit ohne Grundgesetzänderung nicht vorliegen. Auf die Frage der rechtlichen Umsetzbarkeit wird ausführlich unten unter 4. Kapitel, II. 2. g), S. 144 ff, eingegangen.

602 BVerfGE 91, 186 [205 f].

der sich letztlich auch für eine Bundesrundfunkgebühr stellte, braucht hier nicht weiter eingegangen zu werden, da er im wesentlichen rein dogmatischer Natur ist[603]. Auch das Bundesverfassungsgericht hat sich bei seinen Ausführungen über die Rundfunkgebühr[604] (bezüglich des öffentlich-rechtlichen Rundfunks) nicht mit allgemeinen gebührenrechtlichen Rechtfertigungen befaßt, sondern die Gebührenfinanzierung mit Rücksicht auf die Sicherung der Rundfunkfreiheit für unbedenklich gehalten, als selbstverständlich verfassungsgemäß behandelt. Das wäre auch auf die Finanzierung der Rundfunkaufsicht übertragbar[605] und in der Konsequenz wegen der bestehenden Vergleichbarkeit der Problematik ebenso auf die Bundesmedienanstalt und ihre Finanzierung durch eine Bundesrundfunkgebühr. Für diese Gebühr bedürfte es aber einer ausdrücklichen gesetzlichen Grundlage. Detailliert wäre darin die Verwendung der dadurch erzielten Einnahmen zu bestimmen und Einflußmöglichkeiten des Staates zu verhindern.

g) Rechtliche Umsetzung

Die Bundesmedienanstalt ist offensichtlich mit der bestehenden Kompetenzverteilung nach dem Grundgesetz – Rundfunk als Ländersache und Telekommunikation als Angelegenheit des Bundes – nicht zu verwirklichen.

aa) Notwendigkeit einer Grundgesetzänderung

Das bedeutet in erster Linie, daß es einer Grundgesetzänderung in der Form bedürfte, daß der Bund neben seiner Kompetenz für den Auslandsrundfunk Deutsche Welle eine ausdrückliche Gesetzgebungs- und Verwaltungskompetenz für den privaten Rundfunk bekommt. Eine vollständige Übertragung der Rundfunkkompetenz einschließlich der für den öffentlich-rechtlichen Rundfunks ist nicht zu untersuchen, weil – wie oben dargestellt – eine Zusammenlegung der Aufsicht über den privaten Sektor und den öffentlich-rechtlichen

---

603 Grundsätzlich ebenso BVerwG MP Dokumentation I/99, 1 [7]; vgl. zur Problematik der Rundfunkgebühr ausführlich *Hoffmann-Riem*, Finanzierung und Finanzkontrolle, S. 76 ff mwN.

604 BVerfGE 83, 238 [310 ff].

605 Ebenso BVerwG MP Dokumentation I/99, 1 [7]; *Hoffmann-Riem*, Finanzierung und Finanzkontrolle, S. 81 f.

Rundfunk abgelehnt wird. Problematisch wäre in jedem Fall, ob sich der Kompetenzverlust für die Länder mit dem bundesstaatlichen Prinzip aus Art. 20 Abs. 1 GG vereinbaren ließe, das durch Art. 79 Abs. 3 GG gegen Aufhebung und Aushöhlung durch verfassungsändernde Gesetze gesichert ist. Das wäre dann nicht der Fall, wenn im Verlust der Kompetenz für den Rundfunk keine Preisgabe der Eigenstaatlichkeit der Länder zu sehen wäre. Grundsätzlich besteht kein Bestandsschutz für bestimmte Länderkompetenzen[606]. Nach der Rechtsprechung des Bundesverfassungsgerichtes muß den Ländern aber ein Kern eigener Aufgaben als „Hausgut" unentziehbar verbleiben[607]. Was im einzelnen dazu gehört, ist eine ungeklärte Frage. Das Bundesverfassungsgericht beschränkt sich darauf festzustellen, daß den Ländern unter anderem die freie Bestimmung über ihre Organisation einschließlich der in den Landesverfassungen enthaltenen organisatorischen Grundentscheidungen verbleiben muß[608].

Mit der für die Bundesmedienanstalt erforderlichen Grundgesetzänderung wäre keine Entscheidung über die Organisation der Länder oder über die in den Landesverfassungen enthaltenen Grundentscheidungen verbunden. Die föderale Ordnung mit ihrer Aufteilung in Länder und Bund würde nicht angetastet. Darüber hinaus handelte es sich nur um die Kompetenzen für den privaten Rundfunk und damit nur um einen – wenn auch nicht unerheblichen – Ausschnitt eines Regelungsgegenstandes[609]. Es verblieben den Ländern Kompetenzen auf dem Gebiet des Rundfunks. Selbst wenn dies nicht der Fall wäre, wäre der Entzug von „Kernaufgaben" nicht anzunehmen. Einerseits hätten die Länder weiterhin bedeutsame und für die Eigenstaatlichkeit symbolträchtige Aufgaben wie unter anderem das Polizei- und Schulwesen. Andererseits handelt es sich beim privaten Rundfunk um eine Regelungsmaterie, die unbedingt einheitliche Regelungen braucht und faktisch durch den Rundfunkstaatsvertrag normativ in Teilgebieten schon einheitlich behandelt wird. Für jedes einzelne Bundesland bleiben so ohnehin nur begrenzte Einflußmöglichkeiten auf die rechtlichen Regelungen für den privaten Rundfunk, da der Rundfunk-

---

606 *Maunz/Dürig*, in: *Maunz/Dürig/Herzog/Scholz*, Grundgesetz, Bd. IV, Art. 79, Rdnr. 35.

607 BVerfGE 34, 9 [19 f]; 87, 181 [196].

608 BVerfGE 34, 9 [20].

609 Etwas anders, wenn auch in der Sache gleich, ist die Entscheidung des Bundesverfassungsgerichtes zur Frage der Werbeverbote für die dritten Programme der öffentlich-rechtlichen Rundfunkanstalten zu sehen. Hier hat das Bundesverfassungsgericht eine Entscheidung zur Frage der Aufgabe der Eigenstaatlichkeit abgelehnt, weil es in den Werbeverboten nur einen kleinen Ausschnitt des Regelungsgegenstandes sah; siehe BVerfGE 87, 181 [197].

staatsvertrag die Mehrzahl der zentralen Probleme einheitlich regelt und dieser ein Kompromiß aus den Ansichten aller 16 Länder ist. Die Bedeutung dieses Vertragswerkes dürfte außerdem noch wachsen, während die der Landesmediengesetze proportional dazu sinkt. Eine Regelungsmaterie, die sich faktisch und notwendigerweise zunehmend dem Kompetenzbereich eines einzelnen Landes entzieht, kann nicht zum Kernbereich der Landeskompetenzen gehören. Selbst wenn dies dennoch der Fall wäre, was hier nicht angenommen wird, dann wäre das Festhalten am (föderalen) System widersinnig. Denn dies stellt keinen eigenen Wert dar, sondern ist Mittel dafür, für bestimmte gesellschaftliche Bereiche die bestmöglichen Ergebnisse zu erzielen. Im Ergebnis ist eine Preisgabe der Eigenstaatlichkeit der Länder durch einen Kompetenzverlust für den privaten Rundfunk nicht anzunehmen. Art. 79 Abs. 3 GG stünde einer entsprechenden Grundgesetzänderung nicht entgegen.

bb) Notwendigkeit besonderer gesetzlicher Grundlagen

Über eine Grundgesetzänderung hinaus bedürfte es eines besonderen Bundesmediengesetzes, in dem die oben diskutierten Fragen wie unter anderem zur Stellung im Staatsaufbau und vor allem auch zur Finanzierung der Bundesmedienanstalt detailliert geregelt werden. Ein anderes Vorgehen oder nur unbestimmte Regelungen wären mit Wesentlichkeitsprinzip und der Notwendigkeit der Staatsfreiheit der Rundfunk- bzw. Medienaufsicht nicht vereinbar.

h) Bewertung und Einschätzung der politischen Machbarkeit

aa) Bewertung

Die Vorteile, die durch eine zentralistische Einrichtung wie der Bundesmedienanstalt zu erzielen wären, sind dieselben, wie oben für die Bund-/Länderanstalt beschrieben. Insoweit wird auf diese Ausführungen verwiesen. Die Konstruktion einer Bundesmedienanstalt als Einrichtung des Bundes ist aber als die organisationsrechtlich sauberere Lösung anzusehen, da sie sich klar in das Gefüge der grundgesetzlichen Aufgabenteilung zwischen Bund und Ländern einfügt. Da Grundlage nicht wie bei der Bund-/Länderanstalt ein Staatsvertrag wäre, bestünde keine Befürchtung, daß wegen wechselnder (politischer) Ansichten die Einrichtung der Anstalt nur von vorübergehender Dauer sein könnte.

Die Bundesmedienanstalt wäre von ihrer Stellung und ihrer Rolle vergleichbar mit der AGCOM in Italien und der FCC der USA. Nur begrenzte Vergleichbarkeit besteht mit dem französischen CSA wegen weitergehender telekommunikationsrechtlicher Kompetenzen.

Mit dem Verlust der Kompetenz über den privaten Rundfunk fiele für die Länder ein rechtlich zwar zulässiger, aber – wie festgestellt – prestigeträchtiger Regelungsbereich weg. Das wäre ein wohl nicht mehr rückgängig zu machender Verlust für die bisherige föderale Struktur. Allerdings ist hier wie schon bei der Ländermedienanstalt festzustellen, daß die aller Wahrscheinlichkeit nach zu erzielende Verbesserung der Regulierungssituation diesen Verlust rechtfertigt. Bedenken gegen die Bundesmedienanstalt ergeben sich aber aus folgender Überlegung:

Es bestünde die Gefahr, daß sich die Balance zwischen privaten Rundfunk/Medien und öffentlich-rechtlichem Rundfunk zu Ungunsten der Landesrundfunkanstalten verschiebt. Das ergibt sich schon daraus, daß die Kompetenz für die öffentlich-rechtlichen Anbieter bei den Ländern verbliebe, während die für die privaten Angebote beim Bund läge. Das dürfte angesichts der ständigen Spannungen, die es im beiderseitigem Verhältnis gibt, auch zu Auseinandersetzungen über Rolle und Zukunft des öffentlich-rechtlichen Rundfunks führen. Das gilt um so mehr, als die telekommunikationsrechtlichen Entscheidungen der Bundesmedienanstalt (z. B. Frequenzplanungen) nicht begrenzt für die privaten Anbieter getroffen werden könnten, sondern immer auch Auswirkungen auf die öffentlich-rechtlichen Anbieter hätten. Wirklich wirksam könnten sich die Ländern als „Hüter“ der Landesrundfunkanstalten gegen unliebsame Entwicklungen kaum wehren.

bb) Einschätzung der politischen Machbarkeit

Die Bundesmedienanstalt dürfte als die politisch am schwierigsten durchsetzbare Modellvariante anzusehen sein. Das liegt daran, daß mit ihr eine teilweise Abgabe der Rundfunkkompetenz der Länder im Wege einer Grundgesetzänderung verbunden ist. Zwar gehört die Kompetenz für den privaten Rundfunk eben nicht zu den Kernaufgaben, so doch aber zumindest zum „ideologischen Tafelsilber“ der Länder. Nicht zufällig ist dieses Modell in der politischen wie auch juristischen[610] Diskussion bisher ausgelassen worden. Daran ist auch erkennbar, daß offenbar die ganz überwiegende Mehrheit ein solches Modell unabhängig von ihrem Sinn und möglichen Nutzen derzeit und auch zukünftig nicht ernsthaft für realisierbar hält. Für eine freiwillige Aufgabe der Kompetenz für den privaten Rundfunk durch die Länder gibt es überhaupt keine Anzeichen von Bereitschaft, und bei einer ernsthaften Diskussion darüber wäre besonders von den medienpolitisch äußerst einflußreichen Ländern wie beispielsweise Bayern mit dauerhaftem und massivem Widerstand zu rechnen. Die Modellvariante Bundesmedienanstalt dürfte daher erst in weiterer Zukunft zu einer realistischen Option für eine Medienaufsicht werden.

III. Gesamtbewertung der Modelle

Bei einer Gesamtbewertung der dargestellten Modelle läßt sich angesichts der geschilderten Unzulänglichkeiten der bestehenden Aufsichtsstrukturen insgesamt vor allem eines feststellen: Jede Veränderung hin zu einem der Modelle wäre eine Verbesserung der aktuellen Situation.

Bei den Modellen auf der bestehenden föderalen Struktur ist – wie dort bereits ausgeführt – das Modell 3 („Kommunikationsrat") am wenigsten überzeugend, weil sich Vor- und Nachteile eher die Waage halten. Insbesondere wegen der Vermehrung der Aufsichtsbehörden und der damit sich vergrößernden Zersplitterung der Aufsichtsstrukturen ist dieses Modell jedoch am ehesten ganz abzulehnen. Die Modelle 1 („Aufwertung der DLM"), 2 („Regionale Neugliederung") und letztlich auch 4 („Kombinationsmodell") hätten jedes für sich ganz überwiegend positive Auswirkungen. Durch das Kombinationsmodell würden die positiven Aspekte der Modelle 1 und 2 zusammengefaßt und voraussichtlich bereits eine deutliche Verbesserung der Aufsichtsstruktur bewirken, weil die Zahl der mit Aufsicht betrauten Institutionen verringert und die Arbeit dadurch effektiver und transparenter würde. Letztlich blieben die beschriebenen Grundprobleme der bestehenden Aufsichtsstruktur jedoch erhalten, wenn auch in abgemilderter Form.

Eine Lösung der Mehrzahl dieser Probleme böte zunächst Modell 5 („Ländermedienanstalt"). Die regionale Zersplitterung würde beseitigt, die sonstige Vielzahl von Aufsichtsbehörden stark reduziert, die Effektivität und Transparenz bei der Aufgabenerfüllung gesteigert. Sie wäre das Optimum, das sich

[610] Selbst *Scherer/Hölscher* verzichten in ihren „Gestaltungsoptionen" ausdrücklich auf eine
Fußnote wird fortgesetzt

durch föderale Kooperation erreichen ließe und angesichts der beschriebenen Entwicklungen die folgerichtigste Variante. Die rechtliche Umsetzung mit einem Staatsvertrag und Anpassung der Landesmediengesetze ist materiellrechtlich verhältnismäßig einfach, eine Grundgesetzänderung wäre nicht erforderlich. Das gilt selbst für den vorgeschlagenen Verzicht des Bundes auf die Regulierung der Teledienste, um eine Inhalteregulierung allein durch eine Institution zu erreichen. Was letztlich dennoch bliebe, wäre die fortdauernde Trennung der Regulierungsbereiche Rundfunk bzw. elektronische Medien und Telekommunikation.

Angesichts der politischen Widerstände gegen eine Reform der Medienaufsicht in Deutschland allgemein und besonders wohl auch gegen eine Ländermedienanstalt könnten die Modelle 1, 2 und 4 als Vorstufen zu dieser, als „sanfter" Übergang zur Ländermedienanstalt, dienen. Nur wäre die Gefahr dabei groß, daß sich diese Strukturen schnell verfestigten und schwer wieder zu Gunsten einer weitergehender Lösung zu beseitigen wäre. Zusätzlich wäre im Hinblick auf die beschriebenen bevorstehenden Regulierungsprobleme und der Notwendigkeit von bundesweit einheitlichen Entscheidungen eine grundlegende Reform am ehesten sachgerecht. Die Ländermedienanstalt könnte das Ergebnis dieser Reform sein.

Ein „Mehr" ließe sich schließlich nur von den Modellen 6 („Bund-/Länderanstalt") und 7 („Bundesmedienanstalt") erwarten. Mit ihnen wäre das Problem der getrennten Regulierung von Rundfunk bzw. elektronischen Medien und Telekommunikation beseitigt. Beide Modelle erfordern jedoch einschneidende Grundgesetzänderungen. Der Weg über eine Grundgesetzänderung sollte jedoch die ultima ratio bei der Lösungssuche sein, wenn also eine befriedigende Lösung nicht durch Kooperation der Länder zu erreichen wäre[611]. Das ist jedoch gerade nicht anzunehmen. Die Ländermedienanstalt liefert einen befriedigenden Ansatz dafür und das nicht zum Preis von Grundgesetzänderungen, die grundlegend in das durchaus bewährte Bund-Ländergefüge eingreifen. Hinzu kommt für das Modell der Bund-/Länderanstalt, daß es wegen der Beteiligung von Bund und Ländern und angesichts der vielfach entgegengesetzten Interessen dieser beiden eine instabile Einrichtung wäre. Bedenklich für die Bundesmedienanstalt wäre zusätzlich, daß der Gegensatz zwischen öffentlich-rechtlichen Rundfunk und privaten

---

diesbezügliche Diskussion, vgl. *Scherer/Hölscher*, Gestaltungsspielräume, S. 48.

611 So bereits auch *Bullinger*, Satellitenrundfunk im Bundesstaat, in: AfP 85, 1 [7], für die vergleichbare Problematik der Regulierung von Satellitenfunk durch die Länder oder durch den Bund.

Rundfunk- bzw. privaten elektronischen Medienanbietern sich dadurch verschärfen dürfte, daß der Bund Fürsprecher für die Privaten wäre und die Länder die Landesrundfunkanstalten vertreten würden. Die negativen Aspekte und die Unwägbarkeiten der Bund-/Länderanstalt und der Bundesmedienanstalt überwiegen deren Vorteile. Sie sind daher im Ergebnis als Lösung für die Regulierungsprobleme abzulehnen. Die Ländermedienanstalt erscheint dagegen trotz der Einschränkungen als das geeignetste Modell für die zukünftige Regulierung des Rundfunks und der elektronischen Medien.

5. KAPITEL: ZUR ZUKUNFT VON NATIONALER AUFSICHT ÜBER DEN PRIVATEN RUNDFUNK IN EUROPA

I. Einleitung

Überlegungen zu einer Neuorganisation von Rundfunk- und Medienaufsicht in Deutschland dürfen nicht auf eine rein nationale Sicht beschränkt bleiben. Rundfunk ist grundsätzlich grenzenlos, die Regelungsmacht der Landesmedienanstalten bzw. die einer Ländermedienanstalt reicht dagegen nur bis zu den nationalen Staatsgrenzen. Angesichts des immer mehr zusammenwachsenden Europas in wirtschaftlicher und politischer Hinsicht stellt sich die Frage, welche Zukunft nationale Aufsicht generell und damit eine Ländermedienanstalt speziell auf Dauer hat. Forderungen nach einer zentralen europäischen Aufsicht – zumindest für einige Regulierungsbereiche des privaten Rundfunks – stehen daher auch seit Jahren im Raum.

Bisher gibt es keine zentrale europäische Medienbehörde. Durch die Europäische Kommission erfolgt zwar eine Konzentrations- bzw. Fusionskontrolle[612], der natürlich auch Medienunternehmen unterliegen und die dadurch bereits nicht unerhebliche Auswirkungen auf die Medienwirtschaft gehabt hat[613]. Diese umfaßt jedoch ähnlich der Überprüfung durch das deutsche Bundeskartellamt nur wettbewerbsrechtliche Sachverhalte. Probleme der Meinungsvielfalt spielen unmittelbar keine Rolle. Im folgenden soll daher der Frage nachgegangen werden, ob und in welchem Umfang sich grenzüberschreitende Regulierungsprobleme für den Rundfunk (bzw. entsprechend für elektronische Medien) für einen europäischen Rundfunkraum ergeben und inwieweit diese gegebenenfalls eine Zusammenarbeit der nationalen Aufsichtsbehörden oder sogar die Einrichtung eines zentralen Gremium, möglicherweise einer europäischen Medienbehörde erfordern. Hierfür ist zunächst darzustellen, daß es kleinere Ansätze für eine grenzüberschreitende Zusammenarbeit bereits gibt. Daran schließt sich die Schilderung weiterführender Vorschläge der EG und der Rechtswissenschaft an. Schließlich soll anhand eigener Überlegungen die Frage nach der Zukunft nationaler Aufsicht und der Notwendigkeit von grenz-

612 Siehe dazu *Frey*, Die europäische Fusionskontrolle und die Medienvielfalt, in: ZUM 98, 985 [986 ff]; *ders.*, Fernsehen und audiovisueller Pluralismus im Binnenmarkt der EG, 1999, S. 156 ff.

613 Siehe die Nachweise zu den Entscheidungen mit Medienbezug, insbesondere zu den Untersagungsentscheidungen *Frey* ZUM 98, 985 [986 f].

überschreitender Zusammenarbeit auch in Form eines gemeinsamen europäischen Gremiums beantwortet werden.

II. Ansätze und Formen der Zusammenarbeit auf europäischer Ebene

Zumindest in Teilbereichen schaffen einerseits die Fernsehrichtlinie der EG[614] und das Europäische Übereinkommen über das grenzüberschreitende Fernsehen[615] (Europaratskonvention) Ansätze für eine Zusammenarbeit auf dem Gebiet des Rundfunks. Andererseits haben die Aufsichtsbehörden Eigeninitiative ergriffen.

1. „Bereitstellung von Informationen" und „Hilfeleistung" nach der Europaratskonvention

Die Europaratskonvention verpflichtet die Mitgliedstaaten einerseits in Art. 6 Abs. 2 zur „Bereitstellung von Informationen" über Rundfunkveranstalter. Diese Informationen haben sie über die zuständigen Behörden auf Ersuchen zur Verfügung zu stellen[616]. Andererseits heißt es in Art. 19, daß die nationalen Behörden zusammenarbeiten sollen, „soweit dies nützlich ist und namentlich, wenn dies die Wirksamkeit der zur Durchführung dieses Übereinkommens getroffenen Maßnahmen fördern kann" (Art. 19 Abs. 2 d)[617]. Da die Europaratskonvention nur das Fernsehen regelt, bezieht sich die Zusammenarbeit

---

614 Richtlinie 89/552/EWG des Rates zur Koordinierung bestimmter Rechts- und Verwaltungsvorschriften der Mitgliedstaaten über die Ausübung der Fernsehtätigkeit v. 03.10.1989 (EG-Amtsbl. Nr. L 298 v. 17.10.1989, S. 23 ff) in der Fassung der Richtlinie 97/36/EG des Europäischen Parlaments und des Rates v. 19.06.1997 (EG-Amtsbl. Nr. L 202 v. 30.07.1997, S. 60 ff).

615 Siehe BGBl. II 1992, S. 1251.

616 Diese Bereitstellung von Informationen darf allerdings nur im Rahmen der allgemeinen Regeln für die Informationserteilung stattfinden. Sie hat sich insbesondere an die Vorschriften über den Datenschutz, das Berufs- und Geschäftsgeheimnis zu halten. Daraus folgt, daß die Auskunft über die Zusammensetzung des Kapitals und die Finanzierungsart etc. nur eine allgemeine Information über die Finanzierungsquellen und die Aufgliederung des Kapitals bedeutet; vgl. *Ring*, Medienrecht, Bd. IV, E-1.2, Nr. 111.

617 Siehe zu Art. 19 Europaratskonvention die Erläuterungen bei *Ring*, Medienrecht, Bd. III, E-1.2, Nr. 233-238.

auch nur auf diesen Teilbereich des Rundfunks. Sie ist aber eine deutliche Aufforderung zur grenzüberschreitenden Zusammenarbeit.

2. „Ständiger Ausschuß“ und „Kontaktausschuß“

Die Europaratskonvention und die Fernsehrichtlinie haben je ein Gremium geschaffen, das bei der Umsetzung des jeweiligen Regelungswerkes helfen soll. Das ist zum einen der „Ständige Ausschuß“[618] der Europaratskonvention und zum anderen der „Kontaktausschuß“[619] der Fernsehrichtlinie.

Der „Ständige Ausschuß“ besteht aus Delegierten der Vertragsparteien. Gemäß Art. 21 hat er die Aufgabe, die Anwendung der Konvention zu überwachen, Empfehlungen abzugeben sowie Änderungen vorzuschlagen. Er tritt gemäß Art. 20 Abs. 5 der Konvention nur dann zusammen, wenn ein Drittel der Vertragsparteien oder das Ministerkomitee des Europarates dies verlangen.

Der „Kontaktausschuß“ setzt sich aus den Vertretern der zuständigen Behörden der Mitgliedstaaten zusammen. Nach Art. 23 Abs. 2 a der Fernsehrichtlinie soll er unter anderem die Umsetzung der Richtlinie durch regelmäßige „Konsultationen über praktische Probleme im Zusammenhang mit der Richtlinie“ erleichtern, Stellungnahmen abgeben (Art. 23 Abs. 2 b) und den Informationsaustausch zwischen den Mitgliedstaaten und der Kommission verbessern (Art. 23 Abs. 2 e). Der Ausschuß tagt nur auf Antrag. Echte Aufsichtsbefugnisse bezüglich der Einhaltung bzw. Umsetzung der Richtlinie bestehen dagegen nur bei der Europäischen Kommission.

Über die Arbeit beider Gremien ist bisher fast nichts bekannt geworden. Das verwundert angesichts der Regelungen für das Zusammentreten, der fehlenden eigenen Kompetenzen und der eingeschränkten, im wesentlichen auf Beratung beschränkten Aufgaben nicht. Da sich ihre Arbeit nur auf die Europaratskonvention bzw. auf die Fernsehrichtlinie bezieht, die beide auch nur Teilbereiche des Fernsehens regeln, sind die Gremien weder als eine Aufsicht anzusehen noch als Vorstufe zu einer solchen. Der Sinn der Einrichtung dieser Gremien darf angesichts dieser Tatsachen und der untergeordneten Bedeutung bezweifelt werden.

[618] Art. 20 I Europaratskonvention; zum „Ständigen Ausschuß“ siehe auch *Ring*, Medienrecht, Bd. III, E-1.2, Nr. 239-250.

[619] Art. 23 a I Fernsehrichtlinie.

3. European Platform of Regulatory Authorities

Ohne eine gesetzliche Vorschrift oder einen Regierungsauftrag, vielmehr aus eigener Initiative haben sich eine Vielzahl von europäischen Aufsichtsbehörden im April 1995 zur „European Platform of Regulatory Authorities" (EPRA) zusammengeschlossen. Mittlerweile gehören dem Gremium 30 Institutionen an[620], unter ihnen von deutscher Seite die DLM. Mitglieder können prinzipiell nur Aufsichtsbehörden in einem weiteren Sinne werden[621]. Die Europäische Kommission und der Europarat nehmen daher nur den Status eines ständigen Beobachters ein. Geleitet wird die Plattform von einem Vorsitzenden und einem Stellvertreter, deren Arbeit durch ein Sekretariat unterstützt wird[622]. Die EPRA versteht sich als ein unabhängiges Diskussionsforum für Medienaufsichtsbehörden, bei dem allgemeine Informationen über nationale und europäische Medienregulierung ausgetauscht und praktische Lösungen für Rechtsprobleme bei der Auslegung und Anwendung von medienrechtlichen Normen besprochen und gefunden werden sollen[623].

Sie sieht sich nicht als eine Vorstufe zu einer „europäischen Superregulierungsbehörde", sondern als eine „praktische Anwendung des Subsidiaritätsprinzips"[624] in dem Sinne an, daß auf der Ebene eines gemeinsamen Gremiums diskutiert wird, aber die Beschlüsse auf der nationalen Ebene umgesetzt werden. Zweimal im Jahr finden Zusammenkünfte statt[625]. Die Arbeit der EPRA erfolgt auf keiner europarechtlichen Grundlage. Ihre Berechtigung leitet sich nur aus der Organisationsgewalt jedes einzelnen Mitgliedes ab. Das bedeutet, daß die Beschlüsse der Plattform natürlich keine Bindungswirkung entfalten, sondern nur auf freiwilliger Basis und unter Berücksichtigung nationaler Vorschriften umgesetzt bzw. befolgt werden können. Anhand der ständig

---

620 Stand November 1998.

621 Art. 2 § 1 der „Statutes of the EPRA" v. 21./22.10.1999.

622 Dieses Sekretariat ist beim deutschen Europäischen Medieninstitut (EIM) in Düsseldorf eingerichtet worden, das auch für die Öffentlichkeitsarbeit zuständig ist (siehe www.eim.de).

623 Art. 1 § 1 der „Statutes of the EPRA".

624 So der schwedische Vorsitzende der EPRA, *Lindberg*, in: *Bundeskanzleramt-Verfassungsdienst* (Hg.), „Audiovisuelle Medien und Behörden", S. 47.

wachsenden Mitgliederzahl[626] läßt sich erkennen, welcher Bedarf offenbar bei den Aufsichtsbehörden besteht, sich grenzüberschreitend über Probleme des Rundfunks und der elektronischen Medien auszutauschen. Die EPRA ist daher als ein bemerkenswerter Ansatz für eine Zusammenarbeit der Aufsichtsbehörden zu bewerten, worauf später noch genauer eingegangen werden soll[627].

III. Bisherige Überlegungen der EG für eine europäische Aufsicht über den Rundfunk

Den entscheidenden Anstoß hat die Diskussion um eine europäische Medienaufsicht vom Europäischen Parlament durch dessen „Entschließung über die Medienkonzentration und den Meinungspluralismus" vom 16.09.1992[628] bekommen. Darin schlägt das Parlament die Schaffung eines europäischen Medienrates vor, der für „Transparenz" bei den europaweiten Verflechtungen der Medienunternehmen sorgen, Berichte und Stellungnahmen zu geplanten gemeinschaftsweiten Unternehmenskonzentrationen vorlegen und der Kommission Vorschläge für eventuelle Maßnahmen der Entflechtung unterbreiten soll. Diesen Vorschlag hat die Europäische Kommission in seinem Grünbuch „Pluralismus und Medienkonzentration im Binnenmarkt – Bewertung der Notwendigkeit einer Gemeinschaftsaktion" [629] aufgenommen und weiter ausgearbeitet. In der dortigen Option III C schlägt sie vor, ein Organ zu schaffen, in dem alle unabhängigen Stellen eines jeden Mitgliedstaates vertreten sind und dessen Aufgabe darin besteht, die Kommission bei der Überwachung einer zuvor erlassenen Medienkonzentrationsrichtlinie bzw. -verordnung zu unterstützen und Stellungnahmen zu Fragen der Medienkonzentration abzugeben[630]. In seiner Stellungnahme zum Grünbuch begrüßten der Wirtschafts- und Sozialaus-

---

625 Siehe u.a. die Tagungsberichte v. 8. Treffen am 5./6.11.1998 in Aachen, v. 9. Treffen am 6./7.05.1999 in Vevey, Schweiz, und v. 10. Treffen am 21./22.10.1999 auf der Insel Syros, Griechenland.

626 Insgesamt 30 Mitglieder seit der Gründung 1995; Neueintritte von November 1998 bis Dezember 1999, also innerhalb eines Jahres, sechs, darunter die CSA und die ITC.

627 Siehe unten unter 5. Kapitel, E.III.3.a., S. 183.

628 EG-Amtsbl. Nr. C 284 v. 02.11.1992, S. 44 ff. Die Entschließung geht auf den Bericht des Ausschusses für Kultur, Jugend, Bildung und Medien über Medienkonzentration und Medienvielfalt v. 27.04.1992 zurück; siehe Dok. A3-0153/92/Korr. PE 152.265 endg.

629 KOM (92) 480 endg. v. 23.12.1992, S. 112 ff.

630 KOM (92) 480 endg. v. 23.12.1992, S. 119.

schuß des Europäischen Parlaments[631] sowie das Parlament selbst[632] die Vorschläge.

Die Überlegungen der europäischen Institutionen für eine zentrale Einrichtung betreffen ausschließlich Fragen im Zusammenhang mit Medienkonzentration, und zwar einschließlich der Presse. Weitergehende Planungen für Aufgaben einer möglichen Aufsicht gibt es nicht. Die Einrichtung eines Aufsichtsgremiums wird auch davon abhängig gemacht, ob es zum Erlaß einer Medienkonzentrationsrichtlinie oder -verordnung kommt.

Zu einem solchen Rechtsetzungsakt ist es jedoch bisher nicht gekommen. Die Generaldirektion XV hat 1996 einen inoffiziellen Entwurf einer Richtlinie mit dem Titel „Richtlinie zur Medienvielfalt" erstellt[633] und später wieder zurückgezogen. Unter dem Titel „Medieneigentum im Binnenmarkt" wurde 1997 ein neuer inoffizieller Entwurf einer Richtlinie des Europäischen Parlaments und des Rates unter dem Titel „Medieneigentum im Binnenmarkt" vorgelegt[634], der allerdings noch im selben Jahr wieder zurückgenommen wurde. Die Kommission will seitdem nur noch eine unverbindliche Empfehlung zur Regelung der Medienkonzentration in Europa ausarbeiten[635].

Der zweite Richtlinienvorschlag enthielt in seinem Art. 9 die Einführung eines „beratenden Ausschusses"[636], der Stellungnahmen zu den von der Kommission geplanten Maßnahmen abgeben soll, die von ihr „größtmöglich" berücksichtigt werden sollen. Damit ist die EG von der ursprünglichen Idee eines europäischen Medienrates offenbar bereits selbst abgerückt, da diesem Ausschuß kaum eine wirklich eigenständige Bedeutung zuzumessen ist. Keinesfalls wäre in ihm, im Gegensatz zu den Anfangsplänen, auch nur annähernd eine Position als europäische Medienaufsicht oder als Vorläufer dazu zu sehen. Im Ergebnis können angesichts des Nichtzustandekommens einer Kon-

---

631 EG-Amtsbl. Nr. C 304 v. 10.11.1993, Abschnitt 4.6. u. 4.7.III.

632 EG-Amtsbl. Nr. C 44 v. 14.02.1994, Abschnitt 1 j.

633 Siehe zum Ganzen auch *Ress/Bröhmer*, Europäische Gemeinschaft und Medienvielfalt, S. 13 f, von denen auch die hier verwendete Übersetzung der beiden Richtlinienentwürfe stammt, die im Original „Draft Directive on Media Pluralism" und „Proposal for a European Parliament and Council Directive on Media Ownership in the Internal Market" heißen.

634 Dieser Richtlinienvorschlag ist nicht veröffentlicht worden.

635 Siehe „EU-Kommissare stellen Konzentrationsrichtlinie in Frage", in: AfP 97, 615 [615].

636 Vorbild ist der Ausschuß aus dem Beschluß des Rates v. 22.07.1993 über einen Aktionsplan zur Einführung fortgeschrittener Fernsehdienste in Europa, siehe EG-Amtsbl. L 196 v. 05.08.1993, S. 49.

zentrationsrichtlinie/-verordnung auch die bisherigen Pläne für eine europäische Medienaufsicht durch die EG als vorerst gescheitert betrachtet werden.[637]

IV. Überlegungen der Rechtswissenschaft zu einer europäischen Aufsicht über den privaten Rundfunk

Die Überlegungen der EG zu gemeinschaftseinheitlichen Konzentrationsregelungen und einem dazugehörigen Gremium haben zu gegensätzlichen Reaktionen bei den Mitgliedstaaten[638], Interessenverbänden[639] und in der Rechtswissenschaft[640] geführt. In der Tendenz läßt sich jedoch eine deutliche Ablehnung der Pläne der EG erkennen[641]. Im Mittelpunkt der Kritik stand in erster Linie die Frage nach dem Sinn und der Kompetenz für eine gemeinschaftliche Lösung dieses Problemkomplexes. Mit der Ablehnung einer Gemeinschaftslösung für Konzentrationsprobleme folgte auch die für eine entsprechende Aufsicht.

---

637 Völlig aufgegeben hat die EU die Idee einer zentralen europäischen Institution aber offenbar nicht. In ihrem Bericht „Grundsätze und Leitlinien für audiovisuelle Politik der Gemeinschaft im digitalen Zeitalter" v. 14.12.1999 heißt es, daß die Kommission untersuchen wolle, ob es sinnvoll ist, ein spezielles Forum für die europaweite Zusammenarbeit von Regulierungsinstanzen im audiovisuellen Bereich einzurichten (KOM (99) 657 endg., S. 16).

638 Siehe für die Bundesrepublik den ablehnenden Bundesratsbeschluß v. 07.05.1993, BR-Drs. 77/93; zu den Reaktionen in Großbritannien *Doyle* MP 95, 141 [144].

639 Siehe dazu die Mitteilung der Kommission an den Rat und das Europäische Parlament zu den „Reaktionen auf den Konsultationsprozeß zum Grünbuch 'Pluralismus und Medienkonzentration im Binnenmarkt – Bewertung einer Gemeinschaftsaktion'", KOM (94) 353 endg. v. 05.10.1994, S. 6; sowie *Ress/Bröhmer*, Europäische Gemeinschaft und Medienvielfalt, S. 19 f; *Brühann*, Pluralismus und Medienkonzentration im Binnenmarkt, in: ZUM 93, 600 [605].

640 Siehe für eine Konzentrationsregelung und für eine europäische Aufsicht *Nanclares*, Die EG-Fernsehrichtlinie, 1994, S. 105; *Geppert*, Europäischer Rundfunkraum und nationale Rundfunkaufsicht, S. 131, 150; für eine europäische Regelung der Meinungskonzentration plädiert auch *Brühann* ZUM 93, 600 [604]; *Wallenberg*, Das Grünbuch der EG-Kommission zu 'Pluralismus und Medienkonzentration im Binnenmarkt'", in: WuW 93, 910 [915 f]; *Sanftenberg*, Klasse statt Masse!, 1998, S. 96; *Frey* ZUM 98, 985 [1001]; ablehnend u. a. *Eberle*, Das europäische Recht und die Medien am Beispiel des Rundfunkrechts, in: AfP 93, 422 [425]; *Kull*, Das europäische Recht und die Presse, in: AfP 93, 430 [434 f]; *Kleist*, Medienmonopoly im Konzentrationsprozeß, in: ZUM 93, 503 [507 f]; *Schellenberg*, Europäische Konzentrationskontrolle im Medienbereich, in: DZWir 94, 410 [415].

641 In der Bewertung ebenso *Knothe/Wanckel*, Europäische Rundfunkpolitik als Aufgabe der Länder, in: ZUM 95, 20 [28].

Die deutsche Rechtswissenschaft, auf die hier die Betrachtung beschränkt werden soll, hat in der Folgezeit eigene, wenn auch nicht detaillierte Überlegungen zum Sinn und zu den organisatorischen Möglichkeiten einer europäischen Aufsicht angestellt:

Teilweise wird jede Form eines zentralen europäischen Gremiums für Medienaufsicht abgelehnt[642]. Eine Aufsicht, wie sie die Kommission in ihrem Grünbuch vorgeschlagen hat, wird als „Arbeitsbeschaffungsmaßnahme großen Stils“ bewertet[643].

Andere Stimmen lehnen zwar eine zentrale Behörde ab, befürworten aber zumindest eine engere und verbesserte Zusammenarbeit der Aufsichtsbehörden in Europa, ohne allerdings etwas über die institutionelle Form dieser Zusammenarbeit zu sagen. Begründet wird diese Ansicht vor allem mit dem Argument, daß die grenzüberschreitenden Konzentrationstendenzen der Medienunternehmen eines verbesserten Informationsaustausches der nationalen Aufsichtsbehörden bedürfen, um wirksam dagegen vorgehen zu können[644].

Weitere Überlegungen gehen ebenfalls von der Notwendigkeit verbesserter grenzüberschreitender Zusammenarbeit der mit Aufsicht befaßten Behörden aus und begründen dies zusätzlich mit der Gefahr der Umgehung der nationalen Rundfunkordnungen durch die „Flucht auf den Satelliten“. Die Vertreter dieser Ansicht schlagen die Schaffung einer föderativen Medienordnung für Europa vor und lehnen zentralistische Strukturen und mit ihnen eine Aufsicht im Sinne einer zentralen Behörde ab. Angesichts der grenzüberschreitenden Aufsichtsprobleme reicht ihnen aber eine reine Zusammenarbeit der nationalen Behörden nicht. Sie sehen auch die Notwendigkeit eines gemeinsamen Gremiums. Zu der föderativen europäischen Medienordnung passe aber nur ein Modell, das mit der Struktur der deutschen DLM vergleichbar sei[645].

Schließlich gibt es auch in der Rechtswissenschaft weitergehende Überlegungen, die im wesentlichen für den Vorschlag der Kommission für ein zentrales

---

642 *Kull* AfP 93, 430 [435].

643 So wohl nicht nur bezogen auf die Presse, sondern generell für alle Medien im Sinne des Vorschlags der Kommission *Kull* AfP 93, 430 [435].

644 *Dörr/Kopp/Cloß*, Die Rechtsstellung der Landesmedienanstalten in grenzüberschreitenden Angelegenheiten, 1996, S. 22 ff.

645 *Kleist* ZUM 95, 266 [267 f]; *ders.* ZUM 93, 503 [508]; *ders.*, Informationsfreiheit für Pornographie? Instrumente des nationalen und europäischen Medienrechts als Schranken der Technik, in: ZUM 94, 142 [146]; *Stock* NWVBl. 94, 321 [326].

Organ eintreten[646]. Sie folgen der Argumentation, daß es neben europaweit einheitlichen Konzentrationsvorschriften auch ein entsprechend dafür zuständiges Gremium geben muß[647]. Zusätzlich wird angeführt, daß die nationalen Rundfunkordnungen ihre Zielvorgaben angesichts der grenzüberschreitenden Dimension des Rundfunks nicht mehr erfüllen können[648]. Über Konstruktion und Aufgaben dieser Institution gibt es keine einheitliche und konkrete Vorstellung. Soweit jedoch erkennbar, tritt zumindest bisher niemand für eine eigenständige europäische Behörde ein. Hinsichtlich möglicher Aufgaben wird vor allem von „beratenden Funktionen" oder Förderung gesprochen[649].

V. Überlegungen zur Notwendigkeit von Aufsicht über den privaten Rundfunk auf europäischer Ebene

Die Antwort auf die Frage nach der Notwendigkeit einer wie auch immer gearteten europaeinheitlichen Aufsicht muß sich aus folgenden Überlegungen ableiten:

1. Die Prämissen für die Notwendigkeit einer zentralen europäischen Aufsicht über den privaten Rundfunk

Jede Form einer europäischen Aufsicht, sei es in Form einer „DLM" oder sogar als europäische Behörde, macht nur dann Sinn, wenn es drängende grenzüberschreitende Probleme gibt, die nicht nur allein durch europäische bzw. europaeinheitliche Vorschriften gelöst werden können, sondern zusätzlich dafür der Durchsetzung bzw. zumindest der „Mithilfe" einer europäischen Aufsicht bedürfen.

---

646 *Nanclares*, Die EG-Fernsehrichtlinie, S. 105; *Clausen-Muradian*, Konzentrationstendenzen und Wettbewerb, S. 232 f; dazu neigt auch *Geppert*, Europäischer Rundfunkraum und nationale Rundfunkaufsicht, S. 138; in der Tendenz wohl auch *Stammler* ZUM 95, 104 [113].

647 *Clausen-Muradian*, Konzentrationstendenzen und Wettbewerb, S. 232; *Geppert*, Europäischer Rundfunkraum und nationale Rundfunkaufsicht, S. 138.

648 *Geppert*, Europäischer Rundfunkraum und nationale Rundfunkaufsicht, S. 141 f.

649 Siehe *Geppert*, Europäischer Rundfunkraum und nationale Rundfunkaufsicht, S. 138 f.

Es sind somit genaue Überlegungen anzustellen, ob und in welchem Ausmaß sich Regulierungsprobleme für den Rundfunk (und die elektronischen Medienangebote) dadurch ergeben, daß die Regelungsmacht der nationalen Rundfunk-ordnungen und der auf ihr beruhenden Aufsichtsbehörden an den jeweiligen Staatsgrenzen endet, und ob sich daraus zwingend die Notwendigkeit einer europäischen Aufsicht auf der Grundlage europaeinheitlicher Vorschriften ergibt. Hierbei ist besonders die fundamentale Bedeutung des Rundfunks für die Demokratie zu beachten, aus der sich die zentrale Aufgabe von Rundfunkaufsicht ableitet: Die Sicherung und gegebenenfalls Schaffung von Meinungsvielfalt durch Programmangebotsvielfalt und ein gewisses Maß an Ausgewogenheit.

2. Grenzüberschreitende Regulierungsprobleme

Es ist somit nach grenzüberschreitenden Regulierungsproblemen für den Rundfunk zu fragen, die möglicherweise durch verbesserte Zusammenarbeit, durch vereinheitlichte Rechtsgrundlagen oder sogar nur durch eine zentrale Aufsicht gelöst werden können. Die Überlegungen hierzu haben zunächst ohne die Frage nach entsprechenden Kompetenzen für die Schaffung der gegebenenfalls notwendigen Regelungen auszukommen. Rechtliche Vorschriften müssen den tatsächlichen Zwängen und Bedürfnissen folgen, die sich ergeben, um ein Ziel für das Gemeinschaftswohl zu erreichen. Gegebenenfalls sind entsprechende Kompetenzgrundlagen beispielsweise für die EG zu schaffen. Deswegen soll auch erst am Schluß dieses Kapitels das Problem der Kompetenzen erörtert werden.

a) Das Problem der Konzentrationskontrolle

Das möglicherweise zentrale und grundsätzlich völlig unbestrittene grenzüberschreitende Problem ist das der Kontrolle einer Meinungsmachtkonzentration. Hierauf stützt sich – wie geschildert – auch die Kommission, das Europäische Parlament und die anderen Stimmen, die eine gemeinschaftseinheitliche Regelung und eine zentralisierte Aufsicht befürworten. Zu überprüfen ist jedoch, ob die Begründungen hierfür zutreffend sind und zu einem solchen Ergebnis führen müssen.

aa) Rundfunk und elektronische Medien als Wirtschaftsgut und europäischer Wirtschaftsraum

Für die Programmanbieter bzw. die Medienunternehmen ist Rundfunk bzw. sind die elektronischen Medien zum grenzüberschreitenden Wirtschaftsfaktor[650], ist Europa längst zu einem einheitlichen Medienmarkt geworden[651], den sie mit einem schwer durchschaubaren Geflecht aus Beteiligungen, Tochtergesellschaften, Joint-Ventures etc. überzogen haben. Die großen in Europa tätigen (nicht unbedingt europäischen) Medienunternehmen wie z. B. die Kirch-Gruppe, Mediaset (Berlusconi)[652], Bertelsmann oder die News Corporation (Murdoch) haben den Markt fest im Griff und weiten ihren Einfluß auch durch gegenseitige Beteiligungen aus[653]. Das gilt besonders auf dem zukunftsträchtigem Gebiet des digitalen Fernsehens, auf dem sich jüngst der britische Pay-TV-Sender „BSkyB" des Medienunternehmers Murdoch an der Kirch Pay TV KGaG der KirchGruppe beteiligt hat[654]. Dadurch bestimmen sie ganz wesentlich die weitere wirtschaftliche Entwicklung[655].

Bei konzentrationsrechtlichen Problemen ist jedoch deutlich zwischen der wirtschaftlichen Konzentration und der Meinungsmachtkonzentration zu unterscheiden. Die nationalen Instanzen für die wirtschaftliche Konzentration werden durch die Konzentrationskontrolle der EG ergänzt[656], die durch die

---

650 Siehe dazu *Hümmerich*, Nationale Rundfunkordnung oder Europäischer Medienmarkt, in: AfP 91, 591 [591].

651 Die heute bestehende Situation prognostizierte bereits *Hoffmann-Riem*, Internationale Medienmärkte – Nationale Rundfunkordnungen, in: RuF 86, 5 [5 ff].

652 Neueres Joint Venture der KirchGruppe und Mediaset ist „Eureka". Das Unternehmen soll tätig werden auf den Gebieten der Ausstrahlung von Fernsehprogrammen, Verkauf von Fernsehwerbung, Produktion von Fernsehsendungen und dem internationalen Vertrieb von Fernsehrechten. Die Europäische Kommission hat das Joint Venture genehmigt. Siehe *de Kroon*, Europäische Kommission: Joint Venture zwischen der deutschen Kirch-Gruppe und dem italienischen Mediaset-Konzern genehmigt, in: iris 9/99, S. 7.

653 So sind die Gruppe „News International" des Unternehmers Murdoch und der saudische Geschäftsmann Al-Walid seit 1999 an der KirchGruppe beteiligt.

654 Siehe „Kirch und Murdoch wollen kooperieren", FAZ v. 07.12.1999; „Murdoch und Kirch handelseinig", FR v. 06.12.1999; „Erfolgsmodell BSkyB", FR v. 01.12.1999.

655 Siehe auch *Geppert*, Europäischer Rundfunkraum und nationale Rundfunkaufsicht, S. 44 f; *Dörr*, Konzentrationstendenzen im Bereich des Rundfunks und ihre Rechtsprobleme, in: ZUM 93, 10 [14].

656 Siehe ausführlich zur Abgrenzungsproblematik von Kontrolle durch die Europäische Kommission, das Bundeskartellamt sowie der durch die KEK bzw. die Landesmedienanstalten *Brenner* ZUM 98, 877 [877 ff]; siehe zur Fusionskontrolle durch die Kommission auch *Frey* ZUM 98, 985 [986 ff]; *ders.*, Fernsehen und audiovisueller Pluralismus im

Fußnote wird fortgesetzt

Europäischen Kommission als Aufsichtsinstitution ausgeübt wird. An der Notwendigkeit einer solchen Kontrolle wie auch an einer entsprechenden Aufsichtsinstitution bestehen keine Zweifel. Ebenso stehen die entsprechenden Kompetenzen der EG zur Schaffung einer solchen Fusionskontrolle außer Frage[657].

Es wäre jedoch verfehlt, allein vor dem Hintergrund der Notwendigkeit einer zumindest ergänzenden europäischen Konzentrationskontrolle in wirtschaftlicher Hinsicht auf die Notwendigkeit einer Konzentrationskontrolle der Meinungsvielfalt zu schließen. Dazu bedarf es der Untersuchung, welche Rolle der Rundfunk für die persönliche und öffentliche Meinungsbildung auf europäischer Ebene spielt.

bb) Demokratische Willensbildung auf europäischer Ebene?

Maßnahmen zur Sicherung der Programmangebotsvielfalt in Form von Meinungskonzentrationsvorschriften setzen einen europäischen Rundfunkraum voraus, in dem sich demokratische persönliche und öffentliche Willensbildung vollzieht.

(1) Bestehen eines europäischen Rundfunkraumes in technischer Hinsicht

In technischer Hinsicht dürfte am Bestehen eines europäischen Rundfunkraumes kein Zweifel bestehen. Die schlichte Erkenntnis, daß sich Funkwellen nicht an Ländergrenzen halten[658], Grenzüberschreitung systemimmanent ist[659], gilt eben nicht nur auf nationaler, sondern natürlich auch auf europäischer Ebene. Mit der Digitalisierung dürfte die bisher immer noch (vor allem in Großbritannien) weit verbreitete Terrestrik zusätzlich eine Renaissance erleben[660]. Mit den Systemen T-DAB und T-DVB kann eine nicht unerhebliche Zahl von Programmen übertragen und mit einfachstem technischen Aufwand

Binnenmarkt der EG, S. 156 ff, sowie *Wagner*, Konzentrationskontrolle im Medien-Binnenmarkt der EG, in: AfP 92, 1 [1 ff].

657 Siehe *Oppermann*, Europarecht, 2. Auflage, S. 399 ff, Rdnr. 1044 ff; *Bleckmann*, Europarecht, 6. Auflage, S. 790 ff, Rdnr. 1962 ff;

658 BVerfGE 12, 205 [251].

659 *Dörr/Kopp/Cloß*, Die Rechtsstellung der Landesmedienanstalten, S. 13.

660 A. a. wohl *Dörr*, Vielfaltssicherung durch die EU?, in: MP 96, 87 [87].

per Stabantenne sogar in Fahrzeugen empfangen werden, ohne daß dafür teure Anschlußgebühren wie beim Kabel bezahlt werden müßten. Dank der Satellitenübertragung ist es möglich, ein Programm (nicht nur) europaweit auszustrahlen und auf diese Weise potentiell über 400 Millionen Menschen zu erreichen. Die Zahl der in der Erdumlaufbahn kreisenden Rundfunksatelliten nimmt zu. Ebenso wächst die Zahl der Menschen, die sich mit entsprechenden Empfangsanlagen ausrüsten, auch wenn dies in den einzelnen europäischen Ländern in unterschiedlichem Ausmaß der Fall ist[661]. Lediglich die Kabelnetze halten sich bisher im wesentlichen in nationalen Räumen, obwohl technisch eine grenzüberschreitende Zusammenschaltung kein Problem ist.

Zweifelhafter ist dagegen das Bestehen eines Rundfunkraumes in programmlicher Hinsicht. Durch die Satellitentechnik bekommen nationale oder sogar nur regionale Rundfunkprogramme zwar eine europaweite Verbreitung. Antenne Sachsen ist damit prinzipiell auch an der spanischen Costa Blanca zu hören. Dies dürfte aber kaum einen Spanier veranlassen, von seinem Heimatradioprogramm umzuschalten.

Hinzu kommt die bisher geringe Zahl „europäischer Programme“. Zwar gibt es Programme wie MTV, Eurosport oder EuroNews, die sich grenzüberschreitend an ein „europäisches“ Publikum wenden. Sie überwinden die Sprachbarrieren durch die Verwendung der am meisten gesprochenen bzw. verstandenen Sprache Englisch oder auf technische Weise durch Mehrkanalton und verschiedene Sprachangebote. Durch die Digitalisierung dürfte dieser Weg zukünftig noch häufiger gewählt werden, um diese Kommunikationsgrenzen zu überschreiten. Jedoch haben diese europäischen Programme bisher im Verhältnis zu rein nationalen Angeboten nur eine konstant niedrige Einschaltquote. Es ist bisher nicht erkennbar, daß sich dies entscheidend durch die Mehrkanaltontechnik ändern wird[662]. Offenbar um diesem Umstand entgegenzuwirken, „lokalisieren“ diese transnationalen Sender ihre Programme, indem

---

661 Rund 12 Millionen Haushalte empfangen in Deutschland Rundfunk per Satellit (Stand Oktober 1999), siehe „Privater Satellitenempfang kräftig gestiegen“, FAZ v. 18.10.1999.

662 Siehe auch *Ukrow*, Auf dem Weg zu einem einheitlichen europäischen Medienrecht? – Zum Verhältnis von EG-Fernsehrichtlinie, Europa-Abkommen und Europäischen Übereinkommen über das grenzüberschreitende Fernsehen, in: Europäisches Medienrecht – Fernsehen und seine gemeinschaftsrechtliche Regelung, EMR-Schriftenreihe, Bd. 18, S. 105.

sie nationale Fenster in der jeweiligen Landessprache einrichten[663]. Ganz offensichtlich finden europäische Programme kein europäisches Publikum.

Festzustellen ist damit, daß die technischen Möglichkeiten für ein gesamteuropäisches Angebot fast nicht genutzt werden. Ein europäischer Rundfunkraum besteht derzeit nur in technischer Hinsicht. Bezüglich des Angebotes dominieren die nationalen Programme.

(2) Fehlen einer europäischen Öffentlichkeit und eines europäischen Bewußtseins

Der Grund für die völlig untergeordnete Bedeutung „europäischer" Programme ist im Fehlen eines europäischen Meinungsmarktes zu suchen. Dessen Fehlen hat wiederum mit der Rolle des Rundfunks in Europa zu tun. Diese Rolle ist verknüpft mit den demokratischen Willensbildungsprozessen, die nämlich nicht auf einer europäischen Ebene, sondern ganz wesentlich nur innerhalb der Mitgliedstaaten stattfinden. Das zeigt sich deutlich am weitgehenden Fehlen von europäischen Parteien bzw. an der ihnen im EG-Vertrag zugedachten Rolle[664]. In Art. 191 EGV heißt es, politische Parteien auf europäischer Ebene seien ein wichtiger Faktor der Integration in der Union. Gemäß S. 2 tragen sie aber nur dazu dabei, ein europäisches Bewußtsein herauszubilden und den politischen Willen der Bürger der Union zum Ausdruck zu bringen.

Es besteht aber so gut wie keine europäische Öffentlichkeit und ein für die Frage der demokratischen Funktion des Meinungsbildungsprozesses relevantes europäisches Bewußtsein[665]. Es fehlt eine homogene geistige, soziale und politische Verbundenheit der Menschen in Europa, wie es für ein Staatsvolk kennzeichnend ist. Es gibt kein europäisches Volk[666]. Daran hat sich weder

[663] Auf diese „Lokalisierung" weist zutreffend hin *Balle*, in: *Bundeskanzleramt-Verfassungsdienst* (Hg.), „Audiovisuelle Medien und Behörden", S. 12.

[664] Darauf weist treffend hin *Ukrow*, in: Europäisches Medienrecht – Fernsehen und seine gemeinschaftsrechtliche Regelung, EMR-Schriftenreihe, Bd. 18, S. 101.

[665] *Hesse*, Rundfunk zwischen demokratischer Willensbildung und dem Zugriff der EG, in: JZ 93, 545 [548]; *Ukrow*, in: Europäisches Medienrecht – Fernsehen und seine gemeinschaftsrechtliche Regelung, EMR-Schriftenreihe, Bd. 18, 1998, S. 100 ff.

[666] *Hesse* JZ 93, 545 [548]; *Ipsen*, Zehn Glossen zum Maastricht-Urteil, in: EuR 94, 1 [6 f]; *Ukrow*, in: Europäisches Medienrecht – Fernsehen und seine gemeinschaftsrechtliche Regelung, EMR-Schriftenreihe, Bd. 18, S. 100 ff; siehe auch *Häberle*, Europäische Verfassungslehre in Einzelstudien, 1. Auflage, 1999, S. 131 ff; auch das Bundesverfas-
Fußnote wird fortgesetzt

durch den Maastrichter noch durch den Amsterdamer Vertrag etwas geändert. Im EG- wie im EU-Vertrag ist ausschließlich von den Völkern Europas die Rede[667]. Selbst bei einer fortschreitenden „Demokratisierung" der EU durch weitergehende Aufwertung des Europäischen Parlaments wird sich daran nichts entscheidendes ändern. Dieses kann sich nur aus einer historischen Entwicklung ergeben, die nicht durch den Gesetzgeber zu verordnen ist[668]. Der einzelne Bürger orientiert sich an seinen nationalen Politikern und seiner nationalen Politik. Er interessiert sich bisher kaum dafür, wer Präsident des Rates ist oder wer der Kommission angehört[669]. Im Zweifel weiß er nicht einmal etwas mit diesen Begriffen anzufangen.

Das mangelnde Interesse der europäischen Bevölkerung an Europa zeigen auch immer wieder die geringen Beteiligungen bei den Wahlen zum Europäischen Parlament. Die EU leitet ihre demokratische Legitimation vor allem mittelbar durch die europäischen Regierungen und nur zu einem untergeordneten Teil unmittelbar durch das Europäische Parlament ab[670]. Die demokratische Funktion des Rundfunks bleibt daher „gebietsbezogen"[671], was letztlich auch mit der Sprachvielfalt und den daraus folgenden Barrieren zu tun hat, die zu regionalen kulturellen Identitäten führen. Das bisher Gesagte gilt um so mehr auch für das „Europa" des Europarates, da dessen Mitgliedsländer noch weniger einen einheitlichen Rundfunkraum mit demokratischem Willen bilden als dies für die EU der Fall ist.

cc) Keine Maßnahmen auf europäischer Ebene gegen Meinungskonzentrationen

Die Funktion als „Medium" und „Faktor" der individuellen und öffentlichen und damit demokratischen Willensbildung erfüllt der Rundfunk (und von gänzlich untergeordneter Bedeutung auch die elektronischen Medien) ganz

---

sungsgericht spricht in seinem Maastricht-Urteil von den „Staatsvölkern", den „Völkern Europas" und stellt fest, daß der EU-Vertrag „keinen sich auf ein europäisches Staatsvolk stützenden Staat" begründet, siehe EuR 93, 294 [294; Leitsätze 4 u. 8].

667 Siehe u. a. Präambel, Abs. 5 u. 12 EUV; Präambel, Abs. 1 EGV.

668 Zutreffend *Hesse* JZ 93, 545 [548].

669 Zutreffend *Hesse* JZ 93, 545 [548].

670 Ausführlich *Pernice*, Maastricht, Staat und Demokratie, in: Die Verwaltung 26 (1993), 449 [465 ff].

671 Begriff von *Bullinger*, Rundfunkordnung im Bundesstaat und in der Europäischen Gemeinschaft, in: AfP 85, 257 [260].

überwiegend auf der Ebene der Mitgliedstaaten, und hieran wird sich auf absehbare Zeit nichts ändern. Die Sicherung von Meinungsvielfalt kann und darf in einem Europa mit unterschiedlichen gesellschaftlichen Strukturen nur auf die Mitgliedstaaten bezogen sein. Angesichts der beschriebenen Situation würde eine gemeinschaftsrechtliche Regelung zur Sicherung der Meinungsvielfalt in den „Kernbereich der gesellschaftlichen Funktionen der Massenmedien in den Mitgliedstaaten eingreifen“[672]. Medienkonzentrationsrechtliche Vorkehrungen zur Sicherung der Meinungs- und Programmangebotsvielfalt auf europäischer Ebene sind damit so lange abzulehnen, bis sich an den Umständen nichts wesentlich geändert hat[673].

Es ist zu überlegen, ob europaeinheitliche Konzentrationsregeln nicht sogar einen gegenteiligen Effekt hätten. Für einige Mitgliedstaaten könnten solche Regeln eine deutliche Lockerung der bestehenden nationalen bedeuten, was zur Folge haben könnte, daß es zu regionalen Meinungskonzentrationen kommt. Diese könnten nach den vereinheitlichten europäischen Konzentrationsregeln unbedenklich sein, aber nach den früheren nationalen unzulässig[674]. In Anbetracht der auf nationaler Ebene stattfindenden demokratischen Willensbildung wäre dies eine äußerst bedenkliche Situation.

dd) Keine konzentrationsrechtlichen Vorschriften zur Vereinheitlichung des Binnenmarktes

Das zuvor Gesagte hat auch in die Abwägung einzufließen, ob nicht zumindest aus Gründen der Verbesserung des Binnenmarktes europaweit einheitliche Konzentrationsregeln für die Meinungsvielfalt zu schaffen sind, um die Unter-

---

672 So treffend der Bundesrat in seiner Stellungnahme zum Grünbuch „Pluralismus und Medienkonzentration im Binnenmarkt – Bewertung der Notwendigkeit einer Gemeinschaftsaktion“, BR-Drs. 77/93, S. 2, Nr. 3.

673 Ebenso *Ukrow*, in: Europäisches Medienrecht – Fernsehen und seine gemeinschaftsrechtliche Regelung, EMR-Schriftenreihe, Bd. 18, S. 100.

674 Auch wenn die Bildung einer regionalen Meinungskonzentration natürlich nicht das Ziel der EG ist, so hat sie industriepolitisch mit einer Harmonisierung dennoch auch die Absicht verfolgt, die Entstehung großer europäischer Medienkonzerne zu fördern, um gegen die amerikanische und japanische Konkurrenz bestehen zu können. Daß dieses Ziel schnell in einen Gegensatz zum Ziel der Pluralismussicherung geraten kann, beinahe muß, liegt auf der Hand; ebenso *Schellenberg*, Rundfunk-Konzentrationsbekämpfung, S. 225 f.

schiede der nationalen Rundfunk- und Medienordnungen auszugleichen[675]. Im geschilderten Fall würde aber eine solche Verbesserung des Binnenmarktes unter Umständen auf Kosten der Meinungsvielfalt erfolgen. In einer Gesamtabwägung haben wirtschaftliche Aspekte des Rundfunks und der elektronischen Medien hinter deren Bedeutung für die Gesellschaft und Demokratie zurückzutreten. Der Rundfunk ist „Medium" und „Faktor" der öffentlichen Meinungsbildung und die dazu nötige Meinungsvielfalt sind „schlechthin konstituierend" für ein freiheitlich demokratisches Gemeinwesen. Diese Bedeutung hat der Rundfunk nicht nur in der Rechtsprechung des Bundesverfassungsgerichtes, sondern auch andere europäische Verfassungsgerichte sehen dies so[676].

Angesichts des Gewichts des Rundfunks (und der elektronischen Medien sowie natürlich auch der Presse) kann der nicht zu unterschätzende Wert eines einheitlichen und funktionierenden Wirtschaftsraumes in Europa nicht an die Bedeutung des Rundfunks heranreichen. Das gilt umso mehr, als die Kommission in ihrem Grünbuch zu der sicherlich auch heute noch gültigen Feststellung gelangte[677], daß es noch nicht einmal zu einer aktuellen Gefährdung des Funktionierens des Binnenmarktes gekommen sei. Die Hindernisse, die sie durch die nationalen Konzentrationsregelungen sehe, seien eher potentieller Natur[678]. Der Ansatz der Europäischen Kommission, die Meinungsvielfalt aus Gründen eines verbesserten einheitlichen Wirtschaftsraumes zu regeln, ist somit abzulehnen[679]. Dieses Ergebnis steht auch im Einklang mit der neueren Rechtsprechung des EuGH, der nicht mehr ausschließlich die wirtschaftliche

---

675 So der Ansatz der Kommission im Grünbuch „Pluralismus und Medienkonzentration im Binnenmarkt – Bewertung der Notwendigkeit einer Gemeinschaftsaktion", KOM (92) endg. v. 23.12.1992, S. 57; siehe dazu auch *Brühann* ZUM 93, 600 [604]; diesen ablehnend *Schellenberg*, Rundfunk-Konzentrationsbekämpfung, S. 226 ff; *Dörr* MP 96, 87 [98]; zu den Unterschieden bei den nationalen Konzentrationsvorschriften siehe *Schellenberg*, Fernsehen und audiovisueller Pluralismus im Binnenmarkt der EG, 1999, S. 75 f.

676 Siehe *Schellenberg*, Rundfunk-Konzentrationsbekämpfung, S. 186 ff.

677 Anderenfalls ist der Rückzug jedes Richtlinienvorschlages auch kaum überzeugend zu rechtfertigen.

678 Grünbuch der EG-Kommission „Pluralismus und Medienkonzentration im Binnenmarkt – Bewertung der Notwendigkeit einer Gemeinschaftsaktion", KOM (92) 480 endg. v. 23.12.1992, S. 98; so auch der damalige Sonderberater der EG-Kommission *Schwartz*, in: *ders.*, Subsidiarität und EG-Kompetenzen – Der neue Titel „Kultur" – Medienvielfalt und Binnenmarkt, in: AfP 93, 409 [420].

679 Im Ergebnis wohl auch *Stock* NWVBl. 94, 321 [326]; *Schellenberg*, Rundfunk-Konzentrationskontrolle, S. 227 ff.

Freiheit der Dienstleistung Rundfunk betont und auf der bedingungslosen Durchsetzung des Vorrangs der Dienstleistungsfreiheit besteht, sondern den Mitgliedstaaten den Spielraum läßt, den diese benötigen, um Meinungsvielfalt und kulturelle Identität in ihrer nationalen Rundfunkordnung zu erhalten[680]. Ebenso betont der EGMR in seiner Rechtsprechung zu Art. 10 EMRK eine solche Bedeutung der Meinungsvielfalt[681].

ee) Ergebnis

Für das grenzüberschreitende Problem der Meinungskonzentrationskontrolle ist somit festzuhalten, daß sich entgegen der Ansicht der EG und der entsprechenden Vertreter in der Rechtswissenschaft gerade hiermit nicht die Notwendigkeit für ein europäisches Aufsichtsgremium begründen läßt. Vielmehr handelt es sich um ein unbedingt auf nationaler Ebene zu lösendes Problem. Dieses Ergebnis schließt jedoch nicht die Notwendigkeit von Formen der grenzüberschreitenden Zusammenarbeit zwischen den Aufsichtsbehörden aus, was weiter unten auszuführen ist[682].

b) Das Problem der Umgehung der nationalen Rundfunkordnungen

Die Gefahr der Umgehung einer nationalen Medienordnung ist ein grenzüberschreitendes Regulierungsproblem und ergibt sich nicht nur unter dem erwähnten Gesichtspunkt schärferer Konzentrationsbestimmungen, sondern auch aus anderen Gründen, die u. a. mit schärferen Jugendschutzbestimmungen (oder diesbezüglichen unterschiedlichen Begriffsverständnissen wie im Fall des Pornographiebegriffs), strengeren nationalen Werberegelungen oder Verbraucherschutzbestimmungen zu tun haben können.

aa) „Flucht auf den Satelliten"

Durch die Ausstrahlung eines Programms über einen Satelliten ist eine Aufsicht bzw. ein Einwirken auf diesen Veranstalter nur durch den Staat möglich,

---

680 Vgl. EuGH JZ 92, 682 [682 ff]; siehe dazu *Hesse*, Rundfunkrecht, S. 329 ff, Rdnr. 64.

681 EGMR AfP 94, 281 [281 f].

682 Siehe unten unter 5. Kapitel, V. 3., S. 174 ff.

in dem der Veranstalter bzw. der Satellitenbetreiber seinen Sitz hat. Alle anderen Staaten haben keine direkten Einwirkungsmöglichkeiten, selbst wenn das Programm auch in ihrem Regulierungsbereich zu empfangen ist. Dabei ist denkbar, daß ein Veranstalter bewußt aus dem Ausland für einen anderen Staat sendet, weil er in seinem Heimatstaat wegen des Verstoßes gegen nationale Vorschriften keine Sendelizenz erhalten könnte oder mit einer Sendeuntersagung rechnen müßte. Das Problem der Umgehung von strengen oder einem Veranstalter nicht genehmen nationalen Rundfunkordnungen mit ihren Programmstandards ist mit der Satellitenübertragung eng verknüpft („Flucht auf den Satelliten")[683]. In deutlich begrenzterem Umfang gilt dies auch für die Terrestrik und die Übertragung mit Hilfe des Kabels, wofür sich ebenso bereits Beispiele finden[684].

bb) Sendestaatsprinzip erleichtert Umgehung

Für den Bereich des Fernsehens kommt das in der Fernsehrichtlinie in Art. 2 Abs. 1 in Verbindung mit Art 3 Abs. 2 sowie in Art. 5 Europaratskonvention angelegte Sendestaatsprinzip[685] für Umgehungsversuche erleichternd hinzu. Danach ist ausschließlich der Sendestaat befugt und verpflichtet zu kontrollieren, ob Fernsehsendungen die Bestimmungen der Richtlinie bzw. der Konvention und die auf seinem Hoheitsgebiet geltenden nationalen Rechtsvorschriften einhalten. Gemäß Art. 2 a Abs. 1 der Fernsehrichtlinie hat der Empfangsstaat demgegenüber die Verpflichtung, den freien Empfang und die Weiterverbreitung von Fernsehsendungen aus anderen Mitgliedstaaten zu gewährleisten. Er braucht dies nur dann nicht zu tun, wenn eine der seltenen Ausnahmen des Art. 2 a Abs. 2 Fernsehrichtlinie vorliegt[686].

Der EuGH hat in verschiedenen Urteilen versucht, den Möglichkeiten der Umgehung Grenzen zu setzen. In den Entscheidungen hat er die Berechtigung

---

683 Vor allem Veranstalter von „Erotik-Programmen" haben sich dies zu Nutze gemacht.

684 Ein Fall der Umgehung der nationalen Rundfunkordnung ist der vom EGMR entschiedene Fall „Groppera", siehe EGMR EuGRZ 90, 255 [255 ff]; sowie die Fälle „Veronica" u. „TV 10" des EuGH, siehe EuGH EuZW 93, 251 [251 f] u. ZUM 95, 327 [327 ff].

685 Vgl. zu diesem ausführlich *Lenz*, Das Sendestaatsprinzip als Teil der europäischen Medienordnung, in: Europäisches Medienrecht – Fernsehen und seine gemeinschaftsrechtliche Regelung, EMR-Schriftenreihe, Bd. 18, S. 19 ff.

686 Siehe zu den Aussetzungsmöglichkeiten *Nanclares*, Die EG-Fernsehrichtlinie, 1995, S. 104 ff; *Lenz*, in: Europäisches Medienrecht – Fernsehen und seine gemeinschaftsrechtliche Regelung, EMR-Schriftenreihe, Bd. 18, S. 22 ff.

der nationalen Gesetzgeber anerkannt, Umgehungsverbote aufzustellen, die verhindern sollen, daß sich ein inländischer Rundfunkveranstalter durch Verlegung seines Sitzes ins Ausland den gesetzlichen Bestimmungen des Staates entzieht, für den seine Sendungen bestimmt sind[687]. Unter Bezug auf diese Rechtsprechung wurde in der geänderten Fernsehrichtlinie vom 17. Juni 1997 die 14. Erwägung aufgenommen, wonach Mitgliedstaaten ausdrücklich die Möglichkeit der Umgehungsverbote vorbehalten wird[688]. In der Richtlinie selbst hat diese Problematik jedoch keinen Niederschlag gefunden.

Durch Verbote lassen sich jedoch Umgehungen nicht in jedem Fall unterbinden. Im Prinzip kann der betroffene Staat nur die Weiterverbreitung in seinen Kabelnetzen und die terrestrische Übertragung durch Sendeanlagen im eigenen Staatsgebiet verhindern. Bei der Satellitenübertragung scheidet diese Eingriffsmöglichkeit dagegen aus. Teilweise gilt das auch für die Terrestrik, durch die Rundfunk naturgemäß grenzüberschreitend ist und somit auch von einem Staat in den anderen gesendet werden könnte. Es könnte damit wie in Deutschland zwischen den Bundesländern dazu kommen, daß Staaten mit Hilfe von Standortpolitik gegeneinander ausgespielt werden. Auch in diesem Punkt fehlt es somit auf europäischer Ebene an der Kongruenz zwischen den Geltungsbereichen der Ordnungskompetenz und den Wirkungsräumen des Ordnungsgegenstandes[689].

Die Gefahr der Umgehung der nationalen Rundfunkordnungen ist somit im Gegensatz zur Meinungskonzentrationskontrolle ein Regulierungsproblem, bei dem Überlegungen zu einer zumindest verbesserten Zusammenarbeit der Aufsichtsbehörden bis hin zu einem zentralen Gremium angebracht sind. Darauf soll weiter unten umfassend eingegangen werden[690].

---

687 EuGH EuZW 93, 251 [251 f] („Veronica"); EuGH ZUM 95, 327 [327 ff] („TV 10"); siehe dazu auch die Anmerkung von *Trautwein*, Grenzen der Dienstleistungsfreiheit im Fernsehbereich, in: ZUM 95, 324 [324 ff].

688 Siehe dazu auch *Lenz*, in: Europäisches Medienrecht – Fernsehen und seine gemeinschaftsrechtliche Regelung, EMR-Schriftenreihe, Bd. 18, S. 24 ff.

689 *Kleist* ZUM 94, 142 [144], spricht von der Verdrängung der „Ordnungspolitik durch die Satellitentechnik".

690 Siehe unten unter 5. Kapitel, V. 3., S. 174 ff.

c) *Das Problem der Offenheitssicherung bei der Satellitenübertragung*

Ein denkbares weiteres Regulierungsproblem stellt sich mit der Offenheitssicherung bei der Satellitenübertragung. Die Kabelnetze und die terrestrischen Sendeanlagen sind meist (noch) in der Hand unterschiedlicher und miteinander konkurrierender Unternehmen[691], bzw. es gibt verschiedene Kabel- und terrestrische Netze in Europa. Dadurch lassen sich diese Medien der Rundfunkübertragung noch durch den nationalen Gesetzgeber und eine nationale Aufsicht regulieren. Die beim digitalen Rundfunk zukünftig notwendige Offenheitssicherung[692] ist dadurch möglich[693].

Anders ist stellt sich die Situation jedoch beim Medium Satellit dar. Der Markt der Satellitenübertragung wird von wenigen Anbietern beherrscht. Der Marktanteil der Betreiber des Satellitensystems ASTRA liegt bei über Zwei-Dritteln. Sollten diese Betreiber sich – aus welchen Gründen auch immer – dazu entschließen, bestimmte Rundfunkprogramme nicht zu übertragen oder ihnen diskriminierende Bedingungen zu stellen[694], ist nur ein Eingreifen der Aufsicht des jeweiligen Firmensitz-Staates möglich. Ob diese allerdings Maßnahmen der Offenheitssicherung für nötig hält oder dafür überhaupt entsprechende Rechtsgrundlagen besitzt, ist unter Umständen zweifelhaft. Ausländische Aufsichtsinstitutionen hätten jedenfalls keine Möglichkeit, Maßnahmen zur Offenheitssicherung im Sinne von Meinungsvielfaltssicherung durchzusetzen[695]. Praktisch könnten daher die Satellitenbetreiber das „Ob" und das „Ausmaß" der Angebotsvielfalt ihres Mediums selbst bestimmen[696]. Ähnliche Probleme sind für über Satellit übertragene Elektronische Programmführer und Conditional Access-Systeme zu erwarten. Hierfür sei auf die insoweit übertragbaren Ausführungen oben im Rahmen der Regulierungsprobleme in Deutschland verwiesen[697].

---

691 In Deutschland muß der frühere Monopolist Deutsche Telekom sein Kabelnetz verkaufen, um Wettbewerb zu ermöglichen.

692 Siehe dazu oben unter 3. Kapitel, IV. 2., S. 72 f.

693 Das schließt nicht aus, daß die Offenheitssicherung auf nationaler Ebene ebenso ein schwerwiegendes Problem werden kann.

694 Diesen Vorwurf hat es in der Vergangenheit gegen die ASTRA-Betreiber gegeben, vgl. *Holznagel* ZUM 96, 16 [19].

695 Im Ansatz auch *Dörr/Kopp/Cloß*, Die Rechtsstellung der Landesmedienanstalten, S. 23.

696 Das Problem der „ökonomischen Konzentration" bei den Satellitenbetreibern sieht auch *Wallenberg* WuW 93, 910 [915].

697 Siehe oben unter 2. Kapitel, IV. 2. c), S. 54 ff.

Damit ist auch für diese Regulierungsproblematik festzustellen, daß sie sich nicht durch nationale Vorschriften allein regeln läßt. Inwieweit dafür einheitliche Vorschriften oder eine gemeinsame Aufsicht erforderlich sind, soll unten erörtert werden[698].

d) Das Problem der Programme für grenzüberschreitende Sprachräume

Ein weiteres Regulierungs- und Aufsichtsproblem stellt sich bei Programmen für grenzübergreifende Sprach- bzw. Kommunikationsräume. In bisher begrenztem Umfang ist es vorgekommen, daß Programmveranstalter ihre nationalen Programme nicht zur Umgehung einer Rundfunkordnung, sondern bewußt grenzüberschreitend auf einen Sprachraum mit allen Konsequenzen bezüglich Regionalprogramm und regionaler Werbung ausdehnen wollten. Beispiele für das Fernsehen sind das „Schweizer Fenster“ von RTL[699] oder SAT 1.

Nach dem erwähnten Sendestaatsprinzip[700] sind solche grenzüberschreitenden Fernsehprogramme zwar weiterzuverbreiten. Diese Weiterverbreitung darf nur unter sehr engen Voraussetzungen ausgesetzt werden[701]. Probleme der Aufsicht – beispielsweise von Jugendschutzbestimmungen oder Werberegelungen – sind aber ungeklärt. Das gilt insbesondere auch für den Hörfunk und die sonstigen elektronischen Medien, für die die Fernsehrichtlinie und Konvention nicht gilt. Regelungen für die Zusammenarbeit der Aufsichtsinstitutionen, wie zum Beispiel eine Aufsichtsbehörde bei der des Nachbarstaates wegen Verstößen eines Programmveranstalters ein Eingreifen veranlassen kann, bestehen nicht. Die Situation ist mit der der Umgehungstatbestände vergleichbar. Auf

---

698 Siehe dazu unten unter 5. Kapitel, V. 3., S. 174 ff.

699 Vgl. dazu ausführlich *Dörr/Kopp/Cloß*, Die Rechtsstellung der Landesmedienanstalten, S. 24 ff. Die Situation war allerdings noch in mehrfacher Hinsicht bemerkenswert: Die für RTL zuständige niedersächsische Landesmedienanstalt hatte 1992 dem Sender für die Werbeinsel, die für die Schweiz bestimmt war, eine Zulassung erteilt. Damit sendete RTL ein Programm mit speziell für die Schweiz zugeschnittenen Werbeinseln aufgrund einer in Deutschland erteilten Zulassung über einen luxemburgischen Satelliten in die Schweiz, wo das Programm auch in das Kabel eingespeist wurde.

700 Siehe oben unter 5. Kapitel, V. 2. b) bb), S. 169.

701 Art. 2 a II Fernsehrichtlinie; siehe auch *Lenz*, in: Europäisches Medienrecht – Fernsehen und seine gemeinschaftsrechtliche Regelung, EMR-Schriftenreihe, Bd. 18, 1998, S. 22 ff.

die Konsequenzen für die Zusammenarbeit und Organisation der Aufsicht wird später eingegangen[702].

e) *Probleme aufgrund der medialen Konvergenz*

Europäische Regulierungs- und Aufsichtsprobleme lassen sich schließlich auch aufgrund des bereits oben beschriebenen Phänomens der Konvergenz absehen. So schwierig sich auf nationaler Ebene jetzt und in Zukunft die Trennung der Regelungsbereiche Telekommunikation und Rundfunk vornehmen läßt, so schwierig ist dies auf europäischer Ebene. Das gilt insbesondere auch für die Trennung von Medien- und Telekommunikationsunternehmen, die sich immer enger miteinander verbinden. Wie oben gezeigt[703], haben telekommunikationsrechtliche Entscheidungen zusätzlich fast immer direkt oder indirekt Auswirkungen auf den Rundfunk. Auch bei Entscheidungen auf europäischer Ebene, z. B. von der Konferenz der Europäischen Post- und Telekommunikationsverwaltungen (CEPT), ist dies zu beachten.

Mit der Konvergenz von Telekommunikation und Rundfunk sind neue elektronische mediale Dienste entstanden. Diese Angebote unterliegen anderen Regulierungen, obwohl sie nur unter Schwierigkeiten vom Rundfunk abzugrenzen sind und darüber hinaus möglicherweise eine wachsende Bedeutung für die persönliche und öffentliche Meinungsbildung bekommen werden[704]. Das gilt insbesondere für über das Internet übertragene Dienste. Auch der klassische Rundfunk kann über das Internet übertragen werden, was bereits in zunehmenden Umfang geschieht. Daraus ergeben sich weitere Regulierungsprobleme[705], die allerdings aufgrund der technischen Eigenheiten grundsätzlich selbst die Grenzen Europas sprengen. Es handelt sich um ein globales Problem. Soweit aber Dienste oder Rundfunk zum Beispiel über das Internet aus einem europäischen Staat für „Europa" verbreitet werden, sind diese An-

---

[702] Siehe dazu unten unter 5. Kapitel, V. 3., S. 174 ff.

[703] Siehe oben unter 3. Kapitel, IV. 3. a), S. 75 ff.

[704] Siehe dazu bereits oben unter 3. Kapitel, IV. 3. c), S. 79 f.

[705] Siehe dazu auch *Redley*, in: *Bundeskanzleramt-Verfassungsdienst* (Hg.), „Audiovisuelle Medien und Behörden", S. 17 f, der daran zweifelt, daß das Internet zum alternativen Übertragungsmedium für Rundfunk geeignet ist und deswegen kein Ende der „sektorspezifischen Regulierung" gekommen sieht; zu den Rechts- und Regulierungsproblemen des Internet *Hoeren*, Internet und Recht – Neue Paradigmen des Informationsrechts, in: NJW 99, 2849 [2849 ff].

gebote und die Anbieter durch europäisches Recht bzw. durch das Recht eines europäischen Staates zu regulieren[706]. Die Problematik ist damit im wesentlichen mit den Regulierungsproblemen bei der Satellitenübertragung vergleichbar, so daß insoweit auf die dortigen Ausführungen verwiesen werden kann.

3. Schlußfolgerungen

Aus den geschilderten Regulierungsproblemkreisen lassen sich eine Reihe von Schlußfolgerungen für die Arbeit der nationalen Aufsichtsinstitutionen ziehen:

a) Zusammenarbeit der Aufsichtsbehörden erforderlich

Es gibt grenzüberschreitende Regulierungsprobleme für den Rundfunk und die elektronischen Medien auf europäischer Ebene, die ihren Grund in der begrenzten Regelungsmacht der nationalen Gesetzgeber und ihrer Aufsichtsinstitutionen haben. Bei diesen Problemen handelt es sich um Fragen, die im engen Zusammenhang mit der Programmangebotsvielfalt stehen und damit mit der zentralen Aufgabe des Rundfunks als Faktor und Medium.

Daraus folgt zunächst generell, daß es einer verbesserten grenzüberschreitenden Zusammenarbeit der Aufsichtsbehörden bedarf. Die nationalen Aufsichtsbehörden müssen über die Staatsgrenzen hinaus blicken, wenn sie ihre (nationalen) Aufgaben zukünftig noch erfüllen wollen[707]. Eine nationale Aufsicht muß, um effektiv zu bleiben, mit anderen nationalen Aufsichtsinstitutionen grenzüberschreitend zusammenarbeiten. Der diesbezüglichen Ansicht der Rechtswissenschaft[708] ist insoweit zuzustimmen. Die bestehenden und oben

---

[706] Das sieht offenbar auch die Europäische Kommission so, die für Fragen der Haftung und der Zuständigkeit an eine Gemeinschaftslösung denkt, siehe *Pappas*, in: *Bundeskanzleramt-Verfassungsdienst* (Hg.), „Audiovisuelle Medien und Behörden", S. 39.

[707] Diese Erkenntnis ist auch durchaus längst vorhanden, wie u. a. der Diskussionsbeitrag des Direktors der Thüringer Landesmedienanstalt *Henle*, in: *Bundeskanzleramt-Verfassungsdienst* (Hg.), „Audiovisuelle Medien und Behörden", S. 22, zeigt; siehe auch schon *Hege*, Aufgabe der Medienpolitik, in: RuF 94, 246 [253].

[708] Siehe dazu oben unter 5. Kapitel, IV., S. 157 f.

geschilderten Ansätze hierfür durch die Europaratskonvention und die Fernsehrichtlinie[709] sind als ungenügend anzusehen.

b) Notwendigkeit von Rechtsgrundlagen für die Zusammenarbeit

Für die Zusammenarbeit sind deshalb weitergehende und detailliertere Verfahrensregeln zu schaffen, als dies durch die Europaratskonvention bisher geschehen ist. Wenn die Aufsichtsinstitutionen wirkungsvoll zusammenarbeiten sollen, müssen sie das auf einer gesicherten Rechtsgrundlage tun. Diese hierfür zu schaffenden Regeln sind aber nur im Sinne von Rahmenvorschriften zu verstehen. Durch sie muß geklärt sein, wie in den oben beschriebenen Problembereichen wann und unter welchen Voraussetzungen eine Aufsichtsbehörde von einer anderen ein Tätigwerden verlangen kann. Das bedeutet, daß die Aufsichtsbehörden auf europäischer Ebene nicht nur zur Zusammenarbeit angehalten, sondern sogar verpflichtet werden müssen. Die Aufsichtsbehörden sollten einer Abstimmungspflicht bezüglich der Verfahren der Zusammenarbeit und der Behandlung von Veranstaltern unterliegen, die mit der vergleichbar ist, wie sie der Rundfunkstaatsvertrag von den Landesmedienanstalten fordert[710].

Das muß zunächst vor allem für Fragen der Konzentrationskontrolle gelten. Auch wenn vereinheitlichte europäische Konzentrationsvorschriften – wie oben ausführlich dargestellt – abzulehnen sind, bedeutet das umgekehrt aber nicht, daß es in jeder Hinsicht beim status quo der Aufsichtsorganisation in Europa bleiben, „man die Dinge auf EU-Ebene [...] treiben lassen“[711] kann. Die Beurteilung nationaler meinungskonzentrationsrechtlicher Fragen kommt angesichts der grenzüberschreitenden Tätigkeit und Verflechtungen der Medienunternehmen nicht mehr ohne einen Blick über die Grenzen aus. Mit den bisherigen Strukturen und Kompetenzen der nationalen Aufsichtsbehörden ist dies jedoch nicht oder nur unter Schwierigkeiten zu leisten. Konzentrationsrechtliche Sachverhalte können nur noch ermittelt werden, wenn der europaweiten Konzernbildung auch mit einem europaweiten Informationsaustausch begegnet wird. Nur bei einer Betrachtungsweise, die grenzübergreifend ist, können die vielfältigen Beteiligungsgeflechte sichtbar gemacht werden, aus

---

[709] Siehe oben unter 5. Kapitel, II. 1. – 2, S. 152 ff.

[710] Präambel RStV Abs. 7.

[711] *Stock* NWVBl. 94, 321 [326]

denen Rückschlüsse auf strategische Allianzen zu ziehen sind, und können Umgehungen nationaler Medienordnungen wegen strengerer Vorschriften als im Nachbarland erkannt und verhindert werden[712]. Die Sicherung der Meinungsvielfalt erfordert daher unbedingt eine grenzüberschreitende Zusammenarbeit. Diese hat koordiniert zu erfolgen und muß gegebenenfalls auch den Austausch von vertraulichen Informationen ermöglichen[713]. Entsprechende Vorschläge hierzu sind in der Vergangenheit immer wieder gemacht worden, unter anderem von den deutschen Landesmedienanstalten[714].

Weiterhin sind für die Umgehungsprobleme Vorschriften in doppelter Hinsicht erforderlich: Erstens bedarf es Regeln und Bestimmungen, die definieren, wann der Tatbestand der Umgehung vorliegt und welche Maßnahmen von wem dagegen vorgenommen werden dürfen. Zweitens lassen sich Umgehungen nicht nur repressiv bekämpfen, sondern auch präventiv verhindern, wenn einheitliche bzw. vereinheitlichte Regelungen für bestimmte Probleme bestehen. Solche vereinheitlichten Regeln sind zwar für konzentrationsrechtliche Fragen abzulehnen, nicht aber für Fragen des Jugend- und Verbraucherschutzes sowie der Werbung[715].

Schließlich müssen auch bei dem Problem der Offenheitssicherung für die Satellitenübertragung Verfahrensregeln bestehen, die die Zusammenarbeit der Aufsichtsinstitutionen sicherstellen und durch die zusätzlich gewährleistet wird, daß eine Inpflichtnahme der Satellitenbetreiber möglich ist, so daß keine

---

712 *Dörr* MP 96, 87 [89]; *ders./Kopp/Cloß*, Die Rechtsstellung der Landesmedienanstalten, S. 22.

713 *Dörr* MP 96, 87 [89]; *ders./Kopp/Cloß*, Die Rechtsstellung der Landesmedienanstalten, S. 22 ff.

714 Bereits in den „Lübecker Beschlüssen“, Teil 3 Nr. 1, fordern die Landesmedienanstalten den „Aufbau einer organisierten grenzüberschreitenden Zusammenarbeit der national in Europa für Medienaufsicht zuständigen Stellen“, siehe Beschluß der Gesamtkonferenz der Arbeitsgemeinschaft der Landesmedienanstalten in Lübeck v. 17.09.1994, abgedruckt in: *Die Landesmedienanstalten* (Hg.), Die Sicherung der Meinungsvielfalt, Schriftenreihe der Landesmedienanstalten, Bd. 4, S. 497.

715 Bezüglich der Werbung scheinen jedoch einige Fragezeichen angebracht. Daß es verbraucherschützende Vorschriften in Form u. a. des Trennungsgebotes geben muß, dürfte unbestritten sein. Ob es aber auch Vorgaben für die Anzahl der Werbeunterbrechungen und deren Gesamtdauer bedarf, wie es durch die Fernsehrichtlinie geschieht (Art. 11 Fernsehrichtlinie und in der Folge die Regelungen im Rundfunkstaatsvertrag, §§ 44, 45 RStV), darf angesichts der wachsenden Konkurrenzsituation auf dem Markt der audiovisuellen Medien und den damit steigenden Möglichkeiten der Nutzer, bei einem Überangebot von Werbung einfach umzuschalten, bezweifelt werden. Diese Ansicht wird sogar von Teilen der Landesmedienanstalten vertreten, siehe *Hochstein*, in: „Geschlossen und handlungsfähig“, Funkkorrespondenz 48/98, S. 14.

Vermietung eines Satellitentransponders ohne eine „medienrechtliche Unbedenklichkeitsbescheinigung“ für ein bestimmtes Programm erfolgen kann[716].

c) *Organisation der Zusammenarbeit der Aufsichtsinstitutionen*

Es bleibt die Frage, welchen Grad der Organisation diese Zusammenarbeit bekommen sollte oder ob die eben geforderten Verfahrensregeln dafür ausreichen.

Hierfür ist zunächst festzustellen, daß mit der hier vertretenen Ablehnung von meinungskonzentrationsrechtlichen Regelungen auf europäischer Ebene auch der Ansatz der Europäischen Kommission für ein Aufsichtsgremium zwangsläufig abzulehnen ist. Gerade mit dem konzentrationsrechtlichen Ansatz der EG ist kein einheitliches Gremium bis hin zu einer europäischen „Konzentrationsaufsichtsbehörde“ zu begründen.

aa) *Institutionalisierte Zusammenarbeit erforderlich*

Wie festgestellt, ergibt sich für die konzentrationsrechtlichen Probleme die zwingende Notwendigkeit der grenzüberschreitenden Zusammenarbeit aller Aufsichtsbehörden. Zusammengenommen mit den anderen grenzüberschreitenden Regulierungsfeldern dürfte ein völliger Verzicht auf ein Kooperationsgremium auch verfehlt sein. Insofern ist die oben geprüfte Problematik der Landesmedienanstalten übertragbar. Auch sie müssen zusammenarbeiten, können dies aber letztlich sinnvollerweise nur durch gemeinsame Gremien wie unter anderem die DLM tun. Für eine Form von gemeinsamer Einrichtung spricht zusätzlich bereits die Tatsache der Existenz der EPRA. Diese ist gerade durch Selbstinitiative der Aufsichtsinstitutionen entstanden, weil bestimmte Regulierungsprobleme alle Aufsichtsbehörden gleichermaßen betreffen[717].

---

[716] So *Dörr/Kopp/Cloß*, Die Rechtsstellung der Landesmedienanstalten, S. 23, unter Bezugnahme auf entsprechende Forderungen der Landesmedienanstalten in den „Lübecker Beschlüssen“, Teil 3 Nr. 2, siehe Beschluß der Gesamtkonferenz der Arbeitsgemeinschaft der Landesmedienanstalten in Lübeck v. 17.09.1994, abgedruckt in: *Die Landesmedienanstalten* (Hg.), Die Sicherung der Meinungsvielfalt, Schriftenreihe der Landesmedienanstalten, Bd. 4, S. 497.

[717] So z. B. das Problem der medialen Konvergenz und die Zusammenfassung von Telekommunikations- und Medienaufsicht; siehe dazu auch das Protokoll des 8. EPRA-Treffens am 5./6.11.1998 in Aachen.

Das gilt besonders für die Behörden, für die die Europaratskonvention, die Fernsehrichtlinie und entsprechende zukünftige Konventionen und Richtlinien gelten. Denn bereits durch die existierenden europaeinheitlichen Regeln treten Auslegungs- und Anwendungsschwierigkeiten auf. Mit solchen Problemen ist erst recht dann zu rechnen, wenn Rechtsgrundlagen für die Zusammenarbeit auf europäischer Ebene geschaffen werden. Diese sollten aus Gründen der Rechtsklarheit und Rechtssicherheit für die Rundfunkveranstalter in einem Wirtschaftsraum Europa auch einheitlich gelöst werden. Dies kann nur durch regelmäßige Zusammenkünfte von Vertretern der Aufsichtsbehörden geschehen. An der Begründung eines gemeinsamen Gremiums geht damit auf Dauer kein Weg vorbei. Reine Verfahrensregeln reichen nicht aus. Die EPRA ist damit prinzipiell ein richtiger Ansatz [718].

Zweifelhaft bleibt jedoch, ob ein Ausbau der EPRA ausreichend wäre, weil vor allem eine Zusammenarbeit der Aufsichtsbehörden der Staaten wichtig erscheint, die in der EG bzw. EU zusammengeschlossen sind. Denn durch die EG wird mit dem Binnenmarkt und seinen Gewährleistungen ein auch für den Rundfunk (und die elektronischen Medien) geltender besonderer rechtlicher und wirtschaftlicher Rahmen vorgegeben. Der Rundfunk bzw. generell die elektronischen Medien betreffenden Bereiche werden von einer Vielzahl von Regelungen erfaßt. Für die Aufsichtsbehörden der EU-Staaten gelten daher in gewisser Hinsicht gleiche Rahmenbedingungen, die jedoch die Staaten des Europarates nicht oder nicht in gleichem Maße erfassen. Die Aufsichtsbehörden innerhalb der EU haben angesichts einer Vielzahl von den Rundfunk (bzw. generell die elektronischen Medien) erfassenden Richtlinien auch mehr miteinander zu tun als die nicht der EU angehörenden Mitglieder des Europarates und brauchen daher in besonderem Maße eine geregelte Zusammenarbeit. Ein Gremium mit allen Aufsichtsbehörden der Mitgliedstaaten des Europarates wäre zu ausufernd, könnte allein angesichts seiner Größe kaum zu praktischen Lösungen kommen und wäre damit uneffektiv. Eine organisierte Zusammenarbeit auf EU-Ebene ist daher einer solchen auf der Ebene des Europarats oder einer sogar noch weiter gefaßten vorzuziehen [719].

---

[718] Selbst aus Kreisen der EG wird dies so gesehen; siehe die Ausführungen des Generaldirektors für Information, Kommunikation, Kultur und Audiovisuelle Medien (Generaldirektion X) *Pappas*, in: *ders.*, Überlegungen der Europäischen Kommission zur Rolle der audiovisuellen Regulierungsbehörden, in: *Bundeskanzleramt-Verfassungsdienst* (Hg.), „Audiovisuelle Medien und Behörden", S. 38.

[719] So wohl ebenso, wenn er auch eher eine Lösung durch den Europarat erwartet *Stock* NWVBl. 94, 321 [326, insb. Fn. 64].

bb) Europäischer Medienrat als Kooperationsgremium

Vorbild für eine Organisation der Zusammenarbeit der Aufsichtsbehörden könnte – wie von einem Teil der oben dargestellten Rechtswissenschaft zutreffend gefordert – die Direktorenkonferenz der deutschen Landesmedienanstalten sein. Diese Gremiumsform, die aus den Behördenleitern besteht und die aufgrund der föderalen Struktur der Bundesrepublik mit der Länderkompetenz für den Rundfunk entstanden ist, ließe sich auf das im Rundfunkbereich bzw. im Bereich der elektronischen Medien bisher ebenso föderale Europa übertragen. Das bedeutet, daß ein solcher „Europäischer Medienrat" ein reines Kooperationsgremium wäre und damit weit entfernt von einer zentralen europäischen Aufsichtsbehörde oder einer „Superregulierungsinstanz"[720]. Die nationalen Aufsichtsbehörden, darunter auch eine mögliche deutsche Ländermedienanstalt, behielten ihre Eigenständigkeit und gäben diese oder auch entscheidende Kompetenzen nicht an dieses Gremium ab.

Nationale Rundfunk- bzw. Medienaufsicht ist, wie sich gerade am Beispiel der Konzentrationskontrolle zeigt, auch zukünftig unverzichtbar. Die zu schaffenden Vorschriften sind durch nationale Institutionen durchzusetzen und das schneller und effektiver, als dies derzeit durch eine zentrale Behörde möglich wäre. Da die wichtigste Aufgabe von Rundfunkregulierung – wie mehrfach betont – die Meinungsvielfaltssicherung ist und die Beurteilung dieser wegen der demokratischen Willensbildungsprozesse nur unter einem nationalen Blickwinkel erfolgen kann und darf, wäre eine zentrale Aufsichtseinrichtung sinnwidrig. Solche regionalen, sprachraumbegrenzten Fragen können wegen der Sachnähe besser auf der Ebene der entsprechenden nationalen Behörden geregelt werden.

Gegen einen solchen Europäischen Medienrat sprechen daher auch nicht Einwände, wonach durch eine solche föderale Lösung die Probleme der ALM/DLM auf deutscher Ebene sich hinsichtlich „Standortpoker" und Umgehung der Länderrundfunkordnungen auf europäischer Ebene wiederholen[721]. Dafür ist die Situation auf europäischer Ebene mit dem geschilderten Fehlen

---

720 Die Kommission hat mittlerweile offenbar nicht nur Abstand von einem zentralem Gremium für den Rundfunk genommen, sondern sogar auch von einem solchen für die Telekommunikation, obwohl die Situation auf diesem Regulierungsgebiet prinzipiell eine andere ist, siehe *Bär-Buoyssière*, „Gegen EU-Behörde für Telekommunikation", FAZ v. 01.10.1999.

eines einheitlichen Rundfunkraumes und einer europäischen Willensbildung[722] mit der auf der nationalen Ebene nicht vergleichbar.

cc) Aufgaben eines Europäischen Medienrates

Die Aufgaben dieses Rates könnten im wesentlichen denen der ALM/DLM entsprechen[723]. Dazu wären der Informations- und Meinungsaustausch, Medienforschung, Behandlung gemeinsamer Fragen im Bereich des Rundfunks und der elektronischen Medien (Programm, Recht, Technik, Forschung und Finanzierung) und besonders die gemeinsame Interessenwahrnehmung gegenüber den europäischen Institutionen zu zählen[724]. Letzteres könnte vor allem auch zum Ziel haben, das Bewußtsein auf europäischer Ebene für den Rundfunk (und begrenzt für die elektronischen Medien) als Kulturgut und nicht ausschließlich als Wirtschaftsgut im Sinne von Dienstleistung zu fördern und auch entsprechend zu behandeln. Weiterhin müßte der Rat die Möglichkeit haben, sich hinsichtlich bestimmter Aufsichtsverfahren abzustimmen und hierfür auch gemeinsame Richtlinien erlassen zu können, die zur gemeinsamen Grundlage für die Arbeit jeder einzelnen Behörde werden.

4. Problem der Regelungskompetenz für die EG

Als geeigneter Rahmen einer solchen Regelungen kommt für das Fernsehen prinzipiell die Fernsehrichtlinie in Frage. Für den Hörfunk und die elektronischen Medien wären jedoch ganz neue Vorschriften, am besten in einer gemeinsamen Richtlinie oder zumindest parallel zur Fernsehrichtlinie, zu erlassen. Die Form der Richtlinie erscheint geeigneter als die einer Verordnung, da sie den Mitgliedstaaten mit ihren unterschiedlichen Aufsichtsbehörden und

---

721 So *Wallenberg* WuW 93, 910 [915 f].

722 Siehe dazu ausführlich oben unter 5. Kapitel, V. 2. a) bb), S. 162 ff.

723 Siehe dazu die Grundsätze für die Zusammenarbeit der ALM nach dem Beschluß der Gesamtkonferenz v. 25.05.1995, § 2, abgedruckt bei *Ring*, Medienrecht, Bd. II, C-VII 1.1.

724 Die unabhängigen Aufsichtsbehörden beklagen teilweise selbst, im „Stimmengewirr der Einzelinteressen und Regierungen in Brüssel" zu wenig beachtet zu werden, so der Verwaltungsdirektor der britischen ITC *Redley*, in: *Bundeskanzleramt-Verfassungsdienst* (Hg.), „Audiovisuelle Medien und Behörden", S. 15.

dazugehörigen Aufsichtsverfahren mehr Spielraum für angepaßte Regelungen läßt.

Neben oder statt einer Richtlinie der EG könnte gleichzeitig auch auf der Ebene des Europarates die Konvention entsprechend erneuert oder gänzlich neugefaßt werden. Für eine Regelung durch die EG sprechen jedoch die oben geschilderten Gründe, so daß entsprechende Vorschriften durch den Europarat eher abzulehnen sind. Während jedoch bei einer Regelung durch den Europarat keine kompetenzrechtlichen Bedenken bestünden, sieht das für die Regelungskompetenz der EG anders aus. Ohne daß dies im Rahmen dieser Arbeit weiter vertieft werden soll[725], ist zumindest folgendes festzustellen:

Das Kompetenzgefüge zwischen Gemeinschaft und den Mitgliedstaaten beruht auf dem Prinzip der begrenzten Einzelermächtigung, das in Art. 5 EGV festgelegt ist.[726] Eine solche Ermächtigung der EG zur Regelung rundfunkrechtlicher Fragen gibt es nicht. Die EG hat daher keine generelle Ermächtigung zum Erlaß von Rechtsakten in diesem Bereich.

Einzelne Rechtsetzungskompetenzen für die EG im Medienbereich lassen sich aber einerseits aus den Bestimmungen über die Dienstleistungen (Art. 49 ff EGV) ableiten, da mittlerweile anerkannt ist, daß der Rundfunk (und erst recht neue elektronische Medien) auch unter die Dienstleistungsfreiheit fällt.[727]

Andererseits ist der „audiovisuelle Bereich" (wozu in jedem Fall das Fernsehen und der Hörfunk gehören) nach Art. 151 Abs. 2 Spiegelstrich 4 EGV aber auch Bestandteil der Kultur. Im kulturellen Bereich wird die Tätigkeit der Gemeinschaft jedoch gemäß Art. 151 Abs. 5 Spiegelstrich 1 EGV auf Fördermaßnahmen beschränkt.[728] Für Tätigkeiten auf anderen Gebieten muß sie gemäß Art. 151 Abs. 4 EGV nur kulturellen Aspekten Rechnung tragen.

Rundfunk und die elektronischen Medien können somit prinzipiell beiden Kompetenzbereichen zugeordnet werden. Wieweit die Rechtsetzungskompetenzen im Einzelfall und gerade auch im vorliegenden Fall reichen, ist nur

---

725 Siehe zum Problem der Regelungsbefugnis der EG im Hinblick auf den audiovisuellen Pluralismus ausführlich *Frey*, Fernsehen und audiovisueller Pluralismus im Binnenmarkt der EG, S. 220 ff; siehe auch *Seelmann-Eggebert*, Internationaler Rundfunkhandel, 1998, S. 131 ff; *von der Horst*, Europäisiertes Rundfunkrecht, 1995, S. 44 ff.

726 Siehe dazu statt vieler *Bleckmann*, Europarecht, S. 149 ff, Rdnr. 380 ff.

727 Siehe dazu auch *Dörr*, Europäische Medienpolitik: Konvergenz und Kompetenz, in: K&R 99, 97 [98 ff].

728 Siehe dazu *Dörr*, Auf dem Weg zur europäischen Informationsgesellschaft?, in: *ders./Dreher*, Europa als Rechtsgemeinschaft, S. 78.

unter Schwierigkeiten festzustellen. Eine klare Zuordnung ist jedenfalls nicht möglich, da Berührungspunkte offensichtlich zu beiden Bereichen gegeben sind. Ein möglicher Ansatz zur Lösung dieses Problems ist die Lehre vom Regelungsschwerpunkt.[729] Ohne daß hier der europäische Kulturbegriff[730] weitergehend untersucht werden soll, spricht einiges dafür, daß bei Rundfunkbelangen grundsätzlich zunächst ein überwiegender Kulturbezug anzunehmen ist.[731] Aber auch beim vorliegenden Problem ist das Ziel von Vorschriften – zumindest nicht offensichtlich – nicht überwiegend die Verbesserung des gemeinschaftlichen Wirtschaftsraumes, des Dienstleistungsverkehrs, sondern wohl eher des Kulturgutes „Rundfunk“ in seiner Bedeutung als Medium und Faktor der persönlichen und öffentlichen Meinungsbildung. Das bedeutet, daß Art. 151 Abs. 5 Spiegelstrich 1 EGV einschlägig wäre und die Gemeinschaft auf „Fördermaßnahmen“ beschränkt wäre. Ob es sich bei den zu schaffenden Rechtsgrundlagen für eine grenzübergreifende Zusammenarbeit der Aufsichtsinstitutionen um reine „Fördermaßnahmen“ handelte, dürfte jedoch außerordentlich zweifelhaft sein. Denn Fördermaßnahmen müssen, auch wenn es sich nur um Rahmenregelungen handelt, unter „Ausschluß jeglicher Harmonisierung der Rechts- und Verwaltungsvorschriften der Mitgliedstaaten“ auskommen (Art. 151 Abs. 5 Spiegelstrich 1 EGV). An einer solchen Harmonisierung dürfte aber kein Weg vorbeiführen, wenn beispielsweise gerade auch vertrauliche Informationen von den Aufsichtsbehörden weitergeleitet werden sollen, was aber möglicherweise gegen nationale Datenschutzvorschriften verstieße.

Das bedeutet, daß die Mitgliedstaaten für die Schaffung von Rechtsgrundlagen zur Zusammenarbeit der Aufsichtsinstitutionen Kompetenzen begründen und dafür den EG- oder EU-Vertrag ändern müßten. Dies ist jedoch gerade in dem empfindlichen Bereich des Rundfunks bzw. der Kultur als äußerst schwierig und heikel anzusehen. Die Chancen für eine baldige Lösung der geschilderten Regulierungsprobleme stehen damit mehr als schlecht. Angesichts der Bedeutung des Rundfunks (und begrenzt der elektronischen Medien) ist dies eine wenig befriedigende Aussicht.

---

[729] Zu ihrer Anwendung in europarechtlichen Fragen siehe *Dörr* K&R 99, 97 [99].

[730] Zur Frage, ob es einen eigenständigen gemeinschaftsrechtlichen Kulturbegriff gibt, was er im Ergebnis verneint *von der Horst*, Europäisiertes Rundfunkrecht, S. 18 ff; siehe zum Kulturbegriff auch *Dörr* K&R 99, 47 [99 f].

[731] So besonders der deutsche Ansatz (siehe BVerfGE 12, 205 [229], das vom „kulturellen Phänomen“ spricht), siehe *Dörr* K&R 99, 97 [99 f]; *ders.*, Die Rolle des öffentlich-rechtlichen Rundfunks in Europa, 1997, S. 34 ff, mwN. auf andere EU-Mitgliedstaaten.

6. Kapitel: Zusammenfassung in Thesen

1. Kapitel: Bisherige Organisation der Aufsicht über den privaten Rundfunk

1. Die Aufsicht über den privaten Rundfunk in Deutschland stellt sich als ein vielschichtiges Geflecht von Einrichtungen dar. Insgesamt 23 Gremien bzw. Institutionen sind mittelbar und unmittelbar mit Regulierungsaufgaben befaßt.[732]

2. Die Entwicklung bei der Organisation der Zusammenarbeit der Landesmedienanstalten und bei den Entscheidungen der Landesgesetzgeber läßt sich als schleichende Vereinheitlichung und Zentralisierung kennzeichnen. Dieses Urteil folgt einerseits aus der wachsenden Bedeutung, die die Landesmedienanstalten ihren gemeinsamen Organen DLM/ALM zukommen lassen. Andererseits haben die Länder die Landesmedienanstalten im Laufe der Jahre zu immer stärkerer Zusammenarbeit verpflichtet und schließlich mit der KEK und der KDLM sogar zwei neue zentrale Institutionen geschaffen.[733]

3. Die deutsche Vielfalt bei den Aufsichtsinstitutionen ist in Europa einmalig. In den Vergleichsstaaten Frankreich und Italien gibt es für dieselben Aufgaben nur eine Einrichtung, in Großbritannien vier. Auch die USA haben mit der FCC nur eine Behörde.[734]

4. Die Aufsichtsbehörden in Frankreich, Großbritannien, Italien und den USA sind durch ihre Organisationsstruktur weniger unabhängig und unterliegen deutlich stärkeren Einflußmöglichkeiten des Staates als das bei den deutschen Landesmedienanstalten der Fall ist.[735]

5. Die Aufgaben, die Überwachung der Einhaltung von Konzentrationsbestimmungen eingeschlossen, und das Sanktionsinstrumentarium der ver-

[732] Vgl. dazu unter 1. Kapitel, III. 1. – 3., S. 6 ff.
[733] Vgl. dazu unter 1. Kapitel, IV., S. 21 ff.
[734] Vgl. dazu unter 1. Kapitel, V. – VI., S. 25 ff.

glichenen Institutionen sind weitgehend deckungsgleich. In Italien, Frankreich und den USA haben die Aufsichtsbehörden auch telekommunikationsrechtliche Befugnisse.[736]

2. Kapitel: Notwendigkeit einer speziellen Rundfunkaufsicht

1. Die Konzeption der Rundfunkfreiheit als „dienende Freiheit" durch das Bundesverfassungsgericht überzeugt. Der Rundfunk und die Presse sowie möglicherweise in Zukunft auch andere mediale elektronische Angebote erfüllen eine für die Gesellschaft bedeutende Funktion, die vom Bundesverfassungsgericht als „Gewährleistung der individuellen und öffentlichen Meinungsbildung" beschrieben wird.[737]

2. Im Verhältnis zur Presse ist die vom Bundesverfassungsgericht ursprünglich so bezeichnete „Sondersituation" des Rundfunks weiterhin anzunehmen. Diese ergibt sich jedoch nicht mehr aufgrund von Kapazitätsknappheit oder aus finanziellen Gründen. Die Sondersituation folgt aus der besonderen Rolle des Rundfunks für die Meinungsbildung und den besonderen Vielfaltsgefährdungen. Vielfalt wird besonders im digitalen Rundfunk nicht herzustellen, sondern zu bewahren sein, wozu es auch zukünftig einer positiven Ordnung bedarf.[738]

3. Die notwendige positive Ordnung muß Vorkehrungen für die dauerhafte Gewährleistung der Funktion des Rundfunks treffen. Dazu gehören auch Bestimmungen über eine Rundfunkaufsicht. Diese Aufsicht kann nicht von einer nicht gesondert mit Rundfunk betrauten Institution funktionsgerecht erfüllt werden. Die verfassungsrechtlich geforderte Effektivität kann nur von einer speziell hierfür bestimmten Einrichtung erbracht werden. Diese hat „extern", aus der Staatsverwaltung ausgegliedert und staatsfern organisiert zu sein.[739]

---

[735] Vgl. dazu unter 1. Kapitel, VII., S. 40 ff.

[736] Vgl. dazu unter 1. Kapitel, VII., S. 40 f.

[737] Vgl. dazu unter 2. Kapitel, I. und II., S. 43 ff und 45 ff.

[738] Vgl. dazu unter 2. Kapitel, IV. 2. – 3., S. 53 ff.

[739] Vgl. dazu unter 2. Kapitel, IV. 2. – 4., S. 53 ff.

3. Kapitel:
Reformbedürftigkeit der bisherigen Rundfunkregulierung

1. Rundfunkregulierung hat im wesentlichen zwei Ziele: Die Sicherung der Rundfunkordnung und den Schutz von mit der Rundfunkfreiheit kollidierenden Rechtsgütern. Dafür bedient sich die staatliche Regulierung der imperativen Steuerung in Form von Ge- und Verboten und der strukturellen Steuerung durch die Vorgabe einer staatlichen Ordnung als Rahmen.[740]

2. Die Rahmenbedingungen für die Rundfunkregulierung haben sich besonders durch die Vervielfachung des Programmangebotes, die Digitalisierung und das Phänomen der Konvergenz grundlegend verändert. Dadurch ändern sich zwar nicht die Regulierungsziele, aber der Einsatz der Regulierungsmittel. Imperative Steuerung findet ihre Rechtfertigung im wesentlichen nur noch im Schutz von durch den Rundfunk gefährdeten Rechtsgütern, aber nicht mehr in Form der Marktzutrittsregulierung. Dagegen gewinnt strukturelle Steuerung insbesondere für die Offenheitssicherung bei den Übertragungswegen stark an Bedeutung.[741]

3. Weitere notwendige Konsequenz aus den veränderten Rahmenbedingungen ist zunächst eine Aufgabe der strikten Trennung der Regulierungsfelder Rundfunk und Telekommunikation. Darüber hinaus ist eine unterschiedliche Regulierung der verschiedenen Übertragungsmedien nicht mehr erforderlich. Regulierung hat nicht mehr bei den Übertragungsmedien anzusetzen, sondern ausschließlich bei den Inhalten. Schließlich sind die Zeiten für eine rein auf den klassischen Rundfunk bezogene Regulierung vorbei. Es ist vielmehr an eine gemeinsame Regulierung aller elektronischen medialen Angebote möglicherweise in der Form zu denken, daß das Grundrecht der Rundfunkfreiheit zu einer Art Kommunikationsgrundrecht ausgeweitet wird.[742]

4. Die veränderten Rahmenbedingungen für die Rundfunkregulierung wirken sich auch auf die Aufgaben der Aufsicht aus. Sie wird durch den

---

[740] Vgl. dazu unter 3. Kapitel, I. – II. 1. – 2., S. 61 ff.

[741] Vgl. dazu unter 3. Kapitel, III. – IV. 2., S. 65 ff.

Wegfall der Marktzutrittsregulierung an Aufgaben verlieren, durch die Offenheitssicherung aber wieder neue dazu gewinnen. Durch diese Veränderungen wird die Aufsicht zu einer reinen Mißbrauchsaufsicht, die nicht nur für den klassischen Rundfunk zuständig sein darf.[743]

5. Die Organisation der Aufsicht über den privaten Rundfunk in Deutschland ist dringend reformbedürftig. Durch die Zersplitterung in eine Vielzahl von Institutionen ist deren Arbeit ineffektiv und intransparent, Entscheidungsprozesse sind zu langwierig, und der Verwaltungsapparat ist zu groß und verursacht zu hohe Kosten. Der verfassungsrechtliche Auftrag zur Sicherung von Angebotsvielfalt dürfte im Hinblick auf die technischen und medialen Veränderungen nicht mehr wirksam erfüllt werden können.[744]

4. Kapitel: Organisation einer zukünftigen Aufsicht über den privaten Rundfunk

1. Bei Überlegungen zu einer Neuorganisation der Rundfunkaufsicht ist zu unterscheiden zwischen Modellen, die eine Weiterentwicklung der bisherigen (föderalen) Struktur darstellen, und zentralistischen Organisationsformen. Jede der insgesamt sieben besprochenen Modellvarianten würde eine Verbesserung der bestehenden Situation bei der Aufsicht über den privaten Rundfunk bewirken.[745]

2. Bei einer Gesamtbewertung ist das Modell der „Ländermedienanstalt" als gemeinsame Anstalt der Länder unter Abschaffung der Landesmedienanstalten, ihrer Gremien der Zusammenarbeit sowie der KEK und der KDLM die überzeugendste Organisationsvariante. Durch sie könnte die Zersplitterung der Aufsicht stark reduziert, die Effektivität und Transparenz bei der Arbeit deutlich gesteigert werden. Sie wäre durch einen Staatsvertrag der Länder und ohne Grundgesetzänderung verhältnismä-

---

[742] Vgl. dazu unter 3. Kapitel, IV. 3., S. 75 ff.

[743] Vgl. dazu unter 3. Kapitel, V., S. 81 f.

[744] Vgl. dazu unter 3. Kapitel, VI., S. 83 ff.

[745] Vgl. dazu unter 4. Kapitel, I. – III., S. 91 ff.

ßig leicht umzusetzen. Ihr sind von allen Modellen auch die besten (politischen) Umsetzungschancen einzuräumen.[746]

3. Die Ländermedienanstalt müßte eine rechtsfähige Anstalt des öffentlichen Rechts sein, die nur der Rechtsaufsicht unterliegt. Sie hat aus einem Haupt- und einem Exekutivorgan zu bestehen, wobei für das Hauptorgan dem Ratsmodell unbedingt der Vorzug zu geben ist. Die Anstalt darf keine Aufsichtskompetenzen über den öffentlich-rechtlichen Rundfunk haben. Dagegen ist an der rundfunkrechtlichen Konzentrationskontrolle festzuhalten. Zur ansatzweisen Überwindung der Trennung von Rundfunk und Telekommunikation sind der Ländermedienanstalt Kompetenzen für Rundfunk und Mediendienste sowie für Teledienste einzuräumen. Die Finanzierung hat durch die Rundfunkgebühr zu erfolgen.[747]

5. Kapitel: Zur Zukunft von nationaler Aufsicht über den privaten Rundfunk in Europa

1. Auf europäischer Ebene gibt es mehrere Ansätze und Formen der grenzübergreifenden Zusammenarbeit bei der Aufsicht über den Rundfunk. Dazu gehört nach der Europaratskonvention der „Ständige Ausschuß“ und die Verpflichtung der Mitgliedsländer, Informationen über Rundfunkveranstalter bereitzustellen und Hilfe zu leisten, sowie nach der Fernsehrichtlinie der „Kontaktausschuß“. Die beiden Gremien sind jedoch als überflüssig, die Regelungen der Zusammenarbeit als ungenügend anzusehen. Auf freiwilliger Basis haben die europäische Aufsichtsbehörden die European Platform of Regulatory Authorities mit 30 Mitgliedern gegründet, die als ein ausbaufähiger Ansatz zu bewerten ist.[748]

2. Pläne der Europäischen Kommission zu einem zentralen Aufsichtsgremium auf der Grundlage einer Konzentrationsrichtlinie sind bisher gescheitert und bei den Beratungen auf ganz überwiegende Ablehnung gestoßen. Die Einrichtung eines solchen Gremiums läßt sich nicht mit dem

[746] Vgl. dazu unter 4. Kapitel, I. 5. und III., S. 100 ff und 148 ff.

[747] Vgl. dazu unter 4. Kapitel, I. 5. a) – f)., S. 101 ff.

[748] Vgl. dazu unter 5. Kapitel, II., S. 152 ff.

Problem der grenzüberschreitenden Konzentrationen begründen. Dieses ist wegen der fast ausschließlich auf nationaler Ebene stattfindenden demokratischen Willensbildungsprozesse ein auf dieser Ebene durch nationale Behörden zu lösendes Problem.[749]

3. Eine Zusammenarbeit der Aufsichtsbehörden der EU ist unbedingt erforderlich. Das folgt aus den grenzüberschreitenden Schwierigkeiten der Regulierung: Dazu gehören das Problem der Konzentrationskontrolle, das Problem der Umgehung der nationalen Rundfunkordnungen, das Problem der Offenheitssicherung bei der Satellitenübertragung, die Probleme bei Programmen für grenzüberschreitende Sprachräume und die Probleme aufgrund der medialen Konvergenz.[750]

4. Die Zusammenarbeit der Aufsichtsinstitutionen in Europa braucht auch eine Organisationsform. Eine zentrale Medienbehörde ist aber abzulehnen. Dagegen ist die Einrichtung eines Europäischen Medienrates als Kooperationsgremium nach dem Vorbild der deutschen DLM sinnvoll und notwendig. Es fehlt jedoch an einer Kompetenz der EG zur Schaffung eines solchen Gremiums.[751]

---

[749] Vgl. dazu unter 5. Kapitel, III. – V. 2. a), S. 155 ff.

[750] Vgl. dazu unter 5. Kapitel, V. 2. b) – 3., S. 168 ff.

[751] Vgl. dazu unter 5. Kapitel, V. 3. c) aa) – 4., S. 177 ff.

LITERATURVERZEICHNIS

Dieses Verzeichnis enthält die verwendeten Monographien und Kommentare sowie die in Fachzeitschriften veröffentlichten Aufsätze, Referate und Berichte. Nicht aufgeführt sind Beschlüsse, Rechenschaftsberichte, Pressemitteilungen und Artikel aus Zeitungen oder Zeitschriften. Diese Quellen sind jeweils im Fußnotenteil des Textes aufgeführt. Stand des Literaturverzeichnisses ist der 31.5.2000. Vereinzelt wurden Veröffentlichungen noch bis Februar 2001 berücksichtigt.

Arnold, Hans-Henning/Becker, Thomas
Die Konzessionsabgabe: eine rechtswidrige Belastung der privaten Rundfunkveranstalter,
in: ZUM 98, S. 465 ff

Astheimer, Sabine
Institutionelle Politiksteuerung: Gremienstrukturen bei den Landesmedienanstalten,
in: RuF 91, S. 185 ff

Balda, Volker
Die duale Rundfunkordnung und der öffentlich-rechtliche Sonderweg des Freistaates Bayern,
Frankfurt am Main/Berlin/Bern/New York/Paris/Wien, 1997

ders./Schmits, Volker
Fernsehen ohne Grenzen auf dem Weg zur Konvergenz,
in: CR 98, S. 421 ff

Bamberger, Christian
Haftung der Konzentrationswächter gegenüber den Landesmedienanstalten, in:AfP 2000, 313

Bartosch, Andreas
Digital Video Broadcasting (DVB) im Kabel,
in: CR 97, S. 517 ff

Balle, Francis
Konvergenz – Kultur – Regulierung,
in: Bundeskanzleramt-Verfassungsdienst (Hg.), „Audiovisuelle Medien und Behörden", Wien 1999, S. 9 ff

Bertelsmann Stiftung
Kommunikationsordnung 2000,
Grundsatzpapier der Bertelsmann Stiftung zu Leitlinien der zukünftigen Kommunikationsordnung,
Gütersloh 1997

Bethge, Herbert
Verfassungsrechtsprobleme der Privatfunkgesetzgebung,
in: JZ 85, S. 308 ff

ders.
Landesrundfunkordnung und Bundeskartellrecht
1. Auflage, Baden-Baden 1991

Beucher, Klaus/Rosenberg, Oliver von
Kapazitätsknappheit und Programmvielfalt,
in: ZUM 96, S. 643 ff

ders./Leyendecker, Ludwig/Rosenberg, Oliver von
Mediengesetze
München 1999

Billek, Carl Wolf
Vereinigte Staaten: FCC ändert Eigentumsbestimmungen für lokale Fernsehsender sowie Regelungen für wechselseitige Kapitalverflechtungen bei Rundfunksendern,
in: iris 9/99, S. 12 f

Bleckmann, Albert
Europarecht,
6. Auflage, Köln/Berlin/Bonn/München 1997

Blocman, Amélie
Frankreich: Ist der CSA für die Regulierung audiovisueller Dienste im Internet zuständig?,
in: iris 4/99, S. 3

Booz Allen & Hamilton
Aufsicht auf dem Prüfstand, Herausforderungen an die deutsche Medien- und Telekommunikationsaufsicht
Eine Studie im Auftrag der Bertelsmann Stiftung, Gütersloh 1999

Bremer, Eckhard/Esser, Michael/Hoffmann, Martin
Der Rundfunk in der Verfassungs- und Wirtschaftsordnung in Deutschland
1. Auflage, Baden-Baden 1992

Brenner, Christian
Fusionskontrolle bei privaten Veranstaltern,
in: ZUM 98, S. 877 ff

Bröhmer, Jürgen/Ukrow, Jörg
Die Selbstkontrolle im Medienbereich in Europa,
Eine rechtsvergleichende Untersuchung erstattet im Auftrag des Beauftragten der Bundesregierung für Angelegenheiten der Kultur und Medien durch das Institut für Europäisches Medienrecht, 1999, im Internet unter: www.emr-sb.de

Brühann, Ulf
Pluralismus und Medienkonzentration im Binnenmarkt,
in: ZUM 93, S. 600 ff

Brümmer, Dorothee
Modellfragen der neuen Rundfunkrechtsentwicklung: Eine Darstellung und verfassungsrechtliche Würdigung des Bayerischen Mediengesetzes,
München 1995

Büchner, Wolfgang/Ehmer, Jörg/Geppert, Martin/Kerkhoff, Bärbel/ Piepenbrock, Hermann-Josef/Schütz, Raimund/Schuster, Fabian (Hg.)
Beck'scher TKG-Kommentar,
München 1997

Bullinger, Martin
Zugang der Presse zu den elektronischen Medien,
in: AfP 83, S. 319 ff

ders.
Strukturwandel von Rundfunk und Presse,
in: NJW 84, S. 385 ff

ders.
Satellitenrundfunk im Bundesstaat,
in: AfP 85, S. 1 ff

ders.
Rundfunkordnung im Bundesstaat und in der Europäischen Gemeinschaft,
in: AfP 85, S. 257 ff

ders.
Ordnung oder Freiheit für Multimediadienste,
in: JZ 96, S. 385 ff

ders.
Multimediale Kommunikation in Wirtschaft und Gesellschaft,
in: ZUM 96, S. 749 ff

ders.
Verbreitung entgeltlicher Rundfunkprogramme und Mediendienste in Paketen,
in: AfP 97, S. 761 ff

ders.
Verbreitung digitaler TV-Pakete in Fernsehkabelnetzen,
in: ZUM Sonderheft 97, S. 281 ff

ders.
Die Aufgaben des öffentlich-rechtlichen Rundfunks,
Gütersloh 1999

ders./Mestmäcker, Ernst-Joachim
Multimediadienste
1. Auflage, Baden-Baden 1997

Bumke, Ulrike
Die öffentliche Aufgabe der Landesmedienanstalten: Verfassungs- und organisationsrechtliche Überlegungen zur Rechtsstellung einer verselbständigten Verwaltungseinheit,
München 1995

dies.
Die Klagebefugnis der Landesmedienanstalten und das Gebot der präventiven Konzentrationskontrolle,
in: ZUM 98, S. 121 ff

Burmeister, Joachim
Der Rundfunk unter der Herrschaft der technischen Entwicklung,
in: Duale Rundfunkordnung für Europa – Ausweg aus der (Kompetenz-) Krise?, Medienmarkt und Menschenwürde, Schriftenreihe des Instituts für Europäisches Medienrecht (EMR-Schriftenreihe), Band 2, München/Berlin 1992

ders.
„Dienende" Freiheitsgewährleistungen – Struktur und Gehalt eines besonderen Grundrechtstypus,
in: ders. (Hg.), Verfassungsstaatlichkeit, Festschrift für Klaus Stern, München 1997, S. 835 ff

Cappello, Maja
Italien: Integration des Fernsehfrequenzplans,
in: iris 8/99, S. 8

Castendyk, Oliver
Die Rangfolge im Kabel,
in: ZUM 93, S. 464 ff

Charissé, Peter
Die Rundfunkveranstaltungsfreiheit und das Zulassungsregime der Rundfunk- und Mediengesetze,
Frankfurt am Main/Berlin/Bern/Brüssel/New York/Wien, 1999

Clausen-Muradian, Elisabeth
Konzentrationskontrolle im privaten Rundfunk - Der neue Rundfunkstaatsvertrag (RfStV) 1997,
in: ZUM 96, S. 934 ff

dies.
Zur Anwendung des Rechts der Ordnungswidrigkeiten als Instrument der Rundfunkaufsicht,
in: ZUM 97, S. 800 ff

dies.
Konzentrationstendenzen und Wettbewerb im Bereich des privaten kommerziellen Rundfunks und die Rechtsprobleme staatlicher Rundfunkaufsicht,
Frankfurt am Main 1997

Degenhart, Christoph
Staatsrecht I
14. Auflage, Heidelberg 1998

ders.
Medienrecht und Medienpolitik im 21. Jahrhundert,
in: K&R 2000, 49

Diesbach, Martin
Rechtsfragen der terrestrischen und kabelgestützten Verbreitung des Jugendradios „DasDing" durch den Südwestrundfunk,
in: ZUM 99, S. 228 ff

Dittmann, Armin/Fechner, Frank/Sander, Gerald
Der Rundfunkbegriff im Wandel der Medien
Berlin 1997

Dörr, Dieter
Konzentrationstendenzen im Bereich des Rundfunks und ihre Rechtsprobleme,
in: ZUM 93, S. 10 ff

ders.
Medienrecht in den Staaten der EU,
in: Schütz, Walter J./Schiwy, Peter, Medienrecht, 3. Auflage, Neuwied/Kriftel/Berlin 1994, S. 234 ff

ders.
Das für die Medienkonzentration maßgebliche Verfahrensrecht,
in: Die Landesmedienanstalten (Hg.), Die Sicherung der Meinungsvielfalt, Berlin 1995, S. 331 ff

ders.
Vielfaltssicherung durch die EU?,
in: MP 96, S. 87 ff

ders.
Maßnahmen der Vielfaltssicherung gelungen?,
in: MP 96, S. 621 ff

ders.
Medienkonzentration und föderalistische Steuerung,
in: Medienvielfalt ohne Kontrolle? Vom Bayerischen Medienführerschein zur Kieler Unbedenklichkeit, Schriftenreihe des Instituts für Europäisches Medienrecht (EMR-Schriftenreihe), Band 13, München 1996, S. 21 ff

ders.
Auf dem Weg zur europäischen Informationsgesellschaft?
in: ders./Dreher, Meinrad (Hg.), Europa als Rechtsgemeinschaft, 1. Auflage, Baden-Baden 1997, S. 73 ff

ders.
Die Kabelbelegungsregeln in den Landesmediengesetzen und der Anspruch auf unentgeltliche Durchleitung des Fernsehprogramms PREMIERE zu den angeschlossenen Haushalten,
in: ZUM 97, S. 337 ff

ders.
Die Rolle des öffentlich-rechtlichen Rundfunks in Europa,
1. Auflage, Baden-Baden 1997

ders.
Die KEK – ein taugliches Instrument zur Bekämpfung der Medienkonzentration?,
in: MP 98, S. 54 ff

ders.
Europäische Medienordnung und -politik,
in: Hans-Bredow-Institut (Hg.), Internationales Handbuch für Hörfunk und Fernsehen 1998/99, 24. Auflage, Baden-Baden/Hamburg 1998, S. 71 ff

ders.
Europäische Medienpolitik: Konvergenz und Kompetenz,
in: K&R 99, 97

ders./Beucher, Klaus/Eisenbeis, Jochen/Jost, Eberhard
Die Einflüsse europarechtlicher Entwicklungen auf das Bund-Länder-Verhältnis im Rundfunkwesen,
Schriftenreihe des Instituts für Europäisches Medienrecht (EMR-Schriftenreihe), Band 4, München/Berlin 1992

ders./Kopp, Reinhold/Cloß, Wolfgang
Die Rechtsstellung der Landesmedienanstalten in grenzüberschreitenden Angelegenheiten,
Schriftenreihe der Landesmedienanstalten, Band 5, Berlin 1996

ders./Charissé, Peter
Die Rangfolge im Kabel und die Dienstleistungsfreiheit,
in: AfP 99, S. 18 ff

Doyle, Gillian
Debatte um Medienverflechtungen in Großbritannien,
in: MP 95, S. 141 ff

ders.
Deregulierung für den Multimediamarkt,
in: MP 96, S. 164 ff

Eberle, Carl-Eugen
Das europäische Recht und die Medien am Beispiel des Rundfunkrechts,
in: AfP 93, S. 422 ff

ders.
Medien und Medienrecht im Umbruch,
in: GRUR 1995, S. 790 ff

ders.
Neue Übertragungstechniken und Verfassungsrecht,
in: ZUM 95, S. 249 ff

ders.
Digitale Rundfunkfreiheit – Rundfunk zwischen Coach-Viewing und Online-Nutzung,
in: CR 96, S. 193 ff

ders./Gersdorf, Hubertus
Der grenzüberschreitende Rundfunk im deutschen Recht,
1. Auflage, Baden-Baden 1993

Eimeren, Birgit van/Gerhard, Heinz/Oehmichen, Ekkehard/Schröter, Christian
ARD/ZDF-Online-Studie 1998: Onlinemedien gewinnen an Bedeutung
in: MP 98, S. 423 ff

Engel, Christoph
Rundfunk in Freiheit,
in: AfP 1994, S. 185 ff

ders.
Medienordnungsrecht,
1. Auflage, Baden-Baden 1996

ders.
Multimedia und das deutsche Verfassungsrecht,
in: Hoffmann-Riem, Wolfgang/Vesting, Thomas (Hg.), Perspektiven der Informationsgesellschaft, 1. Auflage, Baden-Baden 1995

ders.
Verbreitung digitaler Pay-TV-Pakete in Fernsehkabelnetzen,
in: ZUM Sonderheft 97, S. 309 ff

Engel-Flechsig, Stefan
Das Informations- und Kommunikationsdienstegesetz des Bundes und der Mediendienstestaatsvertrag der Bundesländer,
in: ZUM 97, S. 231 ff

ders./Maennel, Frithjof A./Tettenborn, Alexander
Neue gesetzliche Rahmenbedingungen für Multimedia,
Sonderveröffentlichung des Betriebs-Beraters, 1. Auflage, Heidelberg 1998

Engels, Stefan
Verfassungsrechtliche Strukturvorgaben für Rundfunkkonzentrationsregelungen,
in: ZUM 96, S. 44 ff

Frey, Dieter
Die europäische Fusionskontrolle und die Medienvielfalt,
in: ZUM 98, S. 985 ff

ders.
Fernsehen und audiovisueller Pluralismus im Binnenmarkt der EG
1. Auflage, Baden-Baden 1999

Gebel, Volkram
Zusammensetzung des Medienrates Berlin-Brandenburg verfassungsgemäß?,
in: ZUM 93, S. 394 ff

Geck, Wilhelm Karl
Wahl und Status der Bundesverfassungsrichter,
in: Isensee, Josef/Kirchhof, Paul (Hg.), Handbuch des Staatsrechts, Band II, Heidelberg 1987, S. 697 ff

Geppert, Martin
Europäischer Rundfunkraum und nationale Rundfunkaufsicht,
Berlin 1994

Gersdorf, Hubertus
Staatsfreiheit des Rundfunks in der dualen Rundfunkordnung der Bundesrepublik Deutschland
Berlin 1991

ders.
Der verfassungsrechtliche Rundfunkbegriff im Lichte der Digitalisierung der Telekommunikation,
Schriftenreihe der Hamburgischen Anstalt für Neue Medien, Band 11, Berlin 1995

ders.
Rundfunkfreiheit ohne Ausgestaltungsvorbehalt:, Verfassungs- und gemeinschaftsrechtliche Voraussetzungen für die Einführung neuer Kommunikationsdienste am Beispiel reiner Teleshoppingkanäle,
Schriftenreihe der Bayerischen Landeszentrale für neue Medien, Band 33, München 1996

Gounalakis, Georgios
Der Mediendienste-Staatsvertrag der Länder,
in: NJW 97, S. 2993 ff

ders./Rohde, Lars
Elektronische Kommunikationsangebote zwischen Telediensten, Mediendiensten und Rundfunk,
in: CR 98, S. 487 ff

Graber, Christoph B.
Rundfunkaufsicht am Scheideweg zwischen „Silicon Valley" und „Durcheinandertal",
in: media lex, 3/96, S. 135 ff

Gramlich, Ludwig
Ohne Regulierung kein Wettbewerb,
in: CR 98, S. 463 ff

Groben, Hans von der/Thiesing, Jochen/Ehlermann, Claus-Dieter (Hg.)
Kommentar zum EU-/EG-Vertrag,
Band 3, 5. Auflage, Baden-Baden 1999

ders.
Die Regulierungsbehörde für Telekommunikation und Post im Jahre 1998,
in: CR 99, S. 489 ff

Häberle, Peter
Europäische Verfassungslehre in Einzelstudien,
1. Auflage, Baden-Baden 1999

Haeckel, Helmut
Vielfaltssicherung im privaten Rundfunk,
in: Die Landesmedienanstalten (Hg.), Jahrbuch der Landesmedienanstalten 1993/94 (DLM-Jahrbuch), München 1994, S. 75 ff

Haegert, Wilhelm
Verfassungsrechtliche Fragen des Zweiten Deutschen Fernsehens,
in: NJW 1964, S. 12 ff

Hain, Karl-Eberhard
Rundfunkfreiheit und Rundfunkordnung,
1. Auflage, Baden-Baden 1993

Hartstein, Reinhard/Ring, Wolf-Dieter/Kreile, Johannes/Dörr, Dieter/Stettner, Rupert
Rundfunkstaatsvertrag,
Kommentar, Loseblattsammlung, Band I und II, Stand April 2000

Hasebrink, Uwe
Jugendmedienschutz im internationalen Vergleich,
in: MP 98, S. 454 ff

Hearst, Stephen
Die neue Rundfunkgesetzgebung in Großbritannien,
in: MP 91, S. 170 ff

Hege, Hans
Digitale Zukunftstechniken und ordnungspolitischer Regelungsbedarf,
in: Die Landesmedienanstalten (Hg.), Jahrbuch der Landesmedienanstalten 1993/94 (DLM-Jahrbuch), München 1994, S. 33 ff

ders.
Aufgabe der Medienpolitik,
in: RuF 94, S. 246 ff

ders.
Offene Wege in die digitale Zukunft,
Schriftenreihe der Medienanstalt Berlin-Brandenburg, Band 2, Berlin 1995

Hepach, Stefan
Die Kommission zur Ermittlung der Konzentration im Medienbereich: Verselbständigungstendenzen eines Organs unter Berufung auf das rundfunkspezifische Gebot einer effizienten Konzentrationskontrolle,
in: ZUM 99, S. 603 ff

Herkströter, Dirk
Werbebestimmungen für den privaten Rundfunk nach dem Rundfunkstaatsvertrag vom 31.8.1991,
ZUM 92, S. 395 ff

Hermann, Günter
Rundfunkrecht: Fernsehen und Hörfunk mit Neuen Medien,
München 1994

Hess, Wolfgang
Medienkonzentrationsrecht nach dem neuen Rundfunkstaatsvertrag, Teil 1: Materielles Medienkonzentrationsrecht,
in: AfP 97, S. 680 ff

ders.
Medienkonzentrationsrecht nach dem neuen Rundfunkstaatsvertrag, Teil 2: Medienkonzentrationsrecht und Fragen des Rechtsschutzes,
in: AfP 97, S. 777 ff

Hesse, Albrecht
Rundfunk zwischen demokratischer Willensbildung und dem Zugriff der EG,
in: JZ 93, S. 545 ff

ders.
Zur aktuellen Entwicklung des Rundfunkrechts
in: BayVBl. 97, S. 132 ff und 165 ff

ders.
Rundfunkrecht
2. Auflage, München 1999

Hochstein, Rainer
Mediensymposium Speyer,
in: ZUM 95, S. 268 ff

Hoeren, Thomas
Internet und Recht – Neue Paradigmen des Informationsrechts,
in: NJW 99, S. 2849 ff

Hoffmann-Riem, Wolfgang
Internationale Medienmärkte – Nationale Rundfunkordnungen,
in: RuF 86, S. 5 ff

ders.
Rundfunkaufsicht im Ausland: Großbritannien, USA und Frankreich,
in: Presse- und Informationsamt der Landesregierung Nordrhein-Westfalen (Hg.), Rundfunkaufsicht, Band II: Rundfunkaufsicht im Ausland: Großbritannien, USA und Frankreich, Düsseldorf 1989, S. 1 ff

ders.
Erosionen des Rundfunkrechts,
München 1990

ders.
Rundfunkrecht neben Wirtschaftsrecht
1. Auflage, Baden-Baden 1991

ders.
Personalrecht der Rundfunkaufsicht
1. Auflage, Baden-Baden 1991

ders.
Neuordnung des Rundfunksystems in Großbritannien,
in: RuF 91, S. 17 ff

ders.
Finanzierung und Finanzkontrolle der Landesmedienanstalten,
Schriftenreihe der Landesmedienanstalten, Band 3, 2. Auflage, Berlin 1994

ders.
Funktionsgerechte Finanzierung der Landesmedienanstalten,
in: Die Landesmedienanstalten (Hg.), Jahrbuch der Landesmedienanstalten 1993/94 (DLM-Jahrbuch), München 1994, S. 131 ff

ders.
Multimedia-Politik vor neuen Herausforderungen,
in: RuF 95, S. 125 ff

ders.
Rundfunkaufsicht zwischen Staatsfreiheit und Staatseinfluß,
Schriftenreihe der Sächsischen Landesmedienanstalt, Band 1, Berlin 1995

ders.
Strukturelemente von Rundfunkaufsicht in westlichen Industriestaaten,
in: Prinz, Matthias/Peters, Butz, Medienrecht im Wandel: Festschrift für Manfred Engelschall, 1. Auflage, Baden-Baden 1996

ders.
Regulating media: the licensing and supervision of broadcasting in six countries,
New York 1996

ders.
Rundfunkrecht im Wandel,
in: Fünfgeld, Hermann/Mast, Claudia, Massenkommunikation, Opladen 1997, S. 269 ff

ders.
Thesen zur Regulierung der dualen Rundfunkordnung,
in: M&K 2000, S. 7 ff

Holoubek, Michael
Typologie möglicher Organisationsstrukturen der Regulierungsbehörden,
in: Bundeskanzleramt-Verfassungsdienst (Hg.), „Audiovisuelle Medien und Behörden", Wien 1999, S. 41 ff

ders.
Die Organisationsstruktur der Regulierung audiovisueller Medien – Typologie und Entwicklungstendenzen,
in: ZUM 99, S. 665 ff

Holtzbrinck, Stefan von
Definitions- und Rangfolgeprobleme bei der Einspeisung von Rundfunkprogrammen in Kabelanlagen,
Berlin 1990

Holznagel, Bernd
Konzentrationsbekämpfung im privaten Rundfunk,
in: ZUM 91, S. 263 ff

ders.
Rundfunkrecht in Europa: auf dem Weg zu einem Gemeinschaftsrecht europäischer Rundfunkordnungen,
Tübingen 1996

ders.
Probleme der Rundfunkregulierung im Multimedia-Zeitalter,
in: ZUM 96, S. 16 ff

ders.
Rechtsprobleme der Konvergenz von Rundfunk und Telekommunikation,
in: Beilage MMR 9/1998, S. 12 ff

ders.
Vernetzt
in: epd medien 31/32/99, S. 3 ff

ders.
Multimedia zwischen Regulierung und Freiheit,
in: ZUM 99, S. 425 ff

ders.
Der spezifische Funktionsauftrag des Zweiten Deutschen Fernsehens,
ZDF Schriftenreihe, Band 55, Mainz 1999

ders.
Mischungsverhältnis
in: epd medien 98/00, S. 8 ff.

ders./Grünwald, Andreas
Britisches Medienkonzentrationsrecht im Wandel,
in: Stock, Martin/Röper, Horst/Holznagel, Bernd, Medienmarkt und Meinungsmacht, Zur Neuregelung der Konzentrationskontrolle in Deutschland und Großbritannien, Berlin/Heidelberg/New York/Barcelona/Budapest/ Hongkong/London/Mailand/ Paris/ Santa Clara/Singapur/Tokio 1997, S. 109 ff

ders./Daufeldt, Dirk
Zugangssicherung bei digitaler Fernsehübertragung,
in: CR 98, S. 151 ff

Horst, Rutger von der
Europäisiertes Rundfunkrecht,
Diss. Münster 1995

Hümmerich, Klaus
Nationale Rundfunkordnung oder Europäischer Medienmarkt,
in: AfP 91, S. 591 ff

ders./Beucher, Klaus
Rundfunkfinanzierung auf dem Prüfstand,
in: AfP 89, S. 708 ff

Humphreys, Peter
Das Rundfunksystem Großbritanniens,
in: Hans-Bredow-Institut (Hg.), Internationales Handbuch für Hörfunk und Fernsehen 1998/99, 24. Auflage, Baden-Baden/Hamburg 1998, S. 346 ff

Ipsen, Hans Peter
Zehn Glossen zum Maastricht-Urteil,
in: EuR 94, S. 1 ff

Jarass, Hans D.
Rundfunkbegriffe im Zeitalter des Internet,
in: AfP 98, S. 133 ff

ders.
Kartellrecht und Landesrundfunkrecht
Köln 1991

Kantzenbach, Erhard
Zum Verhältnis von publizistischem und ökonomischem Wettbewerb aus ökonomischer Sicht,
in: Hoffmann-Riem, Wolfgang (Hg.), Rundfunk im Wettbewerbsrecht, 1. Auflage, Baden-Baden 1988, S. 78 ff

Kimminich, Otto
Der Bundesstaat,
in: Isensee, Josef/Kirchhof, Paul (Hg.), Handbuch des Staatsrechts, Band II, Heidelberg 1987, S. 1113 ff

Klein, Hans H.
Die Rundfunkfreiheit,
München 1978

Kleinsteuber, Hans J.
Medienregulierung und -aufsicht in den USA – Ein Vorbild für Europa?,
in: Medienvielfalt ohne Kontrolle? Vom Bayerischen Medienführerschein zur Kieler Unbedenklichkeit, Schriftenreihe des Instituts für Europäisches Medienrecht (EMR-Schriftenreihe), Band 13, München 1996, S. 11 ff

ders.
Regulierung des Rundfunks in den USA,
in: RuF 96, S. 27 ff

ders.
Das Rundfunksystem der USA,
in: Hans-Bredow-Institut (Hg.), Internationales Handbuch für Hörfunk und Fernsehen 1998/99, 24. Auflage, Baden-Baden/Hamburg 1998, S. 743 ff

Kleist, Thomas
Medienmonopoly im Konzentrationsprozeß,
in: ZUM 93, S. 503 ff

ders.
Informationsfreiheit für Pornographie? Instrumente des nationalen und europäischen Medienrechts als Schranken der Technik,
in: ZUM 94, S. 142 ff

ders.
Die Zusammenarbeit der Landesmedienanstalten im europäischen Kontext,
in: ZUM 95, S. 266 ff

Knothe, Matthias
Novellierung des Rundfunkstaatsvertrages,
in: ZUM 97, S. 6 ff

ders./Lebens, Julia
Rundfunkspezifische Konzentrationskontrolle des Bundeskartellamtes,
in: AfP 2000, S. 125 ff

ders./Wanckel, Endress
Rechtsaufsicht und Staatsfreiheit des Rundfunks – ein Widerspruch?,
in: DÖV 95, S. 365 ff

dies.
Europäische Rundfunkpolitik als Aufgabe der Länder,
in: ZUM 95, S. 20 ff

Koenig, Christian
Regulierungsoptionen für Neue Medien in Deutschland,
in: Beilage zu MMR 12/1998, S. 1 ff

ders.
Medienaufsicht in der Bundesrepublik Deutschland,
in: K&R 2000, S. 1 ff

ders./Röder, Ernst
Plädoyer zur Überwindung der zersplitterten Aufsicht über neue Informations- und Kommunikationsmedien,
in: K & R 98, S. 417 ff

Kölble, Josef
„Gemeinschaftsaufgaben" der Länder und ihre Grenzen,
in: NJW 62, S. 1081 ff

Kollek, Andreas
Rechtsfragen der Rundfunkfinanzierung,
Frankfurt am Main/Bern/New York 1987

Kops, Manfred
Prinzipien der Gestaltung von Rundfunkordnungen,
in: Berg, Hans Joachim (Hg.), Rundfunk-Gremien in Deutschland, 2. Auflage, Berlin 1999, S. 11 ff

Kratzer, Jakob
Die Mainzer Fernsehanstalt,
in: DVBl. 63, S. 309 ff

Kreile, Johannes
Kompetenz und kooperativer Föderalismus im Bereich des Kabel- und Satellitenrundfunks,
München 1986

ders.
Die Reform des Rundfunkstaatsvertrages – Neue Wege bei der Vielfaltssicherung im Privaten Rundfunk,
in: NJW 97, S. 1329 ff

ders.
Medienkonzentration in Deutschland
in: CR 98, S. 24 ff

Kröger, Detlev/Moos, Flemming
Regelungsansätze für Multimediadienste,
in: ZUM 97, S. 462 ff

Kroon, Annemique de
Europäische Kommission: Joint Venture zwischen der deutschen Kirch-Gruppe und dem italienischen Mediaset-Konzern genehmigt,
in: iris 9/99, S. 7

Kruse, Jörn
Konzentration und Regulierung privater Rundfunkanbieter,
in: Kohl, Helmut (Hg.), Vielfalt im Rundfunk, Konstanz 1997, S. 104 ff

Kübler, Friedrich
Medienkonzentrationskontrolle im Streit,
in: MP 99, S. 379 ff

Kuch, Hansjörg
Das Zuschaueranteilsmodell – Grundlage der Sicherung der Meinungsvielfalt im Fernsehen,
in: ZUM 97, S. 12 ff

ders.
Der Staatsvertrag über Mediendienste,
in: ZUM 97, S. 225 ff

Kull, Edgar
Auf dem Weg zum dualen Rundfunksystem,
in: AfP 87, S. 365 ff

ders.
Das europäische Recht und die Presse,
in: AfP 93, S. 430 ff

ders.
„Dienende Freiheit“ – dienstbare Medien?,
in: Badura, Peter/Scholz, Rupert, Wege und Verfahren des Verfassungsrechts, Festschrift für Peter Lerche, München 1993, S. 663 ff

Ladeur, Karl-Heinz
Probleme der Koordination der Aufsicht über private Rundfunkveranstalter,
in: AfP 89, S. 717 ff

ders.
Zur Notwendigkeit einer flexiblen Abstimmung von Bundes- und Landeskompetenzen auf den Gebieten des Telekommunikations- und des Rundfunkrechts,
in: ZUM 98, S. 261 ff

ders.
Die vertikale Integration von Film-, Fernseh- und VideoWirtschaft als Herausforderung der Medienregulierung,
in: RuF 98, S. 5 ff

ders.
Terrestrische Übertragungsformen für digitales Fernsehen und Hörfunk (DVB-T und DAB-T),
in: MMR 99, S. 266 ff

ders.
Rundfunkaufsicht im Multimedia-Zeitalter,
in: K&R 2000, S. 171 ff

Le Champion, Rémy
Das Rundfunksystem Frankreichs,
in: Hans-Bredow-Institut (Hg.), Internationales Handbuch für Hörfunk und Fernsehen, 24. Auflage, Baden-Baden/Hamburg 1998, S. 324 ff

Lenz, Carl Otto
Das Sendestaatsprinzip als Teil der europäischen Medienordnung,
in: Institut für Europäisches Medienrecht (Hg.), Europäisches Medienrecht – Fernsehen und seine gemeinschaftsrechtliche Regelung, Schriftenreihe des Instituts für Europäisches Medienrecht (EMR-Schriftenreihe), Band 18, München/Berlin 1998, S. 19 ff

Lehnert, Joachim
Ergebnisse der CEPT-Planungskonferenz zur Einführung von T-DAB in Europa vom 3.-21./22. Juli 1995 in Wiesbaden
Schriftenreihe der DAB-Plattform e.V., Heft 10 (ohne Erscheinungsort und -datum)

ders.
Ergebnisse der CEPT-Planungskonferenz (2) zur Einführung von T-DAB in Europa vom 7./8. November 1996 in Bonn
Schriftenreihe der DAB-Plattform e.V., Heft 21 (ohne Erscheinungsort und -datum)

Lercara, Angelo/Scheuer, Alexander
Im Prinzip „brutto“?,
in: ZUM 99, S. 719 ff

Letzgus, Christof/Violini-Ferrari, Lorenza
Das Italienische Allgemeine Rundfunkgesetz zwischen aktuellem Duopol und erhofftem Pluralismus,
in: RuF 93, S. 20 ff

Libertus, Michael
Zum Stand der Rundfunkgesetzgebung in Großbritannien,
in: ZUM 97, S. 101 ff

ders.
Zur Notwendigkeit einer Neubestimmung des Verhältnisses von Rundfunk- und Telekommunikationsrecht am Beispiel der Frequenzordnung,
in: ZUM 97, S. 702 ff

Lieb, Wolfgang
Kabelfernsehen und Rundfunkgesetze,
Berlin 1974

Lücke, Jörg
Die „allgemeinen" Gesetze (Art. 5 Abs. 2 GG),
Heidelberg 1998

Machill, Marcel
Frankreichs Hörfunk zwischen Kommerzialisierung und Kulturprotektion,
in: MP 96, S. 144 ff

ders./Lutzhöft, Niels
Der französische Fernsehmarkt im digitalen Zeitalter,
in: MP 98, S. 132 ff

Mangold, Hermann von/Klein, Friedrich/Pestalozza, Christian
Das Bonner Grundgesetz,
Band 8, Artikel 70 bis Artikel 75, 3. Auflage, München 1996

Martenczuk, Bernd
Regulierungsbehörde contra Bundeskartellamt?,
in: CR 99, S. 363 ff

Martin, Guido
Staatsaufsicht über die Landesmedienanstalten,
in: ZUM 93, S. 515 ff

Martinek, Michael
Die Zurechnung von Zuschaueranteilen nach §§ 25 ff. des Rundfunkstaatsvertrages 1996 anläßlich der Lizenzanträge der Premiere Medien GmbH & Co. KG auf Zulassung zur bundesweiten Veranstaltung von digitalen Pay-TV-Programmangeboten,
Schriftenreihe des Instituts für Europäisches Medienrecht (EMR-Schriftenreihe), Band 19, München/Berlin 1999

Mastroianni, Roberto
Italien: Neues Gesetz über den Pluralismus im Rundfunk,
in: iris 97, 10

Maunz, Theodor/Dürig, Günter/Herzog, Roman/Scholz, Rupert
Grundgesetz,
Kommentar, Band I und II, Loseblattsammlung, Stand Februar 1999, München 1999

Meier, Christoph F.
Vom öffentlich-rechtlichen Monopol zum globalen Kiosk,
in: ZUM 97, S. 249 ff

Müller-Römer, Frank
Digitale Verteilsysteme für das nächste Jahrtausend, Systemvergleich DAB und DVB-T,
auf: Andreas Maurer (Hg.), The Digital Compendium, CD-ROM der DAB-Plattform e.V., 1998

Münch, Ingo von/Kunig, Philip
Grundgesetz-Kommentar,
Band 3, Art. 70 - 146, 3. Auflage, München 1996

Nanclares, Martín-Pérez de
Die EG-Fernsehrichtlinie,
Frankfurt am Main/Berlin/Bern/New York/Paris/Wien 1995

Neft, Hans
KEK und KDLM – unorthodoxe Organkonfigurationen zur Sicherung der Meinungsvielfalt im Fernsehen,
in: ZUM 99, S. 97 ff

Oeter, Stefan
Integration und Subsidiarität im deutschen Bundesstaatsrecht,
Tübingen 1998

Oppermann, Thomas
Medienrecht, Privatfunk und Wettbewerb,
in: ZUM 1990, S. 376 ff

ders.
Europarecht,
2. Auflage, München 1999

ders./Kilian, Michael
Rechtsgrundsätze der Finanzierung öffentlich-rechtlichen Rundfunks in der dualen Rundfunkverfassung der Bundesrepublik Deutschland,
Beiträge zum Rundfunkrecht, Heft 41, Frankfurt am Main/Berlin 1989

Pappas, Spyridon A.
Überlegungen der Europäischen Kommission zur Rolle der audiovisuellen Regulierungsbehörden,
in: Bundeskanzleramt-Verfassungsdienst (Hg.), „Audiovisuelle Medien und Behörden", Wien 1999

Paulweber, Michael
Eine Super-Medienbehörde in Deutschland?,
in: AfP 99, S. 439 ff

Pelny, Stefan
Konzentrationskontrolle für den privaten Rundfunk,
in: AfP 98, S. 35 ff

Pernice, Ingolf
Maastricht, Staat und Demokratie,
in: Die Verwaltung 26 (1993), S. 449 ff

Pestalozza, Christian
Der Schutz der Rundfunkfreiheit in der Bundesrepublik Deutschland,
in: NJW 81, S. 2158 ff

Pieper, Antje Karin/Wiechmann, Peter
Der Rundfunkbegriff,
in: ZUM 95, S. 82 ff

Pietzcker, Jost
Zusammenarbeit der Gliedstaaten im Bundesstaat,
in: Starck, Christian (Hg.), Zusammenarbeit der Gliedstaaten im Bundesstaat, 1. Auflage, Baden-Baden 1988, S. 17 ff

Poli, Emanuela
Italien: Einrichtung einer unabhängigen Regulierungsbehörde für Telekommunikation und Medien,
in: iris 98, 12

Prognos AG
Digitales Fernsehen und ordnungspolitischer Regelungsbedarf,
München 1995

Prosser, Tony
Vereinigtes Königreich: Britische Hörfunkbehörde ahndet versuchte Täuschung mit Geldstrafe und Lizenzverkürzung,
in: iris 9/99, S. 15

Rauen, Birgit
Berlusconi: Wahlkampf mit den eigenen Medien,
in: MP 94, S. 349 ff

dies.
Rundfunkpolitik, Partei- und Konzerninteressen – ein italienisches Zusammenspiel,
in: MP 95, S. 115 ff

dies.
Italien: Duopol RAI/Mediaset vor digitalen Herausforderungen,
in: MP 99, S. 82 ff

Redley, Michael
Neue Herausforderungen für die audiovisuellen Regulierungsbehörden,
in: Bundeskanzleramt-Verfassungsdienst (Hg.), „Audiovisuelle Medien und Behörden", Wien 1999, S. 15 ff

Ress, Georg/Bröhmer, Jürgen
Europäische Gemeinschaft und Medienvielfalt
Frankfurt am Main 1998

Ricker, Reinhart
Privatrundfunk-Gesetze im Bundesstaat
München 1985

ders./Schiwy, Peter
Rundfunkverfassungsrecht,
München 1997

Ring, Wolf-Dieter
Gefährdung der Rundfunkfreiheit,
in: Badura, Peter/Scholz, Rupert, Wege und Verfahren des Verfassungslebens, Festschrift für Peter Lerche, München 1993, S. 707 ff

ders.
Medienrecht
Loseblattsammlung, Stand: September 1999, Band II, III, München/Berlin 1999

Robillard, Serge
Television in Europe: Regulatory Bodies, Status, Functions and Power in 35 European Countries,
London/Mountrouge/Rom 1995

Rossen, Helge
Selbststeuerung im Rundfunk – Modell „FSK" für kommerzielles Fernsehen?,
in: ZUM 94, S. 224 ff

Rossen-Stadtfeld, Helge
Medienaufsicht unter Konvergenzbedingungen,
in: ZUM 2000, S. 36 ff

Ruck, Silke
Zur Unterscheidung von Ausgestaltungs- und Schrankengesetzen im Bereich der Rundfunkfreiheit,
in: AöR 117 (1992), S. 543 ff

Rudolf, Walter
Kooperation im Bundesstaat,
in: : Isensee, Josef/Kirchhof, Paul (Hg.), Handbuch des Staatsrechts, Band IV, Heidelberg 1990, S. 1091 ff

Sachs, Michael
Grundgesetz,
2. Auflage, München 1999

Sanftenberg, Simone
Klasse statt Masse!: Stärkung öffentlich-rechtlicher Rundfunkanstalten als Mittel zur nationalen Vielfaltssicherung im Rahmen grenzüberschreitender Programmangebote in Europa,
Frankfurt am Main/Berlin/Bern/New York/Paris/Wien 1998

Schellenberg, Martin
Europäische Konzentrationskontrolle im Medienbereich,
in: DZWir 94, S. 410 ff

ders.
Pluralismus: Zu einem medienrechtlichen Leitmotiv in Deutschland, Frankreich und Italien,
in: AöR 119 (1994), S. 427 ff

ders.
Rundfunk-Konzentrationsbekämpfung zur Sicherung des Pluralismus im Rechtsvergleich: Rundfunkstaatsvertrag 1997 und Landesmediengesetze im Vergleich mit den Kontrollsystemen in Frankreich, Italien und Großbritannien,
1. Auflage, Baden-Baden 1997

ders.
Fernsehen und audiovisueller Pluralismus im Binnenmarkt der EG,
1. Auflage, Baden-Baden 1999

Scherer, Joachim
Telekommunikationsrecht und Telekommunikationspolitik,
1. Auflage, Baden-Baden 1985

ders./Hölscher, Frank
Gestaltungsspielräume für eine Reform der Organisation der Telekommunikations- und Medienaufsicht unter dem Grundgesetz
Rechtsgutachten im Auftrag der Bertelsmann Stiftung, Gütersloh 1999

Schmidt, Walter
Die Rundfunkgewährleistung,
Frankfurt am Main/Berlin 1980

Schmidt-Aßmann, Eberhard
Besonderes Verwaltungsrecht,
10. Auflage, Berlin/New York 1995

Schmidt-Bleibtreu, Bruno/Klein, Franz
Kommentar zum Grundgesetz,
9. Auflage, Neuwied 1999

Scholz, Rupert
Das dritte Fernsehurteil des Bundesverfassungsgerichts,
in: JZ 81, S. 561 ff

ders.
Zukunft von Rundfunk und Fernsehen: Freiheit der Nachfrage oder reglementiertes Angebot?,
in: AfP 95, S. 357 ff

Schuler-Harms, Magret
Rundfunkaufsicht im Bundesstaat: Die Arbeitsgemeinschaft der Landesmedienanstalten,
1. Auflage, Baden-Baden 1995

Schütz, Raimund
Breitbandkabel – „Closed Shop" für neue Diensteanbieter?,
in: MMR 98, 11 ff

Schuppert, Gunnar
Zur verfassungsrechtlichen Zulässigkeit von Zwangsabgaben privater Sender,
in: ZUM 95, S. 1 ff

Schwartz, Ivo E.
Subsidiarität und EG-Kompetenzen – Der neue Titel „Kultur" – Medienvielfalt und Binnenmarkt,
in: AfP 93, S. 409 ff

Seelmann-Eggebert, Sebastian
Die Dogmatik der Rundfunkfreiheit gem. Art. 5 Abs. 1 Satz 2 GG aus der Sicht des Bundesverfassungsgerichtes,
in: ZUM 92, S. 79 ff

ders.
Internationaler Rundfunkhandel,
1. Auflage, Baden-Baden 1998

Sporn, Stefan
Vielfalt im digitalen Rundfunk, Eine Untersuchung zur Problematik der Sicherung von Programmangebotsvielfalt bei T-DAB und T-DVB sowie generell im digitalen Rundfunk,
Schriftenreihe des Instituts für Europäisches Medienrecht (EMR-Schriftenreihe), Band 20, München/Berlin 1999

Stammler, Dieter
Paradigmenwechsel im Medienrecht,
in: ZUM 95, S. 104 ff

Steemers, Jeanette
Der terrestrische Fernsehsektor in Großbritannien,
in: MP 98, S. 286 ff

dies.
Digitale Medienpolitik in GB,
in: MP 96, S. 402 ff

Stender-Vorwachs, Jutta
„Staatsferne" und „Gruppenferne" in einem außenpluralistisch organisierten privaten Rundfunksystem
Berlin 1988

Stern, Klaus
Das Staatsrecht der Bundesrepublik Deutschland,
Band II, München 1980

ders./Bethge, Herbert
Öffentlich-rechtlicher und privatrechtlicher Rundfunk,
Frankfurt am Main/Berlin 1971

Stettner, Rupert
Der Kabelengpaß: Medienrechtliche Befugnisse und Spielräume bei der Entwicklung über die Belegung der Kanäle in Kabelanlagen in Bayern mit Rundfunkprogrammen und anderen Diensten unter Besonderer Berücksichtigung europäischer Rechtsvorschriften,
Schriftenreihe der Bayerischen Landeszentrale für neue Medien, Band 41, München 1997

Stock, Martin
Medienfreiheit als Funktionsgrundrecht,
München 1985

ders.
Rundfunkrecht und Wettbewerbsrecht im dualen Rundfunksystem,
in: Hoffmann-Riem, Wolfgang (Hg.), Rundfunk im Wettbewerbsrecht, 1. Auflage, Baden-Baden 1988, S. 35 ff

ders.
Rundfunkrecht und Kartellrecht,
in: AfP 89, S. 627 ff

ders.
Medienkonzentration und föderative Rundfunkaufsicht,
in: NWVBl. 94, S. 321 ff

ders.
Meinungsvielfalt und Meinungsmacht,
in: JZ 97, S. 583 ff

ders.
Konzentrationskontrolle in Deutschland nach der Neufassung des Rundfunkstaatsvertrages (1996)
in: ders./Röper, Horst/Holznagel, Bernd, Medienmarkt und Meinungsmacht, Zur Neuregelung der Konzentrationskontrolle in Deutschland und Großbritannien, Berlin/Heidelberg/New Nork/Barcelona/Budapest/Hongkong/ London/Mailand/ Paris/Santa Clara/Singapur/Tokio 1997, S. 1 ff

Stockmann, Kurt
Privater Rundfunk - ein Ausnahmebereich der Fusionskontrolle?
in: AfP 89, S. 634 ff

Tabbara, Tarik
Zur Verfassungsmäßigkeit der Errichtung einer Bundesmedienanstalt,
in: ZUM 96, S. 378 ff

Trautwein, Thomas
Grenzen der Dienstleistungsfreiheit im Fernsehbereich,
in: ZUM 95, S. 324 ff

Ukrow, Jörg
Auf dem Weg zu einem einheitlichen europäischen Medienrecht? – Zum Verhältnis von EG-Fernsehrichtlinie, Europa-Abkommen und Europäischen Übereinkommen über das grenzüberschreitende Fernsehen
in: Europäisches Medienrecht – Fernsehen und seine gemeinschaftsrechtliche Regelung, Schriftenreihe des Instituts für Europäisches Medienrecht (EMR-Schriftenreihe), Band 18, München/Berlin 1998, S. 95 ff

ders.
Selbstkontrollen im Medienbereich und Europäisches Gemeinschaftsrecht,
Eine rechtsvergleichende Untersuchung erstattet im Auftrag des Beauftragten der Bundesregierung für Angelegenheiten der Kultur und Medien durch das Institut für Europäisches Medienrecht, 1999, im Internet unter: www.emr-sb.de

Ulmen, Winfried/Gump, Thomas Klaus
Die neue Regulierungsbehörde für Telekommunikation und Post,
in: CR 97, S. 396 ff

Vahrenhold, Olaf
Die Stellung der Privatfunkaufsicht im System staatlicher Aufsicht,
1. Auflage, Baden-Baden 1992

Verband Privater Rundfunk und Telekommunikation (VPRT)
Rahmenkonzept für eine Medienordnung 2000 plus,
Vorlage des Vorstandes zur Mitgliederversammlung des VPRT am 26./27. November 1997

Verheugen, Günter
Wesen und Wirken der Rundfunkgremien in Deutschland,
in: Berg, Hans Joachim (Hg.), Rundfunk-Gremien in Deutschland, 2. Auflage, Berlin 1999, S. 115 ff

Verhulst, Stefaan
Vereinigtes Königreich: ITC-Entwurf bezüglich eines Durchführungscodes für elektronische Programmführer,
in: iris 97, S. 10

Vesting, Thomas
Prozedurales Rundfunkrecht,
1. Auflage, Baden-Baden 1997

ders.,
Fortbestand des dualen Systems?,
in: K&R 2000, S. 161 ff

Vier, Charlotte
Frankreich: Aufgaben der obersten Medienbehörde CSA,
in: iris 4/98, S. 13

Wagner, Christoph
Die Landesmedienanstalten: Organisation und Verfahren der Kontrolle privater Rundfunkveranstalter in der Bundesrepublik Deutschland,
1. Auflage, Baden-Baden 1990

ders.
Konzentrationskontrolle im Medien-Binnenmarkt der EG,
in: AfP 92, S. 1 ff

ders.
Rechtsfragen digitalen Kabelfernsehens,
Schriftenreihe der Medienanstalt Berlin-Brandenburg, Berlin 1996

Waldenberger, Arthur
Teledienste, Mediendienste und die „Verantwortlichkeit" ihrer Anbieter,
in: MMR 98, S. 124 ff

Wallenberg, Gabriela von
Das Grünbuch der EG-Kommission zu „Pluralismus und Medienkonzentration im Binnenmarkt",
in: WuW 93, S. 910 ff

Weisser, Ralf
Dienstleistungen zum Vertrieb digitaler Pay TV-Angebote,
in: ZUM 97, S. 877 ff

Wöste, Marlene
Nur knapp die Hälfte für Lizenzierung und Kontrolle,
in: MP 90, S. 281 ff

Zander, Oliver
Rundfunkfreiheit und Rundfunkkontrolle durch den Conseil supérior de l` audiovisuel in Frankreich,
Berlin 1997

Studien zum deutschen
und europäischen Medienrecht

Herausgegeben von Dieter Dörr
mit Unterstützung der Dr. Feldbausch Stiftung

Band 1 Peter Charissé: Die Rundfunkveranstaltungsfreiheit und das Zulassungsregime der Rundfunk- und Mediengesetze. Eine verfassungs- und europarechtliche Untersuchung der subjektiv-rechtlichen Stellung privater Rundfunkveranstalter. 1999.

Band 2 Dieter Dörr: Umfang und Grenzen der Rechtsaufsicht über die Deutsche Welle. 2000.

Band 3 Claudia Braml: Das Teleshopping und die Rundfunkfreiheit. Eine verfassungs- und europarechtliche Untersuchung im Hinblick auf den Rundfunkstaatsvertrag, den Mediendienste-Staatsvertrag, das Teledienstegesetz und die EG-Fernsehrichtlinie. 2000.

Band 4 Dieter Dörr, unter Mitarbeit von Mark D. Cole: *Big Brother* und die Menschenwürde. Die Menschenwürde und die Programmfreiheit am Beispiel eines neuen Sendeformats. 2000.

Band 5 Martin Stock: Medienfreiheit in der EU-Grundrechtscharta: Art. 10 EMRK ergänzen und modernisieren! 2000.

Band 6 Wolfgang Lent: Rundfunk-, Medien-, Teledienste. Eine verfassungsrechtliche Untersuchung des Rundfunkbegriffs und der Gewährleistungsbereiche öffentlich-rechtlicher Rundfunkanstalten unter Berücksichtigung einfachrechtlicher Abgrenzungsfragen zwischen Rundfunkstaatsvertrag, Mediendienstestaatsvertrag und Teledienstegesetz. 2001.

Band 7 Torsten Schreier: Das Selbstverwaltungsrecht der öffentlich-rechtlichen Rundfunkanstalten. 2001.

Band 8 Dieter Dörr: Sport im Fernsehen. Die Funktionen des öffentlich-rechtlichen Rundfunks bei der Sportberichterstattung. 2000.

Band 9 Dieter Dörr (Hrsg.): www.otello.de. Klassik nur noch im Internet oder per pay? Symposium aus Anlass des 85. Geburtstages von Professor Dr. Heinz Hübner. 2000.

Band 10 Markus Nauheim: Die Rechtmäßigkeit des Must-Carry-Prinzips im Bereich des digitalisierten Kabelfernsehens in der Bundesrepublik Deutschland. Illustriert anhand des Vierten Rundfunkänderungsstaatsvertrages. 2001.

Band 11 Stefan Sporn: Die Ländermedienanstalt. Zur Zukunft der Aufsicht über den privaten Rundfunk in Deutschland und Europa. 2001.

Peter Lang · Europäischer Verlag der Wissenschaften

Markus Nauheim

Die Rechtmäßigkeit des Must-Carry-Prinzips im Bereich des digitalisierten Kabelfernsehens in der Bundesrepublik Deutschland

Illustriert anhand des Vierten Rundfunkänderungsstaatsvertrages

Frankfurt/M., Berlin, Bern, Bruxelles, New York, Oxford, Wien, 2001. 222 S.
Studien zum deutschen und europäischen Medienrecht.
Herausgegeben von Dieter Dörr. Bd. 10
ISBN 3-631-37561-1 · br. DM 69.– / € 35,30*

Diese Arbeit untersucht die für digitalisierte Kabelfernsehanlagen geltende Must-Carry-Regelung des Vierten Rundfunkänderungsstaatsvertrages auf ihre verfassungsrechtliche Rechtmäßigkeit. Insbesondere wird die Frage gestellt, ob diese Regelung gegen die garantierten Grundrechtspositionen der privaten Kabelnetzbetreiber verstößt. Nach einer Darstellung der Entstehungsgeschichte des Must-Carry-Prinzips in den USA werden die aktuelle Kanalbelegungspraxis sowie das diesbezügliche Verfassungsverständnis in Deutschland analysiert. Dies bildet die Grundlage für die Prüfung des landesrechtlichen Ordnungsrahmens der digitalisierten Fernsehlandschaft. Zum allgemeinen Verständnis wird beschrieben wie digitales Kabelfernsehen funktioniert, um daran anschließend die Gesetzgebungszuständigkeit der Länder zum Erlass der Must-Carry-Regelung zu untersuchen. Das Ergebnis der Abhandlung besteht darin, dass die Länder zum Erlass der Must-Carry-Regeln im Bereich des digitalisierten Kabelfernsehens zuständig sind und diese Regeln weder gegen die Berufsfreiheit noch gegen die Eigentumsgarantie der privaten Kabelnetzbetreiber verstoßen.

Aus dem Inhalt: Entstehungsgeschichte des Must-Carry-Prinzips · Tatsächliche und rechtliche Situation der Kanalbelegung in Deutschland · Digitalisierung des Kabelfernsehens · Vierter Rundfunkänderungsstaatsvertrag · Gesetzgebungskompetenz zum Erlass der Must-Carry-Regeln · Kollision der Must-Carry-Regelung mit verfassungsrechtlich geschützten Interessen

Frankfurt/M · Berlin · Bern · Bruxelles · New York · Oxford · Wien
Auslieferung: Verlag Peter Lang AG
Jupiterstr. 15, CH-3000 Bern 15
Telefax (004131) 9402131

*inklusive der in Deutschland gültigen Mehrwertsteuer
Preisänderungen vorbehalten

Homepage http://www.peterlang.de

Kolibri 360 GmbH
Ferdinand-Jühlke-Straße 7
99095 Erfurt, Deutschland
produktsicherheit@kolibri360.de

Druck:
CPI Druckdienstleistungen GmbH
im Auftrag der
Kolibri 360 GmbH
Ferdinand-Jühlke-Str. 7
99095 Erfurt